xueer

学而书坊 —— 学而时习之 不亦说乎

学而书坊 xueer

JIAOYULI SHUOCHULAI
LIJIAXU JIAOYU JIANGYANLU

教育力,说出来

厉佳旭教育讲演录

厉佳旭 —— 著

宁波出版社
NINGBO PUBLISHING HOUSE

序言：说话，是师者一生的修炼

多年以前，我绝不敢想象自己会写这样一篇文章，会出版这样一本集子。

恐怕不独是我，所有了解我的人，都会感到惊讶。

一直以来，我不是一个善于表达的人。

准确地说，我爱讲话，但不会说话。我认为言为心声，无论做人还是做事，只要真诚善良即可，不需要"巧舌如簧"。我甚至把说话和做事对立起来，认为教育是做出来的，而不是说出来的，认为善于说话就是夸夸其谈。

我对一切说话的艺术并不在意，甚至在心底里有些排斥。

有一回，和组长一起上公开课。同事们夸奖我俩的课"风格不同，各有千秋"。待到组长评议了，他毫不客气地说："你知道一节课中，你伤害了多少学生吗？"

当众一盆冷水，令我一时难以接受。

现在看来，这盆冷水却是实实在在地照见了我的说话艺术和教育水平的。

走上学校管理岗位后，随着我在各种场合说话机会的增多，事与愿违的情形和出乎意料的摩擦也逐渐增加。我怀抱善意与人沟通，结果往往招致误解和对立。在教育和管理工作中，我屡遭挫折。

这让我沮丧不已。我才深味教育说话艺术之重要性。

言为心声，真诚和出于善意自然是重要的，但如何更好地表达自己的心声？如何更好地以一颗心唤醒另一颗心或者推动另一群心？如何让自己走进更多的学生和同事的内心，和他们一起共呼吸同命运，走出一段段美好动人的生命之旅和成长之路？

这是一门至高至深的学问。

教育绝不仅仅是说话的艺术，但毫无疑问，说话是最常见也最基本的教育途径，甚至可以说是最重要的教育方式。

我们日常的谈话、授课、演讲，无一不是依靠说来实现的。

身教重于言教，如何真诚、善意，又优雅、得体、智慧地说话，就是身教的重要内容。一个不肯花时间去锤炼语言、口无遮拦、言辞粗糙甚至粗鲁粗鄙的教师，断难发挥良好的"垂范"作用——他带出来的学生，也常常会口无遮拦、粗鲁粗鄙。

说话的背后是思想立场、思维方式、人格修养和人文素养。任何尖刻、冲动、偏激、极端，或者冷漠、呆板、枯燥、做作的背后，通常都隐藏着与之相似或相关的人格和文化等因素。

教育者如果懒于、疏于、倦于或不屑于提升自己的语言修养，就不可能成为思想成熟、人生成功、生活幸福的人，也不可能成为真正有智慧、有涵养、令人尊敬的教师，因而也不可能成为学生生命中的"贵人"。

二十年前，我担任校长助理；九年前，出任校长。我不仅要经常面对学生说话，还要时常主持会议并发言。这对一向不善言辞、口无遮拦，事后又常懊悔的我而言是巨大的挑战。

在经历过许许多多的困顿和困惑后，我愈发明白：教育中的许多问题，诚然是家庭、社会、时代等多方面的因素造成的，但作为教育者，忽视或轻视"说"的艺术及其背后的人格修养、文化素养以及思维方式等方面的全面修炼，也是一个重要原因。有些教育悲剧，就是直接或间接地由于班主任、任课教师或学校管理者平时或者一时出言不慎、出语不当造成的。

良言一句三冬暖，恶语伤人六月寒。与人善言，暖于布帛；伤人之言，深于矛戟，甚至会一言兴邦，一言丧邦。

许多人低估了语言的力量及其在教育中的巨大作用。

对师者而言，语言的表达力，就是教育力。

近几年，我有幸从一名普通教师成长为特级教师、正高级教师和名校长。

而我曾任职的立人中学,也迅速崛起成为一所全面质量较高、特色鲜明,为当地老百姓和广大教育同行认同,在省内外享有一定声誉的学校。

有些同行就问我:你在实现自身和学校同步迅速成长的过程中,最深的体会是什么?

这个问题实在难以三言两语作答。我个人和学校的成长,有赖于许多领导与同事、学生和家长乃至亲人朋友的信任、理解、支持和帮助,断非我一己之力所能及。

但就我个人而言,有一点确定无疑,那就是在我日益加强学习和反思,努力提高综合素养的同时,更加重视语言素养的提升。

校长对学校的领导首先是思想的领导,但校长的思想领导,通常发生在日常与师生、家长的谈话与沟通中,更主要是通过教职工会议、中层会议、班主任会议、质量分析会、家长会、开学典礼、毕业典礼、国旗下讲话等各种场合,向特定对象进行集中讲话,发表自己的观点,并借此解决一个个现实问题。

富有思想的校长,从来不会放过任何一个思考和研究的机会,从来不会把任何一次谈话或会议发言,看成一项简单的工作。他会时刻转动思考的机器——大脑,研究问题的来源、背景、性质、解决途径和方法,研究对象的需要和感受,然后用积极而适合的话语方式,加以真诚而专业的引领。

从这个角度而言,校长原汁原味的讲话录,就是最直观、最生动、最真实的学校教育史和学校教育学,也是校长自身的思想史和发展史。

校长如此,教师同样如此。

当教师意识到每一次说话都是一个值得认真面对的课题,都需要做好充分的准备,努力研究对象的内心需要,明确自己要达成的教育目的,并千方百计选择最优的方式或视角展开时,那么,每一位教师的讲话录,就是原汁原味而又精彩纷呈的个人发展史和个人教育学。

说话的艺术博大精深,但在我看来,最关键的不外乎三点。

首要的是真诚。精诚所至,金石为开。

其次是出于善意。善意地看待别人,善意地对待别人,不要把对象当作敌人，要把任何说话的对象当作亲人和朋友，并让他们感受到你的善意。

第三是求新。努力换一些视角、内容和方式，或者努力在高度、深度、广度等方面做一些新的突破，要力求给人似曾相识又耳目一新的感觉。

熟悉我的人都知道，我每一年的开学典礼和毕业典礼的讲话稿都无一重复。我为十多对新人所做的证婚词也几无雷同。多次听过我报告的人也常说，即便是同一个专题的报告，每一次也常能听到许多新的东西，获得不同的感觉。

本书收集了近十年来，我在各种场合面向学生、教师和家长以及外国朋友等所做的讲话，是我对学生成长、教师发展和学校管理等方面的一些思考和探索的缩影。现在看来，其中有一些或许可以更加深刻而周全，但我还是努力保留其原貌。我希望读者朋友可以从中窥见我自身在说话艺术和教育能力方面的动态发展与努力提升的真实历程。

教育之复杂，在于它所面对的人性之复杂、生活之复杂、世界之复杂。教育之艰难，则常体现在我们张口说话之极简易，而正确说话之大不易。

为师不易，为师者说对、说好教育之话更不易。

说话，是师者一生的修炼。

愿我们一路同行，一路同修。

厉佳旭
2021 年 3 月 30 日于镇海

目录 CONTENTS

1 无奋斗 不青春
学生成长篇

003　2012，你就是立人中学的方向
　　　在2012年第一次升旗仪式上的讲话

009　今生今世的证据
　　　在学生"爱护公物"专题教育集会上的讲话

014　毕业是用来干什么的
　　　在2012届学生毕业典礼上的讲话

021　最可贵的是自强
　　　在2013年新年开学式上的讲话

027　我们究竟要不要作弊
　　　在学生考前诚信教育集会上的讲话

036　忘记和不能忘记的
　　　在2013届学生毕业典礼上的讲话

042　学会做课堂的主人
　　　在2013级新生生本课堂培训动员大会上的讲话

047　提升自我，从厕所开始
　　　在2015年新年开学式上的讲话

053	你们的母校叫立人	
	在2016届学生毕业典礼上的讲话	
059	每天不虚度	
	在2016学年开学典礼上的讲话	
065	反思,让你的人生更精彩	
	在2017年新年开学式上的讲话	
072	谢谢你们,孩子	
	在2017届学生毕业典礼上的讲话	
077	无奋斗　不青春	
	在2017学年开学典礼暨激情教育动员大会上的讲话	
083	绝不放弃　创造奇迹	
	在重点高中临界生鼓劲会上的讲话	
092	青春生活　何惧拼搏	
	在新初三学生动员大会上的讲话	
098	我们和爱国的距离	
	在2019学年开学典礼上的讲话	

2 永远保持重新出发的能力
教师发展篇

107	门,终于打开了	
	在教师课改工作鼓劲会上的讲话	
115	因为相信　所以能够	
	在教师课改工作研讨会上的讲话	
126	为什么早读没有声音	
	在教师课改工作推进会上的讲话	
132	听听来自同行的声音	
	在教职工例会上的讲话	

137　我们的高度就是学校的高度
　　　在学校中层干部作风建设反思会上的讲话

150　永葆学科带头人的先进本色
　　　在教研组长工作务虚会上的讲话

159　学困生是教师成长的催化剂
　　　在初二年级班主任工作专题诊断会上的讲话

172　而今迈步从头越
　　　在2017年教师节庆祝会上的讲话

178　谈谈教师的心态、思维和作风问题
　　　在教职工师德师风建设专题会议上的讲话

190　不为失败找理由　多为成功找方法
　　　在学校体育工作专题反思会议上的讲话

198　永远保持重新出发的能力
　　　在教职工区管校聘工作动员大会上的讲话

210　毕业班教师应有的四种意识
　　　在初三教师会议上的讲话

3 给学生终身有用的教育
校长理念篇

221　依依惜别的深情
　　　在德国施威尔特市政厅的告别演讲

225　不让老实人吃亏
　　　在全体教职工会议上的第一次亮相发言

232　一所教人美好的学校
　　　在与英国班戈大学结对仪式上的致辞

237　怀抱四颗心　争做好学员
　　　在宁波市第六期骨干校长班开班仪式上的讲话

240　做孩子坚定而温暖的支持者
　　　在寒假前初三家长会上的讲话

247　"面向每一个"的课程改革实践
　　　在浙江省教育厅义务段课改调研会上的汇报

257　给学生终身有用的教育
　　　在深圳市基础教育系统校长"领导力提升"培训班上的发言

263　开创中小学德育工作新局面
　　　在教育部新闻发布会上的发言

266　新时代中小学德育工作突围之路
　　　在浙江省教育学会德育分会换届大会上的报告

279　什么样的学校值得信赖
　　　在镇海区某小学毕业生家长会上的招生动员发言

288　走向德育工作的新天地
　　　在宁波市首批中小学名班主任工作室授牌仪式
　　　暨"新时代的班主任使命"主题论坛上的发言

293　未来学校：人和技术如何共舞
　　　在教育部"中国教育现代化 2035 暨未来学校学习方式的
　　　变革研讨会"上的发言

307　后记：直面教育的真实

1

无奋斗　不青春

学生成长篇

2012,你就是立人中学的方向

在 2012 年第一次升旗仪式上的讲话

2012 年 1 月 7 日

老师们、同学们:

新年好!

这是 2012 年的第一次升旗仪式。学校安排我来做这次讲话。在新年来临之际,我想送给同学们四句话,并以此和同学们共勉。

《新京报》的 2012 年元旦社论非常好,题目是《你的努力,就是这个国家的方向》。文章说,2011 年,世界经历过太多的不幸,我国的动车事故、日本地震和核泄漏、欧债危机等,我们有许多理由说,世界不太平。但是,我们依然要对 2012 年充满希望,对国家、民族和社会的未来充满希望并敢于担当。

同学们也一样。

2011 年,我们经历了搬迁,离开原来的学校,来到新学校。我们离家远了,生活不方便了,时间更紧张了。我们的食堂饭菜有时太冷,不好吃;我们的作业有时太多,没法完成;我们有时考试成绩不理想,挨父母和老师的批评;我们有时学习跟不上,感到很吃力、很焦虑;我们有的同学比较冲动,会欺侮别人。我们中有人犯过错,受过处分;有人生过病,住过医院;有人哭过,有人吵过,有人闹过。

总而言之,2011,我们有过许许多多的不如意和不快乐。

可是,我们对过去一年,依然应当充满感恩。一个人心怀感恩,他就会常常带着美好的眼光看待世界；反之，他就容易带着抱怨、怀着敌意，或者是含着眼泪面对这个世界。

我们要感谢老师们为我们辛苦付出，感谢学校对我们严格要求并努力改善各项条件，感谢同学们和我们一起同甘共苦，感谢父母对我们宽容有加，感谢生活没有剥夺我们生存的机会和做梦的权利。

学校永远不会完美，食堂的饭菜永远不会让每个人都满意，老师的课永远不会每天都像看电影打游戏一样刺激和令人兴奋，爸爸妈妈的唠叨也永远不会让人听着像美丽的歌谣，生活永远不会万事如意。可是，无论如何，我们都不能放弃感恩，因为感恩是通向未来幸福和美好生活的船票，感恩更是让此刻和今后的我们始终保持善良和美好本性的基础。

所以，我送给大家的第一句话就是：2012，让我们带上感恩的心，与幸福相伴，与善良同行。

现在，我们已经踏上了 2012 年的列车。

我们希望 2012 把我们带到哪里？

2012，世界能否如我们所愿？

关键在于我们自己。人生最大的敌人，是我们自己，是我们的懒惰、自私、嫉妒与狭隘；人生最好的朋友，也是我们自己，是我们的宽容、善良、进取、坚强、博爱与自尊。

命运命运，命在天，运在人。命是风筝，运就是那根线，而线在你我自己手里。世界是一面镜子，首先我们得自己学会微笑，世界才会对我们微笑，而不是错误地把自己当成镜子，期待世界先对我们微笑，然后才肯报之以微笑。

你希望别人对你友好，就请你先向别人问好；你希望得到他人的关爱，就请你先去关心别人；你希望收获成功，就请你先学会默默付出；你希望公正公平，就请你先学会公正公平地对待他人。

同学们，有这么两个故事：傍晚时分，一个妇女在海边散步，偶然看见远方一艘船只遇险发出的求救信号,于是赶紧跑去报警。结果,船只被救,船上有自己远航归来的丈夫。一位父亲在河边散步,听到小孩落到河里的呼救声,他以为是别人的孩子,没有下水救人。回到家里,他找不到自己的孩子,再回去救人,发现河里淹死的正是自己的孩子。

我们为那个有幸获救的丈夫和船上所有的人庆幸,也为那个落水身亡的孩子深深感到惋惜。相信那个妇女和那位父亲的内心一定分别有着深深的欣慰和自责。很多时候,或许事情不如故事所写的这般巧合,但是,它用故事告诉人们:帮助他人,最后能帮到的也是自己。

所以,我给大家的第二句话是:做命运的主人,给自己种下一个善根,然后去收获一片善果。

我送给同学们的第三句话:立人中学的尊严,就是你自己的尊严。

我们经常会碰到这样的问题:你们学校怎么样?你们学校好不好?

你该如何回答?

我看到,有人在网上诋毁立人中学的时候,我们立马有人展开反击行动。华中科技大学校长李培根说:"什么是母校?就是那个你一天骂它八遍却不许别人骂的地方。"

母校,就像我们的母亲,我们在家的时候,她要唠叨,要骂我们,要盘问我们怎样花钱,总要问我们考试成绩怎么样,问我们经常交往的朋友学习好不好、品行好不好,还要问我们和给我们发短信的异性同学究竟是什么关系。我们总讨厌母亲,于是,争吵,大闹,甚至一摔房门不予理睬。可是,当老师让我们写"我的母亲"的时候,我们一个个都写自己的母亲是世界上最好的母亲;当别人指责我们的母亲的时候,我们会火冒三丈地和他争论,甚至不惜打架,拼死捍卫母亲的尊严。

同学们,母校也是母亲,是引我们走向社会的一个博学慈爱的母亲。她虽然难免有许多缺点，但她对我们的爱真诚无私。对我们的要求虽然苛刻，然而十分必要；对我们的批评虽然严厉，然而从未缺席。

有人说，一个不爱自己母亲的人是可耻的，一个诋毁自己母亲的人是卑劣的；同样，一个不爱自己的母校、诋毁自己母校的人，也是不光彩的。他丧失的是自己的尊严，丢失的是自己的人格，缺失的是自己的良心。

母亲的尊严，就是我们自己的尊严；同样，母校的尊严，也就是我们自己的尊严。每一个在立人中学工作、生活、学习的人，都应该深深懂得这一点。

第四句话：你美好了，立人中学就美好了。

自 2011 年 11 月 1 日起，立人中学正式迁入新址并开学，至今只有几个月时间。年轻的立人中学刚刚起步，未来的路还很漫长。可是未来的路在哪里？

许多人，包括你们的父母，都对立人中学的未来心怀忧虑。

立人中学的路在哪里啊？谁来走呢？

鲁迅说过："地上本没有路，走的人多了，也便成了路。"我们大家来寻找方向，大家来迈开沉稳的探索脚步。我们大家坚定沉着地向前走，向适合立人中学发展的方向走去。

立人中学的路，就出来了。

立人中学的路平坦不平坦，干净不干净，通向哪里，有赖于我们每个人的信念、眼光和脚步。

如果你多一点勤奋，学风就会浓厚一些；如果你多一点自觉，管理就会顺畅一些；如果你多一点谦让，关系就会和谐一些；如果你多一点卫生意识，校园就会干净一些；如果你多一点爱护公物的意识，学校的公物损坏就会少一些；如果你的言行优雅一点，立人中学的文明水平就会更高一些。

你美好了，立人中学就美好了；你优秀了，立人中学就优秀了；你正气了，立人中学就正气了。

你就是立人中学的形象大使，你就是立人中学这本书的第一作者。

你的每一天,都在书写立人中学的历史。

同学们,你犯过错误不要紧,只要改过来;你学习不好不要紧,只要肯努力;你一时冲动不要紧,只要以后在冲动时主动对自己喊"停",多加克制;你脾气不好不要紧,只要学会反思背后的原因。我们不要放弃自己的责任,不要放弃对进步的追求。我们每个人都关系到立人中学的今天和未来。

所以,我希望,同学们无论在校园里,还是在校园外,无论在自然环境下,还是在网络空间里,都要注意:我的样子,就是立人中学的样子;我的高度,就是立人中学的高度;我的素养,就是立人中学的素养;我的风采,就是立人中学的风采。

同学们,我们的学校才搬迁两个多月,如同一个婴儿,一切都才刚刚开始。我们的学生管理、教师管理、后勤管理、教学管理等各个方面,才刚刚起步,都还幼稚、不完善。有诸多不如意之处,都很正常。

但是,我们有足够的理由相信,我们也有足够的耐心等待,学校一天天长大和成熟,学校管理会一天天健全和完善。我们和学校一起长大,我们见证学校的成长。

同学们,2012,不会成为传说中的灾难之年,它一定会成为学校跨越式发展的一年。2012,我们将迎来环境优雅的图书馆和阅览室,这里中西合璧,流淌着浓浓的书香味道;2012,我们将迎来多姿多彩的英语活动,让我们的视野从中国走向世界;2012,我们将改善食堂用餐管理,努力把每个菜都烧好,让菜和饭更热一些,让同学们有更多的选择,享受更好的服务;2012,我们将进一步加强教学改革,规范作业布置和作业批改,让学习更加轻松而高效;2012,我们还将进一步狠抓校风和学风,打造正气校园、文明校园、高雅校园、温暖校园,让同学们在学校学习更加安心,生活更加舒心。

只要我们每个人心怀善良、希望和信念,立人中学的2012、2013、2014,乃至以后人生中的每个日子,一定都会更加美好,而我们,也会变得更加美丽动人。

2012，愿我们每个人身体更加健康，心情更加愉悦，工作更加出色，学习更加优秀。

谢谢大家。

感悟

学校和个人的希望，就是新年的美好展望，而这一切，有赖于每个人的切实努力。送给学生四句话，无非就是表明一个道理：每个人都很重要，每个人都对自己、对环境肩负一份责任。你怎么样，学校就怎么样，世界就怎么样。这种方式可以增强每个人的责任感，令人印象深刻。

今生今世的证据

在学生"爱护公物"专题教育集会上的讲话

2012 年 5 月 14 日

同学们：

刚才，我们请学校负责维修的丁师傅给大家介绍了一年来学校公物方面的维修情况。我们知道了他一年的工作量：维修了多少扇门窗，换了多少把锁，修了多少套桌椅，更换了几次教室玻璃、厕所门板和食堂的水龙头，以及一年来他为此花了多少时间和精力，学校又损失了多少经费。

今天，为什么要请丁师傅讲这个内容？

就是因为，在我们校园里，还有许多同学不懂得学校对自己的意义，不懂得他对学校该负的责任，不懂得自己对这个世界乃至对自己的每一段生命旅程应有的态度。

所以，我想和大家谈一个问题：母校对你意味着什么？

我的手机里有这么一条短信：谢谢你让我想起了大学的美好生活。给我发短信的这位老师不在宁波，是我的大学校友。

最近一个周末，我在一个教师培训班讲课。这位老师得知我是浙师大毕业的，中途休息的时候，就来找我聊天，聊母校的回忆，聊那个著名的情人坡，聊那座红色的小木楼，聊那个浪漫的月亮湖，聊图书馆前的那片松树林，聊宿舍楼前的那个电影院等。总之，我们聊得非常投机，又特别开心。

你知道，那一刻，校友之间，哪怕从来不认识的校友，是多么亲密。因为有着许多共同的回忆和话题，所以就很容易唤起我们共同或相似的生命历程和生活体验。

在龙赛中学担任副校长的时候，每一届的毕业典礼，我都精心组织。

我们把同学们进校以来的军训、运动会、歌咏比赛、教室门牌、门前楼后的花草树木乃至教室里的环境布置等方面的照片，在大屏幕上轮番播放，当然，还配上悠扬且有点淡淡的忧伤的音乐伴奏。当想到即将告别这些陪伴了自己三年的一草一木、一个角落、一张桌子的时候，同学们都激动得流下了眼泪。

母校的深情，让他们恋恋不舍；母校的生活，让他们念念不忘。

这种感情，我们也应该经历过。

刚读初中的时候，面对陌生的环境和比小学沉重的学习压力，我们是不是特别怀念自己就读过的小学？

我们为何对母校有着如此深刻的依恋呢？

因为，在走上社会之前，除家之外，母校是在我们生命中停留时间最长的地方，母校也是生命中最善待我们的地方。我们怀念母校，其实，就是在怀念自己生命中的一段段美好时光。

我们喜欢回到母校看看，其实就是在寻找自己曾经有过的生命和生活的证据。比如，我们读过书的教室、排练过节目的舞蹈房、拔过草的花坛、经常坐着聊天的石凳、教室门前那棵上课时眼睛一瞟就能看到的大樟树等。

我们的生活是需要证据的。

著名作家刘亮程有一篇很好的文章《今生今世的证据》，写得很动人，很深刻。我读几段文字给大家听听。

> 我走的时候，我还不懂得怜惜曾经拥有的事物，我们随便把一堵院墙推倒，砍掉那些树，拆毁圈棚和炉灶，我们想它没用处了。我们搬去的地方会有许多新东西。一切都会再有的，随着日子一天天好转。

我走的时候还不知道向那些熟悉的东西去告别，不知道回过头说一句：草，你要年年地长下去啊。土墙，你站稳了，千万不能倒啊。房子，你能撑到哪年就强撑到哪一年，万一你塌了，可千万把破墙圈留下，把朝南的门洞和窗口留下，把墙角的烟道和锅头留下，把破瓦片留下，最好留下一小块泥皮，即使墙皮全脱落光，也在不经意的、风雨冲刷不到的那个墙角上，留下巴掌大的一小块吧，留下泥皮上的烟垢和灰，留下划痕、朽在墙中的木橛和铁钉，这些都是我今生今世的证据啊。

我走的时候，我还不知道曾经的生活，有一天会需要证明。

刘亮程小学都没有毕业，却被誉为"20世纪中国最后一位散文家"。他的许多散文写得非常动人，他对自己生活过的村庄的一草一木都无限深情。

刘亮程为什么那么迫切而伤感地希望那座老房子能够留下哪怕一堵墙、一块墙皮，甚至只是一道划痕，或朽在墙中的一枚铁钉呢？

因为那是他生活过、奋斗过、哭泣过、欢笑过的证据，是他生命旅程的一段段证据啊。

一位老校长曾告诉我，北方母校的一位小学校长邀请他回去看看。回去的时候，他是多么想看到读过书的那幢房子、那间教室，还有教室前的那棵白杨树，甚至，想看到学校还保留着他小学时候的一本作业本或一份成绩单。

可惜，什么都没有了。所以，他说回到那里，就不再有母校的感觉。因为，那所学校早已面目全非，有的只是现代化的房子和整齐的绿化，当年的母校已荡然无存。

同学们，母校就是我们生命存在过的证明啊。你可能还没有意识到，现在，你身边的任何一样事物，一张桌子、一个开关、一扇门、一扇窗户、一个应急灯指示牌，你看见它们的存在，它们也见证着你的存在啊。

你眼前的升旗台、图书馆前的那块石头、教室门口的那棵枇杷树、沿河一侧那排柳树，甚至厕所里的一面镜子、一块门板、一个水龙头，都是你曾经在这片土地上存在过、生活过、奋斗过、年轻过的一个个证据啊。

同学们,母校是我们奋斗过的地方。
而奋斗过的地方是最值得感恩和怀念的。
多年以后,你们回到母校,希望看见什么?
希望看见被自己挖了一个洞的桌子吗?看见被自己砸碎的玻璃吗?看见被自己踢坏的门锁吗?看见被自己砸断的石凳吗?看见被自己折断的果树吗?还是看见自己偷偷刻在厕所门板上的污浊不堪的文字?
如果,这些证明了你的存在,那么,除了证明你的无知、无聊、粗野和放纵,还能证明什么?那时候,除了懊悔和自责,你能有什么美妙的情感呢?

同学们,你们想想看,一生中,除了家,还有哪一个地方最真诚无私地关爱你们、包容你们、帮助你们、提醒你们,全心全意帮助你们成长,却几乎毫无功利的目的?
就是学校啊。
这里的老师,这里的一草一木,都是为了你们的成长而存在着的。
厕所门板为了保护我们的自由和隐私;门锁为了保护我们的人身和财物安全;窗户玻璃给我们以光明,并使我们免受雨打风吹;扫把和垃圾桶为了让我们的环境更加卫生,让我们的生活更加健康;安全应急灯,更是为了在突发状态下保护我们的生命安全;水龙头让我们的双手更加洁净;书桌供我们学习写字之用;图书杂志供我们开阔视野;花草树木为我们净化空气、美化环境,让我们身心愉悦。
总之,一切都为我们所用,一切为我们服务,一切都为了我们能够在这里更好地生活、学习和成长。
所以,这些看起来仿佛毫无生命的东西,其实都是有生命的,而且是包含着政府、学校和老师们对我们的关爱、关心、信任和期望的。
它们值得我们珍惜、爱护甚至感恩。

是的,感恩。

我们理当对校园里一切美好的东西心怀感恩。

校园里的这一切,不仅是学校和老师的,也是我们每个人自己的。这不仅是对我们有用的,更是对我们有恩的。它们不仅是为我们服务的,它们更是我们今生今世在此生活过的证据。

保护它们,就是保护我们自己的美德和修养;善待它们,就是善待我们自己的人生历程和青春时光啊。

最后,再给大家讲讲这个校园的故事。

我们这个校园,原本是龙赛中学的。

去年暑假,我们在改造的时候,龙赛中学的一些学生和校友带着家长来这里合影留念。他们在校园里一遍遍转悠,在天桥上,在柳树下,在石凳上,在教室前,在体育馆前,合影,欢笑,然后伤感地道别。

今年五一节,这里又来了许多从龙赛中学毕业的学生。他们借我们的教室举行同学会。他们在校园里一圈圈地走,慢悠悠地看,乐呵呵地笑。他们仿佛又回到了高中那段美好的青春时光、奋斗岁月。

同学们,再过几年,你们都将从这里毕业,离开这个美丽的校园。

这里将成为你们美好的回忆之地,成为你们念念不忘、恋恋不舍的母校。

因为,这里有你们人生中最值得珍惜的青春时光。

请你们善待这里的一草一木、一扇门、一块板。

因为,这也是在善待你们自己的青春和生命,也是在善待你们今生今世的证据。

感悟

建校之初,校风松散,破坏公物现象较多,于是我通过这样的方式对学生进行教育。但是,我没有板起面孔来说教,而是以诗意而深情的方式,让他们意识到校园对他们意味着什么。这个角度,更容易打动人。

毕业是用来干什么的

在 2012 届学生毕业典礼上的讲话

2012 年 6 月 17 日

敬爱的老师们、可爱的同学们：

今天，我们在这里举行一个独特的毕业典礼。

来自原外语实验初中部校区和原炼化中学校区的毕业班同学，在这里济济一堂。

这是你们第一次真正聚在一起，也是你们最后一次聚在一起。

因为，今天，你们要毕业了，而你们是作为立人中学第一届毕业生毕业的。

你们是极为特殊的一届毕业生。

初一、初二的时候，你们是镇海应行久外语实验学校和镇海炼化中学的学生；初三的时候，你们就是立人中学的学生了。为了减少对你们学习的影响，区政府决定让你们继续留在原有学校读完初三。

今天，为什么让你们来到立人中学本部校区，举行这个毕业典礼呢？

就是希望大家记住，我们虽然不曾在这里读过书，但这是我们的母校，我们是新建的立人中学的第一届毕业生。

同学们，你们有两个初中母校！

你们拥有了一段别人无法经历的独特体验，也见证了一段别人无法见证的独特历史。

我希望你们记住，这里就是你们的母校。你们今后回来看老师的时候，就到这里来找老师;你们举行同学会的时候,就到这里来聊聊初中生活,谈谈毕业后各自的经历和体验。

同学们,面对你们,作为立人中学第一任校长,作为你们的老师,作为你们年长的朋友,我心怀歉疚。

因为,你们初中生活的最后一年,遇上了两校合并。你们留在原校址直到毕业,而初一初二的同学则来立人中学本部就读。你们各自在两所老学校热火朝天地发奋苦读,学校领导则在这里热火朝天地建设新学校。我们大家,一校三地,都只争朝夕,奋斗不息。由于合并新建工作千头万绪,我们没有给予你们更多的关心、支持和帮助,许多方面我们都做得不够周到,不够深入。这是我深感愧疚的地方。

可是,令我们感到欣慰的是,初三年级的老师们全心全意地关爱你们,废寝忘食地指导你们;你们自己呢,严格自律、自强不息。所以,你们创造了立人中学中考提前招生的辉煌。你们用自己良好的学风和班风,给初一初二的学弟学妹们树立了榜样。你们告诉他们什么叫作担当,什么叫作拼搏,什么叫作自觉自律、自信自强。

同学们,你们知道吗?你们每个人的身影都让我感动。每个星期我都要来看你们一趟。我曾透过窗户看你们埋头做题目,我也曾看你们下课时在走廊上尽情吼叫;我曾经来你们的班级,给你们颁奖,和你们合影,也曾享受过你们真诚的问好和灿烂的笑脸;我还曾给你们进行考前动员,和你们一起高喊"相信自己,创造奇迹"。

可是,转眼你们就要毕业了。

毕业之际,我想问问同学们:

母校是什么?

母校是除家之外最能给你温暖的地方。

老师是谁?

老师是除父母之外最无私地关爱你的人。

那么，毕业是用来干什么的？

这个问题，或许很难用一句话来作答。

在你们行将离开母校之际，让我像深爱着你们的父母那样，在这里啰啰唆唆地对你们再叮嘱一番吧。

毕业是用来反思的

人生由一个一个的驿站、一段一段的旅程组成。每一天都是一段生活，每一段生活如同每一天的日出日落。我们每天回家睡觉前，要洗掉一身的风尘和疲惫；当我们早晨起来的时候，要洗掉一夜的污浊之气，要在镜子前梳理凌乱的头发，整顿我们的衣裳。

同学们，人需要不断地照镜子。希腊德尔菲神庙上刻着一句话：认识你自己。怎么认识我们自己？只有不断地反思，我们才能知道自己的长处在哪里，缺陷又在哪里。如荀子所言："君子博学而日参省乎己，则知明而行无过矣。"

木桶理论告诉我们，很多时候，影响我们未来的不仅仅是我们自己的长处，还有我们的短处，特别是我们的一些致命的短处。不懂得弥补自己的短处，将是一件遗患无穷的事。

我希望大家能够在毕业之际思考一下：

初中三年，我在学习上竭尽全力了吗？如果没有，我哪里做得还不够？我为何无法竭尽全力？

初中三年，我善待每个同学了吗？如果没有，我哪里不够友好？我对谁不够友善？

初中三年，我尊重和理解老师了吗？如果没有，我哪些地方让自己后悔、让老师失望了？

初中三年，我理解和孝敬父母吗？我给他们更多的是欣慰、快乐，还是伤害、失望？

初中三年，我在这里收获了什么？缺失了什么？

同学们，如果你们觉得初中三年自己曾犯下一些值得警惕的过错，曾经有过一些不该发生的错误，而自己又一度不能很好地认识和克服，请你们在毕业之际，大胆而真诚地告诉他们：老师，对不起！同学，对不起！爸爸妈妈，对不起！母校，对不起！

同学们，请你们记住，敢于反思、会反思的人，无论他今后走向何方，都会多一份成熟，多一份理智，多一份勇敢，多一份胸怀。

毕业是用来珍藏的

我们从幼儿园走到小学，走到初中，遇见过许许多多的人。今后，走向高中、大学，乃至社会，我们将结识更多的新朋友、新老师、新同学。

我们的记忆力有限，我们无法在心底始终装着生命中遇见的每一个人，一些人被我们忘记了，一些人把我们忘记了。

但是，我希望，我们立人中学的同学们和老师们不要忘记彼此。

避免遗忘的最好的方式是珍藏。

同学们，你们看看吧！回过头看看你们的同学，看看他们那一张张年轻的脸，看看他们纯真的笑容，记住他们曾经和你们一起上课，一起做作业，一起军训，一起跑步，一起打架，一起争吵，一起抱怨老师拖堂，一起给老师取绰号。

看看你们身边的老师吧！记住他们是如何把生命中三年的时光都给了你们，他们曾经在你们遭遇不幸时安慰你们，在你们遭遇失败时鼓励你们，在你们骄傲时提醒你们，在你们犯错时批评你们。

无论是你们的同学还是你们的老师，他们都是你们的亲人，是你们的贵人，也都是在某方面促进你们成长的恩人。他们是你们初中三年生活和生命的最重要的证人。他们见证过你们的懒惰，见证过你们的努力，见证过你们的眼泪，见证过你们的欢笑。

请你们多看看他们，记住他们真诚关心的目光，记住他们毫不留情的批评,记住他们严格的要求,记住他们无限的期待。

今天之后,大家将各奔东西,为着自己的理想和前程,奔走于千万条不同的路上。今天之后,或许你们将很难经常见到彼此。或许,要一周才能见到一次,或许一个月才能见到,或许一年后,或许十年后,或许许许多多年之后,也难以见到了。

同学们,请你们一定要好好看看。当你们今天离开这个校园的时候,你们要把整个初中三年,把你们身边的每一个人,都深深珍藏,珍藏在心灵最真实最温暖的地方。有一天,当你们遭遇失败的时候,我相信,他们一定会给你们无比坚实的力量。

毕业是用来原谅的

或许你会感到奇怪,因为你的心底根本就没有仇恨和抱怨,何来原谅?

但是,原谅是人生幸福不得不学的学问。

初中三年,你一定有过许多不愉快的经历:或许,老师曾经对你厉声斥骂过;或许,同学曾经和你貌合神离过;或许,学校放学总是太迟;或许,老师布置的作业总是太多。或许你抱怨过教室里夏天太热,冬天太冷;你恨学校处分过你,恨老师批评过你,恨同学欺侮过你。或许,你在背后给老师取过绰号,在网上骂过同学,甚至,你曾当众抬杠,让老师下不了台。或许,你甚至还想在今天毕业典礼结束之后,就找某个老师或同学算账,一泄心中之愤怒。

同学们,任何学校、老师和同学一定都存在缺点和不足,也一定会有工作和交往上的错误与疏漏。在你们离开母校之际,请你们原谅他们,忘记你们所不满意的一切,如同你们一次次原谅自己,如同你们原谅自己父母的过失和过火之举,如同学校、老师和同学一次次原谅你们在人生最叛逆的时期所做的许多荒唐幼稚的事。

当一切成为往事,你们会发现,这些,都是你们幼稚而可爱的初中生活中不可分割的一部分。我希望你们学会原谅。学会原谅,你们的内心才会没有仇恨和抱怨；学会原谅，你们的生活中才会有更多的快乐和朋友；学会原谅，你们才能学会如何长大。

毕业是用来追梦的

人生漫长，我们在各种道路上走了一程又一程。我们需要不断地耗油，又不断地加油。初中毕业，你学到了许多知识和能力，如同一辆加满了油的新车。

今天，你就如同一辆车子加满油后离开加油站，整装待发。我想问你，你将驶往何处？你的目标在哪里？你知道自己该走哪条路吗？

同学们，没有目标的人生是可怕的。因为，当一个人无所追求，他就会随心所欲，为所欲为。

今后，我希望同学们选择目标，选对的道路，做有志向的人、有意志的人、有道德的人、有品位的人。

我们初二（6）班的教室外墙上挂着一句出自《格言联璧》的人生箴言：聪明用于正路，愈聪明愈好；聪明用于邪路，愈聪明愈谬。我希望，无论你是考进了镇海中学、龙赛中学、职教中心，还是选择回老家读书，或是选择到社会上创业，都要把你的聪明才智用在正道上，不要把聪明才智用在歪路上。立人中学的学生，应该做到一辈子都不犯罪、不违法。这也是你应该追求的一个目标，或者说，是你达成美好目标的基础和保障。

我希望同学们都能够及早拥有自己的理想，每天为自己的目标而努力。

高中三年，说短也很短。转瞬间，你们又会迎来高中的毕业典礼。人生就是走过一场又一场的毕业典礼。

我希望，今后，你们能更多一些自信和骄傲，更少一些懊悔和自责；更多一些成功和成就，更少一些失落和失意。

我更希望你们，无论今后走向何方，无论从事什么工作，无论出色与否，都记住：你们是立人中学的第一届毕业生，立人中学永远在关注着你们，母校的老师们永远在祝福你们，也希望你们永远做令立人中学骄傲和自豪的学子。

最后，祝同学们在学业路上越走越出色，在人生路上越走越顺利！

感 悟

这次讲话，面对的是两校合并后从未在立人中学本部就读的学生，面对的是一群到了初三就变更了母校名称的学生。这是一场极为特殊的毕业典礼。我最怕学生对这里没感情，对这样的毕业典礼没热情，所以，紧密结合本届学生的特殊情况，从"毕业是用来干什么的"这个问题入手，层层推进，不断渲染。令人欣慰的是，这次讲话，虽然冗长，却深受好评。老师和学生们都说感动得眼泪都要落下了。或许，这就是真诚的力量吧。

最可贵的是自强
在2013年新年开学式上的讲话

2013年2月27日

同学们:

新年好!

首先,我问大家,你们每天中午从食堂吃完饭出来,看到体育馆北侧墙上的四句话是什么?

> 最宝贵的是生命
> 最珍贵的是时间
> 最高贵的是善良
> 最可贵的是自强

这是我们学校的价值观,也是我们的共同信念。

在不同的场合,我曾经和同学们说过这几句话的含义。

今天,我和大家一起,重点谈谈最后一句的含义:最可贵的是自强。

"天行健,君子以自强不息",这是《周易》中的一句话。它的意思是,天的运动刚强劲健,相应地,做人也应像天一样,力求进步,永不停息。这句话后来成了清华大学校训的一部分,激励着每个清华人发愤图强、追求卓越。

那么,究竟什么是自强呢?怎么做才是自强?

我讲几个故事。

第一个故事

苏秦最早曾游说秦惠王,但遭冷遇不成功。他穿着破旧的袍子,钱也花光了,形容枯槁、面有愧色地回家了。一进家门,妻子坐在织布机边低头织布,不去理他,嫂嫂不给他做饭,父母根本不同他说话。

苏秦自此发奋读书、苦心研究。学成之后,苏秦逐一说服了六个国家联合抗秦,还掌握了六国的相印,威风八面!

一次,他又回家,父母走出三十里外迎接他;妻子见到他不敢正视他,对他毕恭毕敬;嫂嫂甚至跪下拜见他。

苏秦感慨地问:"为何前倨而后恭啊!"

嫂嫂回答:"你现在地位尊贵多了呀!"

这个故事往往被认为是在批判势利眼,但我们从另外一个角度看,也可以说明一个人自强的重要性。每个人,唯有自强,才能赢得别人的尊重,获得自己的尊严。一个人如果没有志向、不思进取,甚至不负责任、自暴自弃,他就会常常毫无尊严地生活在别人的怜悯、施舍、不屑、嘲笑甚至欺凌中。

第二个故事

澳大利亚有个著名的残疾青年,叫力克·胡哲。他的弟弟和妹妹都特别漂亮,他却是一个天生就没有手和脚,只有一截短短的躯体的怪物。他曾经痛苦过,想过自杀,无数次追问上帝为什么要生下自己这样一个与众不同的怪物。

后来,他振作起来,以幽默的演讲、阳光的个性影响他人,给千千万万的人带去激动。他应邀到全球各地巡回演讲。现在,他已经在全球30多个国家做过近2000场演讲。

他每年都会接到上万个演讲的邀请,还出版了一本经典的励志书籍——《人生不设限》。他的演讲和书籍广受欢迎,并改变了无数人的命运。

他用自己不幸和顽强的生命告诉他人:一个人只要不给自己设限,就没有人可以真正限制他的发展。

我们很多时候感到无能为力或无所追求,是因为我们对自己没有更多的希望、信心和决心。

他还告诉我们,与众不同的缺陷和苦难,有时候,恰恰可以成为与众不同的才能和贡献。他说:"没手没脚,没烦恼。"他说:"别人没有给你奇迹,你就让自己成为奇迹。"

通过这个故事,我们明白,自强可以让一个人,甚至让那些看起来不幸的人,发现并实现自己独特的生命价值和意义,从而拥有自己的尊严和快乐。

第三个故事

1948年,领导英国人民赢得第二次世界大战的英国首相丘吉尔,应邀在牛津大学做一个主题为"成功秘诀"的专题讲座。面对充满期待的众多牛津学子和世界媒体记者,丘吉尔做了一场令人意想不到的演讲。他快步走上讲台,环顾四周的人群,说:"我的成功秘诀有三个:第一是绝不放弃;第二是绝不、绝不放弃;第三是绝不、绝不、绝不放弃。我的演讲结束了。"听众惊讶,沉默,继而掌声如雷。

同学们,不要总是向别人讨教成功捷径,不要总是妄想有什么学习秘诀。真正的秘诀就是自强不息,永不放弃。

这个世界上永远没有天生的成功者和失败者,没有天生的强者和弱者。他们的区别,很大程度在于两个字:坚持。

一个真正自强的人,一定是个百折不挠、绝不轻易放弃的人。当然,轻易放弃的人,一定不是真正自强的人。

第四个故事

三国时期,吕蒙追随孙权征战各地。但是,他不喜欢读书,所以在一些人眼里,他只是一介武夫。

有一次,孙权对吕蒙说:"你现在身当要职,掌握重权,不可不去学习!"吕蒙以军营中事务繁多为由加以推辞。

孙权又对他说:"我难道是想要你钻研儒家经典而成为专掌经学传授的学官吗?只是应当粗略地阅读了解历史罢了。你说要处理许多事务,谁比得上我(事务多)呢?我常常读书,自己感到获得了很大的收益。"于是,吕蒙开始学习。

等到东吴名将鲁肃到寻阳时,与吕蒙研讨、论说天下大事,鲁肃听到吕蒙的见解后非常惊奇地说:"你如今的才干谋略,已不再是过去的东吴吕蒙可相比的了!"

吕蒙说:"对于有志气的人,分别了数日后,就应当擦亮眼睛重新看待他的才能,老兄你为什么看到事物的变化这么晚呢!"

鲁肃于是拜见吕蒙的母亲,与吕蒙结为好友,然后告别而去。这就是著名的"士别三日,当刮目相看"的典故。

这个故事告诉我们,一个真正自强的人,定是一个谦虚好学、不断自我完善、实现自我超越的人。一个人的价值不在于他现在是否成功,而在于他今后是否还能继续成长,甚至不在于他已经做了多少贡献,而在于他是否还能继续增长能力。

如果我们目前的状态还很难令人满意,也很难令自己满意,那么,只要持之以恒地加强学习,不骄傲,不懈怠,我们一定能够变得更加优秀,让别人刮目相看。

听了四个故事,有心的同学们一定知道,前两个故事告诉我们为什么每个人都需要自强,因为自强可以给我们带来尊严和快乐;后两个故事告诉我们究竟该怎样自强,就是要学会坚持、学会学习。

关于自强的含义,我想再补充两点。一点是让自己卓越和强大起来,还有一点就是要依靠自己的努力取得进步。

所以,我们不能因为学习成绩暂时没有进步就自暴自弃,不能因为家境贫穷就羞于见人,不能因为父母离异没人监督就自甘沉沦,不能因为相貌不佳没人夸赞就怀恨命运。

当然,我们也不能因为父母有点权势就为所欲为,不能因为有点财富就不思进取,不能因为成绩暂时领先就骄傲自满,不能因为父母老师一再宽容就无所顾忌。

我们也不能因为自己还算幸运,就安于现状、放弃奋斗,更不能因为命运给我们一点挫折和不幸就丧失志气、自暴自弃,甚至干脆依靠怪异的装扮或出格的行为来获得他人的关注和心理上的满足。

我之所以说这么多,是因为我们在过去的一年中,还是出现了许多问题,其中的原因与一些同学缺乏自强的意识和精神有关。

同学们,今天,是2013年春节后正式上课的第一天。

今年是蛇年。蛇,意味着智慧、冷静、坚定、敏捷,一旦认准目标,会毫不犹豫地迅速出击。

我希望同学们能够从今天开始,做一条强大的蛇,做一条冷静的蛇,做一条目标明确的蛇。

希望你们及早定下自己今年追求的目标,然后,用切实的行动,用每一天的努力,坚定地靠近它,一步一步,踏踏实实,又不动声色地靠近它,然后,厚积薄发,一举成功。

同学们,人活一辈子,要争一口气。这个一口气,不仅仅是为了活着,为了填饱肚子,能够呼吸下去,更是为了更好地活着,更有尊严、更加美好、更加幸福地生活在人群之中。

今天开始,让我们做一个有志气、有追求的人,做一个自尊、自信、自强不息的人。

今天开始,让我们一切从头再来,给自己一个更加优秀的 2013,给立人中学一个更加辉煌的 2013。

感 悟

过去一年,学生中出现了许许多多的违纪行为;教师中,也有部分人光吃老本、不思进取。希望借助几个故事,好好阐述一下自强不息的内涵,激发学校师生发愤图强的精神。

我们究竟要不要作弊

在学生考前诚信教育集会上的讲话

2013 年 4 月 22 日

老师们、同学们：

你们好！

今天，我们迎来了期末考试。根据学校安排，我在这里讲讲考风、考纪方面的问题。

同学们，你们都是十六七岁的人了，虽然还是孩子，但也是大孩子，是快成人的孩子了。今天，我想以一个老师或朋友的身份，和大家讨论一下，我们要不要作弊，分析一下作弊的利弊，以便对作弊有一个全面正确的认识，对考试的作用有一个冷静、理性的思考。

一、作弊的理由：为什么要作弊？

我在政教处工作多年，每年都要处理一些考试作弊的学生。经过教育，他们都对自己的作弊行为懊悔不已。我问他们："那你当时为什么要作弊呢？"我罗列了一下，他们的理由无非这么几种：担心考不好，名次下降，被同学嘲笑，被老师批评，被父母责骂，还有就是别人作弊，自己不作弊会吃亏。

现在请大家想想看，除了作弊，我们还有没有别的取得好成绩的手段和途径？我们平时能不能再用功一点？考前准备能否再充分一点？再想想看，在考场上，是否还有更多不作弊的人？他们为什么能够不作弊？再想想看，假如我不作弊，考砸了，老师批评几句或是让我多做一点作业，除此之外能把我怎么样呢？父母除了唠叨几句，少给几块零花钱，或者让我少玩几个小时游戏，又能怎么样呢？

还有的同学，朋友要求他提供答案，他碍于面子，不得不加入作弊的队伍。这时候，我们是该成人之美、成人之善，还是成人之丑、成人之恶呢？

这都是值得我们思考的。我觉得，对那些为了私利而陷你于不义的朋友，你理当严词拒绝。你要知道，答应了他，就等于陷自己和他人于不义。你在满足一个人的虚荣心的时候，却失去了与他建立友谊的基础：正义和诚信。

一个不明是非、不讲诚信的人，还有资格做你的朋友吗？如果交了这样的朋友，你还能拥有可靠的友谊和积极向上的心态吗？

如果他是你真正的朋友，他就不应该陷你于不义；如果你是他真诚的朋友，你就该指出这样做的害处，并告诉他若他在学习上需要帮助，你一定会全力相助。

我相信，一个还没有丧失判断力和同理心的人，肯定会理解你拒绝背后的良苦用心。

所以，我请大家思考一下：我们究竟是不是非得作弊不可？究竟有没有必要作弊？

二、作弊的利弊方面：投入了什么？产出了什么？

现在流行一个词，叫作"经营人生"。经营人生，就是要在做许多重要决策的时候，考虑清楚一个重要问题：投入和产出问题，或者直白一点，利弊问题。

作弊肯定有好处：好成绩得来容易，省心省力；得了较好的分数，老师、家长、同学暂时都会看得起自己。除此之外，还能有什么好处，说说看？

弊端方面，可就多了！

其一，会让你错失进步和提高的机会。我们知道，每一次测试都是对自己的知识掌握情况的检测。你发现有不会做的题目，意味着你找到了自己的知识弱点，可以采取补救措施。但如果作弊得分，你也就失去了对自己的漏洞进行补救的意识和决心，日积月累，你遗漏的知识点越来越多，知识的大厦就搭建不高。

错误是一笔财富，每个人都是从错误中反省，走向优秀的。

就好像你到医院里体检一样，你明明身患疾病，拿到检查结果后是篡改结果、讳医忌病呢，还是勇敢面对、立马救治呢？

相信大家都明白，前者只能让自己的病情越来越严重，最终走到无可救治的地步，后悔不已。

同学们，小病不治成大病啊。

其二，只要你还没有完全丧失良知和理性，我相信，作弊对一个人来说，是一种心灵的折磨。

你想想，你在作弊之前，要赔着笑脸求别人，还要苦心策划各个环节，以防不测；作弊之时呢，要东张西望，要眼观六路、耳听八方，战战兢兢，唯恐马失前蹄、束手被擒；作弊之后，你难免会忐忑不安、做贼心虚、胆战心惊，担心万一有人揭发，东窗事发，自己的美好形象会受到损害。而且，拿到成绩的时候，别人夸你的时候，你也难免会有些内疚和自责，毕竟，这是偷来的分数啊。

同学们，这是不是一种心灵折磨啊？

其三，作弊是一种心灵毒害，是一种自我麻醉。

多次作弊之后，你会逐渐丧失自我认识、自我控制、自我警示、自我激励和自我超越的能力。你或许会在不自觉中产生不劳而获、依赖他人、懒惰、虚伪、欺诈、不负责任等种种不良的思想和习惯。这些东西一旦在你心底扎下根，将会遗患无穷。在美国、德国等许多西方国家，每个公民都有信用记录。他们为什么那么重视诚信品质？因为人而无信，不知其可也。一个人丧失信用，最大的欺骗者是他自己，最大的受害者也是他自己。对自己不负责的人，怎么能够对别人负责、对社会负责呢？

所以，作弊对一个人来说，无疑是精神上的慢性中毒，也有人称为"慢性自杀"。

同学们，我知道你们一定喜欢德才兼备的良师益友。但是，现在有三个人，让你选一个做你一辈子的朋友：一个成绩差然而诚实，一个成绩好然而爱骗人，还有一个平时学习差，但每次考试成绩总是比那些努力学习的人还要好，你觉得选谁更放心、更踏实？

其四，对班级和学校而言，会恶化风气。

你考试作弊，容易在其他学生中传播、滋生弄虚作假的不良风气，进而导致班风不纯、学风不浓、教风不严和校风不正。最终学校教育质量下降，受害的当然还是你们自己。

同学们，你们愿意自己的身边欺诈舞弊盛行呢，还是发奋勤学、诚实守信成风呢？

其五，假如作弊被抓住了，损失惨重。

在处分上，学校对谁都一视同仁。一旦发现作弊，不管你是谁，都会予以处分，告诉家长，并全校通报批评。这时候，自己的分数作零分处理不说，本学期思想品德考核自然是不及格，并且大丢面子，老师、父母、同学不但不会表扬你有上进心，还会觉得你让自己和班级、父母蒙羞，从心底对你感到非常失望。你想想看，本来要分数，结果连自己能够得的分数都没有了，原来是为了要点面子，结果面子彻底丢大了。

同学们，你们都是会思考的人，都懂得该如何做出合理的选择。

我请大家思考一下：作弊究竟合算不合算？

请大家认真核算一下作弊的成本和收益。

同学们，面子诚然重要，但是，依靠欺骗的方式获取的荣誉，你攀得越高，就跌得越惨。真正的尊严并不一定需要优秀的分数或者杰出的才能，而是首先来自一个人的高度自尊和自重。依靠舞弊的方式获取的尊严，是可怜而脆弱的，它其实不堪一击。只有依靠内心的信念并坚守自己做人做事的底线，才是真正的尊严之所在。

我想送你们一句话,供你们参考:当我们没有好分数的时候,我们还有好的德行;当我们失去了好德行的时候,我们最终将失去一切。

三、作弊的可持续性:我要作弊到几时?能作弊到几时?

作弊,自然是自从有了考试后开始的。但就你本人来说呢?你是不是天生就会作弊?你什么时候学会了作弊?你将作弊到什么时候?你能作弊到什么时候?

学会了作弊后,你是一步步走向自信、走向成功,还是一步步走向失意、沉沦和不自信?

你小升初的时候考试作弊了吗?你作弊成功了吗?

你在中考和高考时准备作弊吗?能够作弊成功吗?

假如你侥幸考上大学,你在毕业找工作时打算如何作弊?面对用人单位的一道道笔试面试关,你还能以作弊的手段从容过关吗?

作弊真的可以天长地久、一往无前,给你带来好运吗?你真的可以一辈子依靠作弊而维护那点脆弱的尊严吗?

如果我们的作弊之路无论如何平坦和宽阔,最终还是没法通向心中的罗马和成功的殿堂,最终还是要被堵死或者是通向身败名裂的话,我们为什么还要继续那条绝路呢?为什么不从此打住,回头,走一条诚实守信的奋斗之路呢?

诚信奋斗之路虽然不免有艰辛和困苦,但我们走的时候踏实,心安理得,而且,可以一步步走向成功,有出路,有奔头,并且没有太多的风险。

同学们,一条是平坦的捷径,但是,前头是死路,是绝路,是悬崖;一条是羊肠小道,坎坷崎岖,但是,却能通向成功的山顶。你要选择哪一条呢?我相信每一个明智和聪慧的同学都会做出正确的选择。

对于现在可能还想作弊或者已经充分做好作弊的前期准备工作的同学,作为一个长者,一个老师,一个朋友,我想请你好好思考一下:作弊究竟有没有出路？我要作弊到几时？能作弊到几时？

四、对作弊的认识：作弊反映出的到底只是一种考试的不良作风，还是一种心理上的不成熟、习惯上的不检点，甚至是人格上的不健全？

鲁迅笔下的孔乙己说，窃书不算偷，那么窃分呢，算不算偷？作弊究竟只属于知识层面，还是更多的属于道德品质层面呢？

我们来到学校，主要有两个学习目的：学习做人，学习文化知识和能力。今后选拔人才的主要依据也是这两点。这两点都做好了，就是常说的德才兼备。

所以，我们组织的考试，是简单地检验考查你的知识和技能，还是同时在考查你的诚信、踏实、进取、自尊自重、自信自强等多方面的道德品质呢？

你的作弊行为，是不是在暴露你在知识掌握方面存在许多漏洞的同时，还说明你的理智不够，自我克制能力不强，甚至，可能人格道德具备明显的缺陷呢？

请大家思考一下：我是不是一个懂道理的人？是不是一个能够自我控制的人？是不是一个放任自己德行缺失的人？如果不是，我能作弊吗？

有人说过这样一句至理名言："道德可以弥补一个人知识上的不足，但知识永远弥补不了一个人道德上的缺陷。"

同学们，或许你会说自己一时糊涂，但是，现在我请你想明白了，做一个明白人、一个理智人，不要做一个糊涂人，糊里糊涂地就让自己的形象受损，让自己的人格蒙羞。我相信，明智的你，一个懂得理性选择的立人学子，会宁可坦坦荡荡做一个有知识缺陷的人，也不愿战战兢兢做一个道德有缺陷的人。

五、面临的困惑：我们想不作弊，能做到吗？

或许你已经习惯了作弊，因为从语文课和英语课的默写与听写中，从平时数学和科学的测试中,你学会了投机取巧,而且尝到了一点不劳而获的甜头。你或许由此上瘾,而一下难以告别这个陋习。

但是,你回过头看看自己幼儿园时纯真的笑脸,看看小学时单纯的目光,看看自己曾经有过的踏实的脚步,看看自己有过的辉煌和骄傲。

你会发现,原来自己不是天生就会作弊的,原来不作弊的自己更加优秀,也更加快乐和自信。这说明,我们天生就可以做到不作弊!

再请你转过身看看,看看你身边的朋友和同学们,每次考试,有更多的人,或者说,绝大多数人,都在坚守着自己诚信的美德,在一步一个脚印地走着自己艰难的求学之路。这说明,更多的人可以做到不作弊。

人家能够做到的,我们不是照样可以做到吗?我们可以没有他们优秀的成绩,但是,我们有和他们一样踏实的脚步和诚信的美德。

所以,同学们,我再送你们一句话:既然我不是生来就会作弊,我就可以果断告别作弊!

六、心底的忧虑:我实在害怕考不好丢面子,怎么办?

或许,有的同学面对这次考试,由于准备不够充分,或者身体不好,总之,有一些原因,导致自己害怕失败。那么,我想,我可以给你一条退路。

如果你感到难为情,担心结果不好,可以到班主任那里支取分数,或者说,"借"些分数。前提是,要分析本学科没有考好的原因,反省自己平时的学习态度和习惯,然后,保证今后努力学习,下一次考试努力把分数补回来,就是要"归还"。我代表学校表个态,允许班主任在给你的家长书中,满足你暂时的愿望,成全你的面子。

这一点,班主任们可以去做。如果同学们想找任课老师,任课老师也可以自己把握,可以给学生一个机会,我相信大家的诚信和自信。

同学们,诚信,是一个人的立身之本。我想,只要在作弊的边缘徘徊的你,能够回转身来,守住这个根本,先借给你一点分数,哪怕就是暂时送给你几分,又有什么关系呢?

同学们,人生处处是战场,人生处处是试场。我们马上要开始期末考试,这既是一场知识和技能的考验与测试,又是一场对人格尊严、道德品质和自制能力的检验与考查。

面对这次考验,你们做好准备了吗?在是否作弊的问题上,你们考虑好了吗?

那些还心存侥幸的同学,我诚恳地希望你们,放下心中的错误念头、糊涂念头,彻彻底底放下,然后,老老实实应考。

期中考试的时候,我曾看到有个班级在教室后墙的黑板上写着:宁可丢分,不可丢人。这句话道出了这个班级的同学们理性和道德的选择。

我把这句话也送给大家,并送大家两句古语,供大家在今后面临考试时参考之用:

渴不饮盗泉水,热不息恶木阴

须知香饵下,触口是铦钩

我相信,我们立人中学的学生是有道德的,我们立人中学的学生更是理智的。相信大家在本周和今后的各种各样的考试中,会做出正确的选择。

最后,我祝愿大家,考出水平,考出自我,考出尊严,考出诚信,考出美德。

感 悟

这次讲话获得学生热烈的掌声。之所以成功,或许关键在于我对学生的尊重和信任。以前,没有人对学生说,我们商量商量,是不是有必要作弊;我请你考虑考虑,是不是非要作弊。没有人这么说。老师们总是这样说:你不能作弊,因为这不道德!你不可以作弊,因为这不诚信!

这并不能从思想根源上解决问题。所以,我决定以商量的方式和他们讲话。

尊重他们,把他们当作平等的朋友看,就容易激发他们的自重感。

信任他们,提出一些问题,请他们自己选择和考虑,他们就有了一种慎重感。

讲完后,有位老师说,校长,真的没有想到,你会这样和学生谈诚信教育,这种方式,学生一定乐于接受。

忘记和不能忘记的

在 2013 届学生毕业典礼上的讲话

2013 年 6 月 19 日

敬爱的老师们、可爱的同学们：

今天我们迎来了 2013 届学生毕业的日子。

你们是从立人中学本部毕业的第一届毕业生。

两年前，在 2011 年 10 月 24 日，你们带着忐忑不安的心走进这个美丽的校园。从此，这个校园因为你们的到来而充满了生机和活力，也因你们的到来而更加美丽。

一

两年来，你们陪着我们，陪着学校，一起走过了五百多个日子。如今，你们就要毕业了，就要离开我们，离开这个学校了。我的心情很不平静，也异常不舍。

我想起，两年前，在炼化中学和外语实验学校的校区，我来看你们时，你们那稚嫩而生动的面孔。

我想起，两年前的十月底，你们搬进这个校园时，因找不到厕所、找不到老师的办公室而到处询问的情景。

我想起，你们和老师一起熟悉自己的包干区，认真打扫新学校的角角落落的身影。

我想起,你们积极参加节目训练,为学校开学式做准备的时候,满脸汗水的样子。

我想起,你们每次见到我说"老师好!不对,是校长好!"时那份异常可爱的神情。

我想起,你们到初三的最后日子,依然在细心地打扫每一个角落,依然在教室里认真听完每一堂课,哪怕听不懂,也坚持不吵也不闹的可爱模样。

你们经历了搬迁,经历了两所学校,经历了立人中学办学初期最艰难的时刻。你们也见证了学校的起步和发展,见证了学校环境和办学条件的不断改善,见证了校风越来越好、学风越来越浓。你们见证了立人中学这个大家庭的成员越来越多,同学、师生关系越来越和谐。

你们没有轰轰烈烈的成绩,但是,你们踏踏实实做人,勤勤恳恳学习,用自己的努力,为自己,也为立人中学留下了坚实的脚印。

当然,正如学校并不完美,老师并不完美,你们也并不完美。你们中有的打过架,有的逃过学,有的悄悄破坏过公物,有的偷偷丢过垃圾,有的在网络上骂过同学、骂过老师、骂过学校。

但是,在这分别的时候,一切只剩下美好。在我们眼中,你们就是一群虽然淘气,但是永远可爱的孩子。

立人中学这个大家庭,因为你们的存在,因为我们大家这两年来的相爱相助,共同成长,变得丰盈而充实。

同学们,你们是立人中学历史上意义独特的一届。临别之际,和你们的老师一样,我有许多话想对你们说。

但是,在这里,我只想和你们谈谈可以忘记的和不能忘记的。

你们在这个校园里生活了两年,你们和老师、同学们则共同生活了三年。其间,你们经历了喜怒哀乐,经历了酷暑严寒。在这里,你们付出过太多的努力,也有过太多的记忆。

一个人的记忆,构成了一个人的精神世界,影响着一个人的精神面貌,最终也必将影响一个人的生命成长。

面对记忆,我们是不是也可以做些选择?

二

你可以忘记,在食堂里,曾经吃到过几根头发;

你可以忘记,同学曾经对你横眉竖目;

你可以忘记,偷偷给女生写信而那个女生却对你不理不睬;

你可以忘记,老师不经意的一个玩笑曾经伤害过你;

你可以忘记,夏天,教室里无力的电风扇下异常沉闷的气氛;

你可以忘记,因为迟到被值周生扣了分;

你可以忘记,在球场上的那次悲壮的失败;

你甚至可以忘记自己曾经得过几张奖状;

你也可以忘记老师给你写的评语。

我们的脑袋,需要学会忘记。我们可以忘记,也应该忘记生活中那些无关生活本质的东西,更要学会忘记那些曾经一度让我们消极,曾经让我们不愉快的往事。

一个人,如果生活在无尽的抱怨中,等待他的只有一次次的碰壁;一个人,如果生活在痛苦的回忆中,等待他的只有一个个的悲剧;一个人,如果生活在不灭的仇恨中,等待他的只有一场场的灾难。

学会忘记,你才能变得宽容;学会忘记,你才能变得快乐;学会忘记,你才能真正长大。

同学们,什么是母校?母校就是在你犯了错误之后,依然对你怀抱希望,并一次次给你机会的地方。什么是学子?学子就是能够忘记母校和老师的种种不足,对他们多年的教诲和关怀始终心怀感恩的人。

我们可以忘记,也应该忘记一些东西。

三

但是,我们不能够,也不应该忘记另一些东西。

在行将告别之际,我希望你们不要忘记,南北教学楼之间,每到五月,就硕果满枝的枇杷树。当你好高骛远或者羡慕别人的时候,不要忘记,没有寒冬时节灿烂的开放,哪来初夏季节丰硕的回报。

希望你们不要忘记,每天上厕所时经过的那棵被台风吹折的生命树。当你对生活和学习感到绝望的时候,不要忘记,立人中学的学生,就要有永不放弃的精神,只要活着,就一定会活出坚强和精彩。

希望你们不要忘记,冬天的午后,三五成群,在田径场懒洋洋散步时,靠河的角落里那棵孤独而伤感,却不失凄美的慈父树。当你对自己放松了要求,或者,感叹世间冷漠的时候,不要忘记,你的背后,最爱你的人——父亲,母亲,同学,还有老师,他们正满含真情,默默地关爱、关注着你。

希望你们不要忘记,每天经过学校门口的时候,看到的那块校训石。你走进来的时候,看见灿烂的正面,刻着"世界因我更美好"的校训,教你心情阳光,把快乐和美丽带给身边的人。当你离开学校的时候,看见校训石的另一面,沧桑的石纹上刻着"守护良心"四个字。它时刻提醒你,离开学校走向社会的时候,别忘了,社会无限复杂,充满诱惑和堕落,我们要守护自己的良心,始终做一个真诚善良的人,善良地面对别人,善良地对待这个世界。

希望你们不要忘记,每天佩戴的校徽,上面那个蓄势待发、强健有力的人形图案。当你面对各种困境和压力的时候,不要忘记,立人中学的学生,永远要做一个站立的人,一个有底气的人,一个有正气的人,一个有志气的人。

希望你们不要忘记,最早在讲台上等着你们的那个熟悉的身影是谁;不要忘记每天在你的作业本上留下红色批语的是谁;不要忘记在食堂里,我们曾经一起等待、一起拥挤的是谁;不要忘记运动会和你一起呐喊过、一起奔跑过的是谁;不要忘记我们每天在校园的每个角落里遇见的时候,相互问好的又是谁。

同学们，人的一生，说漫长，其实也短暂，所以需要学会忘记；说短暂，其实也漫长，所以需要学会铭记。一个人只有忘掉一些东西，才会长大；只有记住一些东西，才会长好。

四

最后，我想告诉大家一个故事。听了这个故事，你们就会明白，我今天，作为校长，作为你们的老师，为什么要讲这些话。

宋山木是华东师范大学的一个短期培训班学生，他事业有成后，给学校捐建了一幢大楼，学校把大楼命名为"宋山木楼"。后来，宋山木出了事，坐了牢，华师大急忙把"宋山木楼"几个字拆了下来。

你们知道为什么吗？

他们觉得这样的校友令人感到羞耻。是的，宋山木的违法行为令母校蒙羞。

然而，我认为，华师大还可以有更好的选择。他们只需要在"宋山木楼"下面写上这样一行字就可以了——"永远做让母校引以为豪的学子"。我相信，这是华师大的心愿和心声，也是任何一所母校共同的心愿和心声。

我希望大家牢牢记住《弟子规》中的一句话："身有伤，贻亲忧；德有伤，贻亲羞。"你的幸福是学校的幸福，你的忧患是学校的忧患，你的荣光是母校的荣光，你的耻辱也必将是母校的耻辱。

希望在座的每一位2013届毕业生，永远做让母校引以为豪的学子。

我深信，你们曾让立人中学更加美丽，也必将让立人中学引以为豪！

感 悟

毕业典礼致辞，校长年年讲。但是，这一届是立人中学极为特殊的一届，初一在原先的母校就读，初二初三两校合并后迁入新址，在立人中学就读。

这种经历，对他们而言，并不美妙。但是，作为学校，依然要教会他们如何更好地面对生活，包括学会忘记和学会铭记。用这样简单的方式，串联起许许多多孩子们亲身经历过的生动而丰富的生活，极容易唤起他们温暖的情感和向上的情怀。

现场有位电视台记者全程观看。她好奇地说，这和她听过的校长讲话大不一样。我的讲话没有任何大话套话，也没有常见的大道理，而是非常亲切随和，很接地气。她现场采访了一些学生，然后告诉我说，学生都挺喜欢我的讲话，因为我很了解他们的心，讲的时候，又会说一些他们意想不到但很有道理的话，风格与众不同，令人记忆深刻。

显然，我并不喜欢那种例行公事地读稿子、讲套话的方式，因为学生并不缺乏那样的"教育"。

学会做课堂的主人

在 2013 级新生生本课堂培训动员大会上的讲话

2013 年 8 月 22 日

同学们:

上午好。

大家前天来立人中学参加军训动员会,昨天进行了一天的军训,我一直在观察大家。你们从第一天开始,就懂得提醒自己做有纪律、懂礼貌、讲团结、求上进的人。你们见到老师都会问好,同学之间相互帮助,对教官和班主任都很尊敬。你们非常可爱,也非常有活力。

虽然军训第一天,你们中许多人受不了,接二连三地倒下,但是,稍事休息之后,又回到了队伍。你们的这种不怕吃苦、不怕跌倒的精神,让我感动。我建议,我们大家为自己一天半来的表现鼓掌。

刚才,吴校长很仔细地向大家介绍了小班化生本课堂建设的有关措施。为期一周的军训结束后,你们将迎来和小学时期明显不同的生本课堂、班级管理、学校管理模式。

为了让大家提前有一个了解,并积极主动地参与这个改革实践,成为学习的主人,我们今天召开这个会。接下来几天,班主任和任课教师还将对大家进行一系列的相关培训。

刚才,吴校长还给大家解释了为什么要开展生本课堂改革。其实,再多的理由,目标就是一个,或者说,最终的目的只有一个,那就是让我们每个人都能在立人中学学得快乐，学得有效，健康成长，快乐成长。我强调一下，是我们每个人，不是一部分人。是为了让我们今后可以一直更好地成长，而不是简单地为了暂时有个好成绩。所以，一切都是为我们每一个学生，为了我们的一切发展。

我们大家是课改的最初目标，也是最终的受益者。

小班化生本课堂的基本特点和操作方法等，我不再介绍，你们今后会渐渐接触和了解。这里，我想重点给大家讲讲我们决定这样做的几点思考，或者说几个观点。

第一个观点：自主，才能快乐学习

打一个比方：假如我今天在这里讲两个小时，你们什么也不许做，什么也不许说，吃得消吗？

四个小时呢？

记住，你们不能动，不能说，最多只能做笔记。

对，你们吃不消。因为，你们很被动。被动，是最累的。

再想一下，昨天上午军训开幕式的时候，为什么不到一个小时就倒下了一大批人？

因为开幕式，你们站着，不能动，被要求一动不动。那是最痛苦的，也是最容易疲倦的。因为你们不能自由、自主活动，所以你们晕倒了。

假如你们踢足球、打篮球、玩游戏呢？

就不会晕倒。

为什么会如此？

因为被动，你们感到无聊、压抑，而在主动状态下，你们有明确的任务，面对各种变化的情况，有权利也有责任采取各种应对措施，你们就会兴奋地调动所有能量，你们就会焕发生命活力。

记住：无所事事，只当观众，只当陪衬，这是最无聊的。只有自己成为演员,成为主角,你们才会有激情。

假如在课堂中,我们没有思考,没有什么任务,只是被要求听听听、记记记,是不是也就容易分心、疲惫、厌倦?

如果我们自己去思考、讨论、质疑、探索呢?是不是更加有兴趣和活力?

所以,主动的课堂,才是轻松快乐的课堂。

第二个观点:体验,更能有效学习

问个问题:你们当中有多少人是学过游泳的?请举手。

你们是怎样学习游泳的?

有没有人第一次下水就会游泳的?

有没有老师在岸上给你示范各种动作,你在岸上学会了动作,然后一下水,就学会游泳了的?

显然,游泳,必须在水里学会,必须在水里游的过程中学会。

同样,你们学自行车呢?

有没有人是在父母和老师从未让你上车的情况下,把你教会了的?

显然也没有。

还有,你从镇海到奉化溪口去旅游,你父亲开着车子,带你们全家去。你认为,从镇海到奉化溪口这条路线,你和母亲作为乘客记得更清晰,还是你父亲记得更清晰?

肯定是你父亲,因为是他开的车子,一路上都朝着既定的目标行驶,所以,从哪里出发,经过哪里,再去哪里,他都有鲜明的记忆,而乘客往往没有这种强烈的记忆。

以上事例都说明一个道理:事非经过不知难。

许多知识,只有我们自己亲身参与过、实践过、体验过,才能真正领悟,深刻理解,甚至终身铭记。

所以,有人说"我听见就忘记了,我看见就记住了,我做了就理解了",这也是符合学习心理学的。

所以,只有我们自己积极参与学习过程的课堂,才是更有效的课堂。

第三个观点:会学,远比学会重要

同学们在家里,都是父母给你们做菜烧饭的。

父母把自己的全部厨艺都施展出来,努力让你们吃得舒服。可是,你们发现,时间一久,自己就厌倦了。糟糕的是,父母也很难完全满足你们个人的需要,因为,他们自己也有自己的口味啊。怎么办?

假如你们父母出差了呢?今后你们工作了呢?每天都吃肯德基、麦当劳,下馆子吗?

你们得学会自己烧饭和炒菜,得学会去超市和菜市场购物。

这就是学会。

但是,没人教你们怎么办?

你们要自己去观察、思考,去分析、比较,去尝试、探索,去请教、讨教,然后懂得如何烧饭和炒菜,进而明白如何独立自主地学习和掌握更多知识与能力。

这就是会学。

在别人的教导下学会,并不太难,难的是,你们自身能够主动去学,懂得怎样去学,这就是会学。

会学,比学会更重要。

所以,我们的课堂,就是倡导同学们自己去摸索,去探究,去合作和讨论,然后,自己得出经验和结论。只有那些实在很难解决的问题,老师才会出面,为你们提供一些帮助和支持。这样,你们才能学会学习。而学会学习,是你们来到学校的最主要的任务之一。

同学们,以上所有的例子都表明,我们的课堂改革措施,无非指向一个共同的目的,那就是解放你们的大脑和手脚,让你们自己更主动地学,更快乐地学,更有效地学,最终使你们成为善于学习、能够自主学习的人。

所以,在今后的课堂上,老师将会更多地以一个支持者和促进者的角色,而不是一个滔滔不绝的讲课者的身份在你们身边。你们是课堂的主人,是班级的主人,也是校园的主人,是学习的主人,更是生活的主人。

我相信,经过这样的课堂教学和教育管理后,你们将会像一只只展翅的雄鹰,能够离开父母、老师,更好地翱翔蓝天,搏击风雨,成为自己人生和命运的主人。

希望大家在接下来的几天里,包括正式开学之后,面对许许多多的新措施、新变化,如同来到这个新校园,接触一批新教师、新同学一样,不要害怕,不用担心。你们要相信,这里的一切,尽管不会完美,但是,一切都为你们而设,一切都将为你们而改善。

作为校长,我也将竭尽全力,为你们更好地成长、更快乐地成长而努力。

谢谢同学们。

感 悟

新生进入学校后,我们每年都要在军训期间对他们进行课改专项培训。由于他们刚从小学上来,未曾接触过我们的许多新做法。讲一些理论显然没有意义,不如用生活中的事例让他们明白,这一切,都是为了他们,让他们意识到课改于他们的切身意义。学生果然领会了,并在过程中积极回应。

提升自我,从厕所开始
在 2015 年新年开学式上的讲话

2015 年 3 月 2 日

老师们,同学们:

大家新年好!

非常高兴,经过一个快乐的假期,我们又迎来了新的学期。从农历的角度而言,这是我们新年以来开学第一天。

刚才,我们奖励和表彰了上学期积极主动承包学校洗手间卫生的班级与同学,有两名同学还做了很好的发言。

大家肯定不明白,我们表彰了学习优秀与进步的同学,表彰了思想品德优秀和进步的同学,为什么还要特意表彰打扫厕所的同学,并把开学典礼的发言机会交给他们呢?

今天这个开学典礼上,我就专门讲讲厕所的问题。

大家知道,最近,两个新闻比较红。

一个是春节期间,大量中国游客到日本抢购马桶盖。为什么一个马桶盖都要到日本抢购呢?我们说吃喝拉撒,这个拉撒,这么重要吗?

是的,很重要。你坐上了马桶,连皇帝老子也不能来拉你。人生有吃喝,必有拉撒,这是生理规律。有人做过统计,人一生中,有大约两年的时间是在厕所里度过的。在厕所里的感觉如何,直接关系到生活质量乃至生命质量。难怪国人都要跑到日本去买马桶盖了,因为他们觉得日本的东西质量好,使用起来感觉好。尽管事后证明,他们买来的日本货大多数是浙江杭州生产的。

还有一个新闻是说泰国人在其著名的旅游景点白庙建了专用厕所,供非中国游客使用。因为部分中国游客上厕所很不文明,比如在地板上大号,把卫生巾贴在厕所墙上等,所以,他们使用过的厕所就无法供其他国家的游客使用了。因此,不得不另建新的厕所。

我们早听说过,在美国、欧洲、澳大利亚等许多地方,厕所里用中文写着"请便后冲洗"。这几个字写给谁看的?给中国人看的。我们有一些国人,虽然有钱到处旅游,可是,还不知道该如何文明如厕。

你看,厕所,不仅事关人的生活质量,还很能反映一个人的基本素养。

因此,厕所问题很重要。今天,我就厕所问题专门谈谈自己的看法。

第一,厕所最能检验一个人的道德水平和人格修养

厕所是什么地方?是最自由、最隐私的地方之一。这里,往往只有你一个人在独自行动,绝对不敢有人来监控或干扰你。而最没有人监督的地方,最能检验出一个人的美德和素养。所以,古人说,君子慎独。这个慎独,就是要注意在只有天知地知的情况下,学会自知,从而学会自制自律。

一个人,如果在厕所里能够做到优雅自律,那么,这个人往往就是个真正有道德的人。比如,方便后,第一次冲水,发现冲不干净,你绝不就此走开,一定要冲干净再走。这,就反映出你这个人是极富有良知的,极能自律的。如果没人看到,你就只顾痛快地拉,不顾及时冲,只顾自己干净痛快,不给别人干净痛快的机会,你就是个没有公德心,也没有自律意识的人,你在工作、生活中,也往往是个自私自利的人。

现在在网络上,为什么这么多人张口闭口就粗话脏话胡乱骂人?就是因为不慎独。他以为弄个网名,穿件"马甲",人家就不知道他是谁了,所以,他就可以胡作非为,为所欲为了。其实,平时那个装斯文、装礼貌的人不是真实的他,真实的他,是网络上那个粗鄙和粗暴的他。

厕所其实就是一个培养和检验我们的道德自觉与自律能力的地方。我们在这里经得起考验,在生活中就会更加自律美好。你们认同这样的观点吗?

第二,厕所最能锻炼一个人的意志品质和管理能力

厕所是什么地方?是最脏、最臭的地方,是释放人体排泄物的地方。

可它却是非常重要的地方,是人人都要使用的地方。

所以,这就需要有人为我们提供服务,而且最好是优质的服务。这就有了为他人服务的岗位或机会,就有了清洁工,也有了志愿者。

现在,青少年中,甚至一些成年人中,有一些不好的观点,认为扫厕所是卑微的人干的。这是一种虚荣心,也是一种不该有的职业歧视或劳动歧视。

在健康的社会里,那些能够以诚实劳动养活自己的人,都值得尊敬。那些能够以诚实劳动给他人带来服务的人,更值得敬仰。

我认为一个能够打扫厕所,或者走进厕所能够主动去冲洗别人留下的污浊脏物的人,一定是一个有爱心的人,而且是一个有大爱的人。一个甘于认真打扫臭烘烘的厕所的人,一定是一个认真、负责的人。一个能够干好肮脏的活的人,也一定是一个能够干好美好事业的人。

据说,日本的野田圣子在实习的时候,被安排进一家酒店清洗马桶,而且要求很高,要把马桶清洗得光洁如新。她一度郁闷、不快,觉得这是最没有意义的活。这时候,一位前辈出现在她面前,一遍遍擦洗马桶,然后,用手从马桶里捧起一口水喝了下去。她惊呆了,流泪了,也明白了。

她下决心:就算一生要洗厕所,也要做个洗厕所最出色的人。

你说,一个洗厕所最出色的人,还会一辈子洗厕所吗?

不会。她在37岁时就成了日本内阁中最年轻,也是唯一的女性大臣。

我的一位初中班主任,以前很爱跟我们讲他在杭州读大学的故事。他说,他们男生楼的厕所经常臭烘烘的,没人扫。他就每星期偷偷挤出时间去打扫厕所。没有人让他这样做,也没有人来表扬他,当然,他也努力不让人知道他偷偷做的好事。他说,能够看到厕所干净,让大家安心上厕所,他就觉得开心。

后来,他工作没几年就担任学校教导主任。没几年,他又辞职去上海创业,现在成了一家大公司的老总,也成了我们老家在外地创业的成功人士的杰出代表。你看,一个有勇气去认真扫厕所的人,是能够担当人任、干成人事的。

同学们,打扫厕所,锻炼的不仅是公德心,还有意志、爱心、责任心等。一个有公德心、意志力、爱心、责任心的人,还用担心自己今后的人生出路吗?

当然,打扫厕所还能很好地锻炼人的管理能力。厕所是最难管理的地方之一,你如果能够把一个厕所打扫好,又维护好、管理好,那么,你今后,说不定就能管理好一个单位,甚至管理好一个地区。

所以,我们把承包厕所保洁和管理任务称为"挑战自我"的活动,希望同学们可以借此增强自我提升和完善的勇气与能力。

这次,首批自愿承包厕所的五个班级的同学都展现出了善于合作的能力、巧于管理的智慧和勇于创新的意识。大家买来了红地毯,防止地面湿滑;添置了绿色植物,美化厕所环境;点起一盘檀香,减少厕所异味;亲笔制作提示语,唤醒师生良知;课间经常巡视,监督不雅行为;贴出了意见征求表,以此赢得更多同学的理解和支持……

在他们的努力下,一切都在改变。

原来经常污浊发臭的洗手间,现在变得洁净美丽、温馨可爱了。如厕,不再成为一种尴尬的经历,而是一种愉悦的体验。

这一切,都来自这些同学的辛勤努力和用心管理。他们的劳动得到了大家的认同,他们的能力,特别是管理能力,当然也得到了锻炼和提高。

所以,今天,我有理由说:谁能扫净厕所、管理厕所,做好别人不愿意做的小事,明天,他就能干好别人干不了的大事。

你们同意我的说法吗?

令人遗憾的是，现在还有部分同学，大便后不知道冲洗，上厕所的时候还会嬉闹，以至于把厕所门板损坏。所以，我想还是要对大家做一些提醒。

你们知道，我们为什么在厕所里安装一面镜子吗？

这不仅仅是让大家顺便照照自己脸上和头发是否干净整齐的，还有一个作用，就是用来认识自己的。厕所就是一面镜子，虽然别人不来看你，但是，你要看见自己。

厕所是个很小的地方，又是片很大的天空。厕所是个很脏的地方，又是个让人洁净的地方。厕所是个最不能被人看的地方，又是个更容易让人看见灵魂的地方。厕所是个容易被人轻视的地方，又是最能磨炼让人仰望的能力的地方。厕所是个很简单的地方，又是个能让人大有作为的地方。

你在厕所里的态度，关系到你在生活中的高度；你在厕所里的姿态，影响着你在生活中的状态。厕所洁净了，世界就干净了；厕所美好了，社会就美好了。

同学们，我们每天跨进去的不是厕所，是镜子，那里可以清晰地看见自己；我们每天打扫的不是厕所，是心田，让自己和他人变得更加洁净美好。

从今天开始，希望你们在走进厕所的那一刻，让自己变得庄严、庄重、自觉、自律，而当你们从厕所走出来之后，会变得更加自信、自强，更加高雅、优雅。

我想，我们能够做到如此。那么，我们到泰国白庙的时候，走进那些用中文写有"请便后冲洗"的地方，走进世界任何一个角落，都无愧于我们中国人的称号。

新的学期开始了，我希望，无论是在厕所里，还是在其他地方，无论是对待打扫厕所的工作，还是对待学习的任务，我们都能够学会自我管理和自我提升，这样，我们每个人都可以变得更加出色，我们的人生将会更加出彩。当然，我们的校园也会更加精彩。

最后，祝老师们在新的一年里身体健康、工作顺利、家庭幸福。

祝全体同学在新的一年里健康成长、学习进步、心想事成。

> **感 悟**

　　教育无处不在。生活多么广阔,教育就该多么丰富。教育远不仅仅是课程和课堂的事情。吃喝拉撒皆是教育之事,食堂厕所皆是教育之地。开学第一课,不讲高大上的东西,而讲厕所问题,并且深入挖掘厕所独有的教育含义与深意,别出心裁,也令人耳目一新。因此,这次讲话让学生备感新奇,同时,对厕所有了更为深刻的认识。

你们的母校叫立人

在 2016 届学生毕业典礼上的讲话

2016 年 6 月 14 日

尊敬的老师们、各位家长代表,亲爱的同学们:

上午好。

今天是值得庆贺的日子,411 名可爱的立人学子行将毕业,离开生活了三年的母校,走向新的征程。

在这个特殊的时刻,首先,我建议同学们把最热烈的掌声送给老师和父母,感谢他们陪伴你们走过这美好的三年时光。你们的长大离不开他们的谆谆教导和殷切期盼,也一直伴随着他们关怀备至的温柔和"令人讨厌的唠叨"。

其次,我也建议同学们把同样热烈的掌声送给你自己和你的同学,经过三年的努力和付出,今天,你们毕业啦!

同学们,立人中学注定成为你们一生中与众不同的一个记忆,你们的一生注定和立人中学无法割舍。

在你们即将踏上新的人生之路的时候,和你们父母在你们出门远行之前总要反复叮嘱一样,我想再啰唆一遍我和你们的老师们重复了许多遍的唠叨。我希望你们懂得,这是我代表立人中学的老师们对你们做的最后一次唠叨,也是对你们满怀深情的唠叨,是对你们语重心长的忠告。

这是爱的唠叨,更是爱的期待和忠告。

立人中学是一所个性鲜明、气质高雅、懂得坚守、敢于担当的学校,它为你们准备了可以受益一生的教育和启迪。

一

今天,你们坐在这里,一定忐忑不安。过几天,你们的中考成绩即将揭晓。那时候,会有人满心欢喜,也会有人灰心丧气,几家欢乐几家愁。

今后,在漫长的人生道路上,无论你们进入高中、大学,还是走上社会就业谋生,在生命历程中,你们会有捷报频传、志得意满的时候,也难免会有屋漏偏逢连夜雨的时候:或者是考场失利,或者是情场失意,或者是创业失败,或者是工作失业,甚至可能是健康失却、亲友离去等。

你们会孤独、无力、悲伤、绝望,许多人会选择放弃和逃避。但我希望,你们能比别人更加从容和镇定。立人校园为你们准备了坚强。立新园里那棵生命树——在台风"梅花"中轰然倒下、裂开的柳树,倒下之后,依然挣扎着生长,以一种更为动人和骄人的姿态,演绎着什么叫作坚强,什么叫作重生,什么叫作希望。我相信,立人中学的孩子,在那棵树的身边行走了三年,早已经把那个不屈的身影、那份坚韧之硬气,融进了自己的生命和血液。

二

同学们,今后回到家里,你们和父母生活在一起,未来还会和你们的爱人、孩子生活在一起,家人的一切唠叨和急躁,或许会让你们心生反感;在高中和大学里,老师的严厉和学校的严格,或许同样会让你们心生不满;走上社会,在单位里,同事和领导的批评与指责,或许还会让你们深感愤怒。

你们可能会从此埋下仇恨的种子,对他人的过失或自己受到的伤害耿耿于怀。你们今后必将面临种种的挑战和困难。我希望你们,在看待他人和世界的时候,在对待他人和世界的时候,能够多一份包容和感恩。因为,在我们立行园里,那假山上滴落的水珠和水池里喷出的水花告诉我们,滴水之恩,当涌泉相报。而我们守正墙上的那个关于曼德拉和霍金的故事更告诉我们,人应该学会放下仇恨,知足常乐。

我希望你们不要心胸狭隘、斤斤计较,要学会多铭记他人的好处,多感念世界的良善,学会善待他人的过失和世界的缺陷。你对这个世界是友好的,这个世界于你将会是美好的。

三

当然,这个世界充满了太多的诱惑和陷阱,"祸患常积于忽微,而智勇多困于所溺"。我想提醒你们时刻认识到这一点:人通常不是被自己所厌恶和害怕的东西所伤害,而往往是被自己所喜爱和沉迷的东西所困扰的。

我们需要足够的自制力和抵抗力,我们更需要有所敬畏,懂得有不为方能有所为,有所为必有所不为。我们经常会面对许多诱惑:考试时面临作弊的诱惑,购物时面临奢侈的诱惑,贫穷时面临金钱的诱惑,失意时面临放纵的诱惑,发怒时面临暴力的诱惑,怨恨时面临报复的诱惑。

我希望你们今后面临诱惑的时候,能够想起学校里那堵知止墙,它看起来像监狱:高墙、铁窗、铁丝网。我们有意设计成这样,就是为了警示和提醒你们需要有所敬畏,敬畏责任,敬畏法律,敬畏道德,敬畏生命和自然规律。

我们必须懂得何时刹车、何时止步。人世间多少悲剧和丑陋,都是从放任自己开始的。"胜人者有力,自胜者强""克己复礼为仁",我希望你们在面临诱惑的时候,能做个善于自我控制、懂得自我克制的精神上的强者。

四

同学们,今后,你们还可能遭遇各种犹豫和彷徨,比如:见到有人面临他人的威胁和伤害,考虑该不该出手相助;见到有人受到不公平的待遇,犹豫该不该仗义执言；见到有人遭遇灾难和不幸,踌躇该不该带头奉献爱心。

我希望,在那些善与恶的犹豫时刻,在那些是非和利弊的权衡时刻,你们能够想到我们的校风校训石,不要学那十八个明哲保身的冷漠、世故的人,要坚定地做那第十九个路人陈贤妹,勇敢地挺身而出,见义勇为。我们要相信,这个世界,好人一定比小人多,善良一定比邪恶多,美好一定比丑陋多,正气一定比邪气多。

五

同学们,从今而后,你们一定会遇见各种各样的人,会遭遇各种各样的事,会处于各种各样的顺境和逆境。无论遭遇什么,立人中学曾经为你们做过各种教育准备,这些准备会为你们做出正确的抉择提供有益的帮助：那尊思想者雕塑教会你们凡事三思而行,那棵灿烂的枇杷树教会你们要自立自强,那棵孝子树教会你们孝敬父母,那棵爱心树教会你们心怀大爱……

而在烈日下大汗淋漓的军训中,你们学会了坚守和坚持；在小组合作的拓展活动中,你们学会了团结和合作；在一丝不苟的拖地和拔草过程中,你们学会了责任和担当；在积极踊跃的承包厕所任务中,你们学会了挑战和自信；在三年如一日的整齐路队中,你们学会了礼让和自律；在安安静静的每日就餐中,你们学会了宁静和优雅……

立人中学和立人中学的老师们以及校长,一定还有许多不足,一定还有许多地方没有做好,比如,有的课堂还不够高效有趣,比如有时候对你们的关爱不够细腻柔和,比如有时候批评处分比较粗暴直接,比如食堂伙食和校服质量都还可以更好等。我在这里,就学校工作中存在的这些不足,向你们深深鞠躬,表示歉意。

但我深信,母校和老师之于你们,如同你的家和父母之于你们,也如同你们之于自己,虽然并不完美,但怀抱善意、真诚热情、单纯可亲。如果她有缺憾,请你原谅她;如果她伤害过你,请你忘掉它。

六

同学们,并不是所有的学校每一年都让学生佩戴不同的校徽,并不是所有的学校都要求学生连走路吃饭都迈着整齐的步伐,并不是所有的学校都会在枇杷成熟的时候请师生一起分享甜蜜的果实,并不是所有的学校都要求学生一年四季穿大方的校服,并不是所有的学校每周都要宣誓校风校训,并不是所有的学校都让学生如此一丝不苟地擦洗地板甚至厕所……或许,你们昨天还在抱怨这些与众不同的校规,或许你们并不喜欢这些做法,但是,或许今后,恰恰是这些你们暂时不理解、不喜欢的东西,会让你们获益良多,回味无穷。

同学们,立人中学或许不一定是你们人生中最完美、最美丽的母校,但是,它一定是令你们终生难忘、终身受益的母校。接下来,我们全体同学会在小导游的带领下最后一次重游校园,我和老师们会在校园的各个景点旁边等待大家。

我希望你们在最后一次游览校园的时候,能够多一份庄严,多一份思索,好好和老师话别,好好和同学告别,好好地把校园里所有的美好故事带走,把校园里老师们寄于其中的深沉的期望和祝愿带走,把你们自己在这里浸润孕育了三年的青春美丽带走。记住了立人校园,你们就记住了立人教育的全部美好。

同学们,无论今后你们是春风得意,还是连遭失意,无论今后你们是叱咤风云,还是默默无闻,立人中学都是值得你们回来看看的母校。

它以自己独特的方式,为你们准备了独自远行的锦囊。当你们重新回到这个校园,或者在心里面回忆起这个校园的时候,总有一个角落,会为你们留着,它会给你们一些明示或暗示,让你们重新找回温暖、信心、智慧、勇气和力量,让你们以一种独立、自信、有尊严和有底气的方式,站立在人群中,行走在人生中。

我之所以在这里不厌其烦地重复这些,就是希望你们懂得从自己过去的经历中,从母校接受的教育中,寻找一种源源不断的动力,从而在今后的人生道路上,走得更加正确、从容、快乐、出色,始终做正气、大写、站立的人。

同学们,临别之际,千言万语都道不尽母校老师对你们的期望和祝福。最后,祝同学们在今后的人生路上,学习好、身体好、生活好!

今后,无论何时,你们的母校、立人中学的老师们,会一如既往,在这里傻傻地、痴痴地、深情地等待你们回家!

谢谢大家!

感悟

毕业之际,如何让学生更加深刻地理解母校的教育和期望?如何让母校的教育真正转化为他们终生难忘且受用的东西?把学生今后学习和生活中将会面临的各种困境和立人中学给予他们的教育结合起来,或许是一种很好的思路。未来情境和当下情境结合,能让学生瞬间明白校长和母校教师"唠叨"背后的深沉情感和深刻意图。

每天不虚度
在 2016 学年开学典礼上的讲话

2016 年 9 月 1 日

亲爱的家长、老师和同学们：

大家好。

今天，新的学年又开始了。

刚才，我们举行了隆重的颁奖典礼，许多同学都获得了奖励和表彰。祝贺他们，希望他们在新学期中再接再厉，取得更大的进步；也希望那些没有受到表彰的同学向身边的优秀同学学习，争取获得更好的成长。

开学之际，我想和大家谈谈我们的学风"每天不虚度"的具体含义。我希望，从今天开始，大家都能更好地去践行"每天不虚度"的学风。

一

我给大家介绍一下我始终视为偶像的人物——海伦·凯勒。她是 19 世纪美国女作家、教育家、慈善家、社会活动家。她在出生 19 个月时因患脑充血和胃充血导致双目失明、双耳失聪，此后 87 年，她生活在无声、无光的世界中，但她却完成了《假如给我三天光明》《我的生活》《再塑生命的人》等十多部著作，并致力于为残疾人造福，建立慈善机构。

她非常热爱生活，会骑马、滑雪、下棋，还喜欢戏剧演出，喜爱参观博物馆和名胜古迹，并从中得到知识。她的事迹感动了无数人，也唤醒了无数麻木地生活的人。1964年，她荣获"总统自由勋章"，次年，她被评为"20世纪美国十大英雄偶像"之一和"世界十大杰出妇女"之一。

同学们，在我们看来，认识一个文字，学说一句话，轻松不过。可是，对海伦·凯勒来说，她只能通过触觉来感知，因而变得异常艰难。海伦·凯勒用顽强的毅力克服生理缺陷所造成的精神痛苦和巨大困难，取得了绝大多数正常人无法取得的杰出成就。也难怪美国著名作家马克·吐温说："19世纪出现了两个了不起的人物，一个是拿破仑，另一个就是海伦·凯勒。"

海伦·凯勒成功的一个秘诀，就是珍惜每一天，珍惜每一分钟。她在《假如给我三天光明》一书中，对这种态度和生活做了详细的介绍。她深深懂得时间的重要性和生命的价值与意义。她说："或许，最好的生活方式就是把活着的每一天看作生命的最后一天。"

她不是一个认为自己残疾就可以理所当然地依赖他人生活的人。她说："我时常自勉的一个目标就是：我在有生之日，要极力学会自立，在能力范围之内尽量不去增添别人的麻烦。"

她懂得知识对于人的自立和快乐的重要性。她说："与其说知识就是力量，不如说知识就是幸福。因为有了广博精深的知识，就可以分辨真假善恶，区分高低优劣。"

当然，她也感受到了周围许多正常的人对生命和时间的麻木与无知，所以，她发出了灵魂的拷问："在这个世界上，为什么只有聋人才珍惜失而复得的听觉？只有盲人才珍惜重见天日的幸福？让我们珍惜生命中的每一天，去充实生命，去享受生命。"

其实，除了海伦·凯勒，我还特别佩服斯蒂芬·霍金。

他是英国剑桥大学著名物理学家，是现代最伟大的物理学家之一。他21岁时患上肌萎缩侧索硬化症，全身瘫痪，不能言语，从此就被禁锢在轮椅上半个世纪。他能动的只有一双眼睛和三根手指，还有一个可以思考的大脑。就是在这样的情况下，他克服了常人无法想象的困难，从事科学研究工作，提出了黑洞蒸发理论和无边界宇宙模型,在统一 20 世纪物理学的两大基础理论——爱因斯坦创立的相对论和普朗克创立的量子力学方面,走出了重要一步。

同学们,在海伦·凯勒和斯蒂芬·霍金面前,我们所有人,恐怕都是幸运者。我们有健康的身体,有充足的精力去应对我们的学习和生活,我们理当创造出他们那样甚至比他们更丰厚的成果,为这个世界做出更多的贡献。但事实上,我们许多人,在他们面前,都自惭形秽,羞愧自己碌碌无为。一个四肢健全、精力充沛的正常人,和他们相比,却相形见绌。

二

这里面,最关键的一个原因,就是我们没有善待每一天。

在我们的校园里,我经常看到有一些同学在虚度时光,甚至每天都在虚度。有的同学每天早早到达教室,却不用来学习,而是和一群同学闲聊,或打开教室电脑玩游戏;有的同学面对一小块清洁区,拿着拖把或扫把慢吞吞地拖扫,本来十分钟即可完成,却要拖到早自修下课;有的同学在中午、在自修课,缺乏老师强力的监督时,就不知所措,无所事事,东张西望,百无聊赖。甚至在课堂里,也有同学整天趴着、熬着,有人在胡乱涂画,还有人则偷偷看一些没有意义甚至不健康的书刊。一旦到了周末、假期,又有更多的同学宅在家里,对着电脑、手机,耗费着一个又一个小时,一天又一天,肆意挥霍大好的青春时光。

每次看到这些无所事事的青春身影,我就备感痛惜。我们可以责怪老师上课不够生动有趣,可以责怪父母管理监督不够严格,甚至可以责怪自己天生不够智力超群,不能一目十行、过目不忘。可是,我们想想海伦·凯勒,想想斯蒂芬·霍金,想象当我们失去了光明和听力,当我们残废了四肢和躯体,我们是不是会比现在艰难千倍万倍?我们是不是应该为自己在当下虚度时光感到万分羞愧?

同学们，青春是用来绽放的，而不是用来挥霍的。

我们每个人的生命都是短暂有限的。有人统计，一个寿命70岁的人，除掉生活不能自理的婴幼儿时期和吃饭、睡觉、生病等时间，真正能够工作和学习的时间只有一万多天。

"千金散尽还复来"，钱用完了，还可以再赚，但是，宝贵之时间，却如"黄河之水天上来，奔流到海不复回"，它一去不复返，无法增加，也无法储存和收藏。每一天都是你生命中唯一的一天，过去了，就永远地过去了，你的时间和生命就永远减少了一天。

生命，就是这一天一天的时间构成的。你浪费的不仅是时间，还有你的生命。所以，鲁迅先生认为"无端的空耗别人的时间，其实是无异于谋财害命的""浪费自己的时间，等于慢性自杀"。

这几句话我很早就听老师谈起过，可是，最近几年，当我渐渐衰老，才深深理解鲁迅先生对于浪费时间的行为何以如此深恶痛绝、痛心疾首。我认为，迄今为止，这是关于时间的重要性的最为透彻和严厉的忠告。

三

同学们，时间就是生命，你们应当趁着现在最有活力的年龄，尽可能地抓住它，利用好它，认真践行"每天不虚度"的学风。

每天不虚度，就是要每天有计划有目标，及时安排好自己的学习和生活，每一分钟都知道自己要做什么、该怎么做。课前做好预习，上课就更容易学会。课内认真听讲，积极学习，学习效率就会更高。如果有些跟不上，下课了就要尽快向老师和同学讨教，避免日积月累，和别人的差距越来越大。课后，每个人都应该学会独立作业，及时复习，回顾并巩固当天所学的内容。而对那些比较薄弱的学科，则可利用课外、周末和假期时间，通过自学和他人的帮助努力实现恶补或赶超。

当然，你们来学校，不只是学习学科知识和发展能力，你们还要学习如何快乐而健康地生活，如何做真善美的人，如何做对他人、对社会有贡献的人。

你们还要学会如何面对学校里和今后生活中的那些闲暇时刻。鲁迅先生是把别人喝咖啡的时间用来学习和写作的。而"汽车大亨"亨利·福特也曾说过："据我观察，大部分人都是在别人荒废的时间里崭露头角的。"

在理发店里、公交车站、高铁或地铁上，在饭后、睡前、周末、假日那些看起来无事可为的时间里，你们可以尝试随手读点自己喜欢且有用的书；你们可以随时背诵几首富有意蕴的诗歌；你们可以随时抄记几个英语单词；你们可以随时向身边的人讨教自己心中的一些困惑；你们可以随时观察校园里每棵树一年四季的变化，观察周围那些人的不同表情和声音——生活就是一本丰富的书，你们可以从中获得许多体会和启悟；你们还可以打打球、跑跑步，让自己养成终身有用的健身习惯；你们当然也可以看看身边的人有没有困难和困惑，他们是否需要你们的支持和帮助，而这正是你们服务他人、升华自己的好方式。

这样，你们就每天都在进步，每天都没有虚度。

四

同学们，周恩来总理15岁的时候以优异成绩考进天津南开中学。他决心发奋读书，救国救民，提醒自己做到五个"不虚度"，即读书不虚度，学业不虚度，习师不虚度，交友不虚度，光阴不虚度。他最终成了真正为中华之崛起而做出突出贡献的一代伟人。而苏联作家奥斯特洛夫斯基在《钢铁是怎样炼成的》一书中写道："人的一生应该这样度过：当回忆往事的时候，他不会因为虚度年华而悔恨，也不会因为碌碌无为而羞愧。在临死的时候，他能够说：'我的整个生命和全部精力，都献给了世界上最壮丽的事业——为人类解放而斗争。'"

同学们，现在国家尚未统一，东海和南海都面临着许多国家的威胁，我们的军事、科技和各项事业都还不够强大。

我希望你们，从今天开始，从此刻开始，能明白自己的目标和责任，不仅仅为自己的幸福生活而读书，还能为我们这个国家的富强和社会的繁荣而学习。

希望你们从今天开始，珍惜每一分钟，珍惜每一节课，珍惜每一天，珍惜每一年，珍惜在立人中学的时光，让立人中学的三年为你们的人生增光添彩，让你们的人生为我们的社会、国家和民族增光添彩。

今天讲话结束了，谢谢大家。

> **感 悟**

用海伦·凯勒、斯蒂芬·霍金、鲁迅等名人珍惜时间、发奋有为的生动案例，触发学生对生命、对青春、对时间的深入思考和深刻理解，同时结合学生的学习和生活实际，对如何把握好每一天进行具体指导。这样，就容易让学生更好地理解和自觉践行"每天不虚度"的学风。

反思，让你的人生更精彩

在2017年新年开学式上的讲话

2017年2月13日

老师们、同学们：

大家好！

新的一年又开始了。

在过去一年，在我们全体师生的努力下，学校各方面事业取得了良好的成效，学校中考、学科竞赛、教师职称评审、名优教师评比，以及师生在各级各类的有关比赛中都获得了不错的成绩。

我们学校六名学生参加全国中学生DI比赛（头脑创新思维竞赛），获得了一等奖。我校的办学经验获得了浙江省教育厅和宁波市政府领导的肯定和称赞。继2014学年后，在镇海区教育系统2015学年学校综合考评中，我校又获得了一等奖。我校还获得了许多省、市级集体荣誉。

这些，都是我们全体师生恪守"世界因我更美好"和"守护良心"的校训校风，敬业爱岗、奋发进取、团结协作、励志自强的结果。

上面受到表扬和表彰的，只是我们广大师生中的一小部分。他们负责任、爱学习、有追求、有贡献，但他们代表的不只是他们自己，而是我们全体师生的优良作风和美好形象。

在此，我也代表全体班子成员，向全体师生致以真诚的敬意和谢意！

新的一年，我们迎来了新的挑战和新的使命。这一年，我们将更加勤奋地教和学，更加创意地想和做，更加真诚地合作共事，更加美好地共同生活，我们将迎来学校建校60周年总结大会，将迎来众多领导校友，迎来众多贵宾高朋。能够于在校期间遇到这样的大事、喜事，也是我们的幸事。我们将以更好的心态、姿态和状态，更好的成绩、成长和成果迎接这不平凡的一年。

为此，我希望大家在新年开学之初，就明确自己的年度目标和努力方向，思考一下：这一年，我将如何度过，我将实现哪些目标，具体该做哪些事，达到哪些阶段性的小目标。

为了在这一年更好地成长和生活，我建议大家养成每天反省的习惯。

你们每个人手上都有一本成长反思手册。学校认真编写了这本手册，帮助大家养成每天反思的习惯。我看许多同学还是不够认真，也不大明白为什么要这么做。

今天，我就简要讲讲这个问题。

一、我们为何需要反思

反思，回头、反过来思考的意思。反思，通常指的是反省，指检查自己的思想行为、检查其中的错误，获得正确的经验和规律，指导今后的思想和行动。当然，很多时候，反思也包括从他人的经历中学习经验、吸取教训，指导自己的行动。通过反思，人可以让自己保持思想和行为之洁净美好与人生方向之科学正确。

就其社会性而言，人终生都处在未成熟、未完成的状态。人终生都处于社会化的历程，需要不断地进行自我完善，并借此无限接近完美和成熟的境地。

在此过程中，保持积极而经常的反思至关重要。

自古代的曾子到现代的陶行知，再到当代的魏书生、朱永新、叶澜等教育名家，乃至国外的杜威、加德纳等学者教授，都把反思作为个体学习和成长的关键品质与能力。杜威把反省思维作为教育的最终目的，把它称为理性思维，认为这是人和动物的根本区别。加德纳认为，反省智能对其他多元智能起着关键的作用。而瓦茨认为，反躬自省是通向美德和上帝的途径。

人是在反思中走向完善的，而人类正是在反思中走向文明的。

人们把反思能力或反省思维，当作人类最高的理性，当作人类和动物的最根本的区别。

人在触电后，通常不会再去触碰令自己触电的东西，因为他懂得反思。动物呢？基本上会再三犯错，它们很少会反思。所以，你看，五百年前甚至几千年前的野猪，到现在，还是没什么变化，它们不会造出什么高科技的东西来。人类呢？科技高度发达，日新月异。

反思可以让人少犯错误，少走弯路，让人变得智慧和高效，从而实现更快、更好的成长。

我们平时有没有这样的体会：做一道题目，错了；过了两个月，考试了，还是错；一年后，遇到这种类型的题目，还是错？

最主要的原因，就是不会反思。

我们许多同学在生活和做人的问题上，也常常不懂反思，认识不到自己的缺陷和问题。因此，总是犯同样的错误，比如打扫卫生不干净，说粗话，动辄冲动打架，每天忍不住上网打游戏，经常闲聊浪费时间等。

做生意的人为什么每天都要算账？

因为他们有强烈的反思意识。他们每天都要算算付出多少，收入多少，发现哪个地方可以减少不必要的开支，哪个地方可以增加收益，这样，才能保证不至于出现亏损而自己却浑然不知的情况。

我们对待时间、学习和品行、修养，对待每天的生活乃至整个人生，也应该如此。这样才能避免误入歧路，耗费生命。所以，苏格拉底才会说"未经省察的人生是不值得过的"。

我们不能够在混混沌沌中，在迷迷糊糊中，度过一天又一天，不能盲目地凭自己的感觉来支配行动。我们必须建立起强大的自我调控系统，做人生的主人，实现理性生活，有序成长，卓越发展。否则，我们的生活最终将会失去活力,失去主动性,失去价值感、成功感和幸福感。

二、反思对我们还意味着什么

反思之所以重要,在我看来,不仅可以避免错误,让你走向成功,还有着多种重要的意味。

反思意味着诚实。人非圣贤,孰能无过?人每天都会犯错误,或者是说错话,或者是做错事,或者是某些举止不够优雅。只要你足够诚实,你一定会意识到自己存在着一些令人遗憾的过失或错误。如果你不肯反思,就意味着不够诚实。

反思意味着进取。具有进取之心的人,一定会主动开展反思活动。人是自我之师、经验之徒。反思就是向自我学习、向经验学习的好方式。拒绝反思,就是让无数个学习机会一次次从你身边溜走,就是拒绝进步。

我始终认为,人身体上的衰老是从停止生长开始的;而精神上的衰老,则是从不肯反思开始的。我们一些同学,不肯反思,年纪再轻,当不肯反思,不会进步,就老了。我们的老师,年纪再大,如果每天都在反思中学习和进步,生命依然是年轻而有朝气的。

反思意味着担当。每个同学都肩负着对自己、对他人、对社会、对他所生活的世界的责任。做好了,你就有贡献;做得不好,你就有过错。成功需要总结,过错需要正视,并乐于承担责任。遇到问题、困难和失败,多从自己身上找原因,想办法,往往能不断提升自己的能力,改善自己的工作作风和工作绩效。揽功诿过、推卸责任的人,是不愿意去做真诚的自我反思的。

反思还意味着勇气。一个人最大的困难不来自别人,而来自自己。"认识你自己"是每个人的终身挑战。通过反思来认识自己,从而战胜自己,超越自己,改善自己,提升自己,是需要极大勇气的。反思能坚定人的认识,生成更大的勇气。曾子对他的学生子襄讲什么是勇敢,就直接引用孔子的话,他说:"你喜欢勇敢吗?我曾听孔子说过什么是最大的勇敢:自我反省,正义不在自己一方,即使对方是普通百姓,我也不恐吓他们;自我反省,正义在自己一方,即使对方有千军万马,我也勇往直前。"

反思本身就是一种崇尚智慧和美德的选择。我们如果不肯反思,就意味着我们在面对自己和生活的时候,呈现的实际上是虚伪、胆怯、自我、自负、顽固,即对智慧和美德的无知或无视。而这些,不反思,我们自己根本不会注意到。

三、让反思成为我们每天的必修课

老师们、同学们,如果我们足够诚实、勇敢、谦逊、自信和自强,我们一定会敢于反省、乐于反省,最终善于反省,并拥有无怨无悔的美好人生。

我尤其希望我们每一个同学,在新学期初就能够认真面对自己的每一天,认真做好每一件事。

希望大家每天放学之后,或者放学之前,能够拿出五分钟时间,认真反思一下:

今天我在课堂学习和作业完成上做得怎么样?有什么效果和不足?语文课如何?数学课呢?体育课和音乐课呢?有没有无端浪费时间?

今天我有没有主动去预习和复习?有没有整理错题集?有没有从中获得一些经验和教训?

今天我上厕所冲洗了吗?我进食堂排队了吗?我就餐的时候安静吗?我有没有浪费粮食?

今天我对轮到的值日任务认真对待了吗?我打扫得如何?我作为班长,我敢于管理了吗?班级纪律和卫生等各方面情况如何?

今天我锻炼身体了吗?我有没有礼貌地对待老师和同学?我有没有对父母粗声大气不耐烦?

今天我控制住自己玩游戏的欲望了吗?我对父母的叮嘱和老师的忠告是否铭记在心,并努力践行?

今天我主动地捡起垃圾了吗？我积极地关心同学了吗？我快乐地帮助别人了吗？

今天我对老师和同学的过失理解与包容了吗？我是否意识到自己也常会犯下一些错误？我是否也一直得到老师和同学的包容？

等等。

当然，作为老师，我们也需要经常反思。

问问自己：

今天我的课堂是不是足够有效？是不是调动了每个学生的学习积极性？

今天我批改作业是否足够认真？学生不懂的问题我都努力帮助他们解决了吗？

我对每个学生的情况是否都了解？我对每个学生是否足够关心和关注？

我在学生面前和学生背后，是否都是一个勤学好学的榜样？

今天我的心态是否良好？当我遭遇困难的时候，我是否向学生展示了自己足够的坚强和自信？

等等。

老师们，同学们，孟子曰："爱人不亲，反其仁；治人不治，反其智；礼人不答，反其敬。行有不得者，皆反求诸己。"意思是做任何事如果没有取得应有的效果，就要反过来检查一下自己究竟还有什么地方做得不够好。

积极心理学认为，人的幸福和成功源自美德和优势，就是我们所说的德行和能力。而荀子在《劝学》中说："君子博学而日参省乎己，则知明而行无过矣。"

世界著名的成功学之父戴尔·卡耐基，年轻时冲动尖刻，后来，不断反省，改进自己的缺点，研究说话、做事和做人的方式，最后成为受世人欢迎的成功学家。他认为，如果我们每天腾出几分钟来反省自己，让每一天过得充实而有价值，那么，我们就永远都不必担心自己的一生会碌碌无为，一事无成。

同学们，我们每天起床都会洗脸刷牙，照照镜子。其实，这就是反思的一种形式。照了镜子之后,我们就知道自己脸上究竟有哪些不干净的地方,自己的发型是否整齐了,从而能让自己变得洁净美丽。

反思,正是如此,让我们每天的生活变得正确美好。

希望我们每个人,在新的一年里,且行且思,以更好的心态,更优的作风,取得更好的成绩,获得更大的成功。

希望立人中学因为我们每个人的反思和努力而日新月异,蒸蒸日上。

最后,祝愿我们的老师在新的一年里,身体健康,工作顺利!祝愿我们的同学在新的一年里,身体健康,学业有成!

谢谢大家。

感 悟

反思,不仅对学生重要,对教师也极为重要。我校常年开展"日行一省"活动,而一些老师和学生都不大重视,对其抱着敷衍的态度。所以,把反思作为开学讲话的主题,并重点揭示反思的意义和价值,能够让师生提高认识,增强自觉反思的意识。

谢谢你们,孩子

在 2017 届学生毕业典礼上的讲话

2017 年 6 月 23 日

尊敬的各位家长、老师,亲爱的同学们:

今天,我们在这里见证 2017 届 426 名同学顺利毕业。

首先,请允许我向圆满完成三年初中学业的同学们表示热烈的祝贺和诚挚的祝福。

同时,我也要向三年来早出晚归、辛勤耕耘的老师们和多年来一直用心抚育子女的家长致以衷心的感谢和崇高的敬意,正是你们的陪伴和关爱,才有今天同学们的毕业和成长。

昨天,同学们举行了毕业生爱心义卖活动,让我们再一次见证了你们惯有的爱心。你们拿着自己心爱的书刊、词典、笔记本,和相伴多年的毛绒玩具、笔筒,热情叫卖;你们拿着自己的书法作品,卖力吆喝;你们拿着一瓶可乐和一个杯子,在闷热的体育馆里,询问师生是否想要喝一杯,一杯一元钱;你们见到老师就拉住,乘机"哄抬价格,狠赚一笔";你们甚至拉住校长和副校长,让他们在笔记本上签名,希望借此提高价格。你们为了能够多筹集些慈善款,绞尽脑汁,"不择手段",创意迭出,精彩纷呈。

看到你们生动、热情且可爱的笑脸和身影,我的心里涌动的都是温暖和自豪。

谢谢你们,孩子,谢谢你们的善良和美好!立人中学因为有了你们,才变得更加温暖、生动而迷人,值得留恋,令人回味。

今天,你们毕业了,你们即将离开立人中学。作为校长,我有许多话想说。但此刻,我最想说的,还是对你们的感谢。

一

谢谢你们,孩子。三年里,你们每次与老师在楼梯上相遇,在校园里撞见,都会送上一个真诚的鞠躬问好和灿烂的微笑。你们的问好和微笑,让每一个走进学校的老师都有种回家的美好感觉,让我们每天的生活变得充实而有意义,也让我们懂得:生活需要微笑,人和人之间需要友好;会微笑的人一定更自信,会友好地给他人带去快乐,也会给自己创造快乐。

谢谢你们,孩子。三年里,你们整整齐齐走路,认认真真做操,安安静静就餐,在别人随便的时候和随意的地方,你们却展现出严格的纪律和优雅的风景。你们用自己的行动告诉我们:唯有懂得自觉,才有优雅的风景;唯有懂得自律,才能拥有更好的修养;唯有今天懂得自觉和自律,今后才能拥有更大的人生自主和自由。

谢谢你们,孩子。三年里,你们每天平静面对许多并不精彩的科目,面对许多并不生动的课堂,面对许多并不新奇的作业,甚至面对许多来自老师和家长的并不温柔和毫无新意的唠叨与批评。但是,你们依然能够用一颗单纯而善良的心,去理解这背后的良苦用心,这背后的价值和意义。你们告诉我们:生活并不总是精彩纷呈、波澜起伏的连续剧,世界也并不总是琳琅满目、任意选择的超级市场,我们只有学会认真做好当下该做的事情,才能让自己拥有更多选择权和机会。

谢谢你们,孩子。三年里,尽管从校长到老师再到食堂员工,我们每个人都那么尽心尽力,但是,我们还是有许多工作没有做好。我们有时候对你们过于急躁,有时候过于粗暴,有时候过于生硬,有时候过于粗糙,有时候过于拖拉,甚至有时候会有本不该有的尖刻和冷漠。但是,你们除了偶尔抗议和抱怨,很少有过激的行为,你们在对学校和老师的评价中,依然都是满意和感恩。在这里,我要向你们表示歉意,为了我们那些没有做好的地方。我更要向你们致以真诚的谢意,谢谢你们,始终怀抱着真诚和善意,像对待父母那样,理解和包容我们的过失和缺陷。

  谢谢你们,孩子。你们每天像对待自己的家一样对待自己的学校。我知道,深秋的柳树叶子,打扫起来很困难;我知道,寒冬的樟树籽,清理起来很麻烦;我知道,要把楼梯角落的灰尘扫干净,并不容易;我还知道,学校满目绿色的草坪上,野草年年疯长,你们稚嫩的双手去拔那些顽固的野草,并不轻松。你们每天早早进校,就开始打扫卫生,清洁校园。无论面对夏天之酷暑还是冬日之寒风,你们都一如当初,严谨细致。你们即便是在中考前一天,还认真地蹲在地上抹擦走廊和楼梯。你们让我们懂得:持之以恒,善始善终,是一个人、一颗心灵,真正走向成熟、学会负责的证明。

二

  孩子们,这些天,我走在洁净如洗的校园里,走在浓密而安静的香樟树荫下,想象你们三年来,一次次精心打扫角角落落的身影;想象你们三年来,一次次在教室里安安静静读书作业的样子;想象你们三年来,一次次在路上鞠躬问好灿烂微笑的音容。

  我想,校园就该这样单纯而美好,活泼而庄严,温暖而恬静。我们的校园,正是因为你们的存在,而变得生动、富有活力。

  这两天,我在校园里看到有的班主任,一次次走进教室,这儿看看,那里瞧瞧,走走,停停,发发呆,拍拍照。我知道他们的心里流淌着离别的忧伤。一位老师说,中考后,虽然知道学生离开了,但是,每天早晨,依然会情不自禁地走进那间教室,看到空落落的教室,心里也空荡荡的;也有老师说,虽然学生在的时候,紧张忙碌,他们的顽皮有时让人心烦,但是,学生不在了,看看他们亲手张贴的小组宣言、班级誓词、班级合影,看看毕业照上美好的笑脸,看看桌子上他们留下的祝福,就会有种人去楼空、物是人非的失落和伤感。

孩子们,三年时光,非常短暂,我们陪伴着你们慢慢长大,慢慢成熟;而你们见证着我们渐渐老花,渐渐老去。立人中学给你们留下的或许不尽是美好和快乐,但你们给立人中学留下的,却是单纯和善良。

你们在这三年里,学会了包容,学会了接纳,学会了理解,学会了自律,学会了沟通,学会了负责,学会了坚强,学会了感恩。

你们不仅获得了自身成长,也丰富了老师们的生命,促进了老师们的专业成长。立人中学的老师为何这些年来成长迅速,名师辈出?很大程度上,也是因为你们的美好和善良。你们的积极向上,也在努力推动我们这些大人的精益求精。

三

孩子们,我希望你们不要忘了自己的教室,不要忘了自己的班训,不要忘了初三教学楼前的那棵枇杷树,不要忘了立新园里那棵生命树,不要忘了校门口那块巨大的校训和校风石,不要忘了那面教你们懂得敬畏和自律的高压墙,更不要忘了曾经和你们朝夕相处、休戚与共的老师和同学们。

孩子们,希望你们在离开的时候,怀抱善良和感恩,对这些轻声再说一声谢谢;希望你们在今后某个快乐或忧伤的日子,在某个热闹或孤独的时刻,回忆起立人中学的时光,回忆起这里的一草一木、一墙一路、一个身影、一件往事,能够在内心轻声而温柔地对自己、对它们说一声谢谢。

当然,我也希望你们在今后的人生之路上,学会多向他人,多向生活,多向自己,说一声谢谢。懂得感恩的人,一定也值得感谢。因为,懂得感恩的人,必然是善良的;而值得感谢的人,必然是美好的。我希望你们做一个懂得感恩的人,做一个值得感谢的人。

最后,祝愿你们生活快乐、学习进步,也祝愿老师们身体健康、工作顺利。

我的讲话完了,谢谢大家。

> **感 悟**
>
> 　　感人心者,莫先乎情。本次讲话,没有毕业典礼校长致辞中常见的一大堆道理和希望,只有对孩子们的感谢。于感谢中有回忆,于感谢中有哲理,于感谢中有希冀,更于感谢中有真情。校园生活的种种细节,在感谢中得以生动复原,各种美好的情愫得以被唤醒,现场有许多学生、教师和家长眼含热泪。

无奋斗　不青春
在 2017 学年开学典礼暨激情教育动员大会上的讲话

2017 年 9 月 1 日

老师们，同学们：

上午好。

新的一学期又到来了。

首先，请允许我代表全体教师和初二初三的老生，欢迎 430 多名初一新生和 6 名新加盟立人的教师。你们的加盟，是立人中学不断走向新生、保持不竭动力的重要源泉。

今天，是新学年正式开学的第一天。本学年开始，我们将开展一系列的激情教育。我们还将在每周一正式上课前，设立一个激情时分，让各班级开展班队活动。

为何要开展激情教育？

因为面对繁重的学习任务和沉重的学习压力，我们常常容易感到迷惘和困惑，甚至会感到失望和绝望。

我们需要一种力量，让自己被感动，被自己感动，被别人感动，被梦想感动，然后，重新站起来，信心百倍，勇敢迎接人生的各种挑战。

这就是感性的力量，或者更为准确地说，是激情的力量。

激情是一种强烈的情感表现形式，人在激情的支配下，常会调动身心的巨大潜力，释放出令人惊讶的能量。

激情是中性的，用在恰当处，会帮助人获得巨大的正能量；用在错误处，会让人拥有巨大的负能量。所以，法国作家司汤达甚至说"热情是人们唯一的动力，它造成我们在这个世界所看见的一切善与恶"。

当然，我们需要的是一种来自激情的正能量。我们需要一种能够经常打动或感动我们自己的力量，让我们在艰苦的学习生活中，保持一种不懈的信念和力量。

有位名人说过，离开激情，任何伟大的事业都不可能完成。

现在，我们许多同学缺乏激情。没有梦想，没有斗志，每天趴在桌子上，无所事事，或者坐立不安、东张西望，不是想着玩游戏，就是想着谈恋爱，或者就是白日做梦，只有空想，没有行动。浑浑噩噩，萎靡不振，颓废无聊。

有激情的人，不一样，他们会每天都目标明确，精神抖擞，充满力量；他们会百折不挠，坚忍不拔；他们会目光坚毅，脚步坚定，敢于忍受奋斗路上的孤独、艰苦和委屈，一步一个脚印，走向自己心中的美好殿堂。

我希望大家在今后的每个日子里，始终保持激情，以满腔热情，拥抱校园生活，拥抱青春年华。

激情，首先是一种梦想，一种对美好未来的梦想

梦想是一个人对自己美好未来的憧憬和向往，是一个人所追求的志向和目标的综合体。

一个人的梦想越美好越高远，它所迸发出的意志和力量就越强大。"取法乎上，仅得其中；取法乎中，仅得其下"说的也是这个道理。

一个有梦想的人是怎样的？

就跟我们立人中学校徽中的形象一样，他看起来可能半曲着身子，半倾着身子，但是，却充满了无限的动感和张力，他正在奋勇向前，不畏惧任何艰辛。他有着鲜明的方向感和力量感。这是一个蓄势待发的人，是一个跃跃欲试的人，是一个振翅欲飞的人。

我们都听说过湖人队篮球明星科比的故事,他坚持每天凌晨四点钟起来打球,并坚持每天投 800 个三分球。

我们能够想象晨曦中那个无比刻苦又充满无限活力的高大身影。他的这份活力来自哪里?来自梦想,成为 NBA 历史上最伟大的球员的梦想。

我们每个人,进校之初,就该确立三年甚至六年、十年后的梦想;每学年和每学期开学之初,就要确立具体的学习目标,或者说是小梦想。

这样,我们就会如校徽里的那个形象一样,时刻准备着,时刻努力着,朝着自己既定的方向,如离弦之箭,奔跑而去。

支持马云创办网络商业帝国的孙正义说过:"最初所拥有的只是梦想,以及毫无根据的自信而已。但是,所有的一切就从这里出发。"

当年,马云找人投资创办阿里巴巴,几乎没有什么人敢相信他的游说。但是,孙正义相信了,因为他和马云一样,拥有一个伟大且美好的梦想,并甘愿为了梦想付出艰辛的行动,不畏惧失败。

现在,孙正义成了阿里巴巴商业帝国的最大受益者。

所以,马云有一句著名的格言:"梦想还是要有的,万一实现了呢。"

我国台湾地区马拉松运动员林义杰 23 岁那年读大三,报名参加了 24 小时国际马拉松比赛。他原本没想过要拿冠军,但是,跑着跑着,当他所有的对手一个个都倒下的时候,他的坚持让他成了冠军。所以,他说:"跑着跑着,冠军,那个多么遥远的梦想,变得如此现实和迫近。"

所以,我再一次重复马云的话,同学们,梦想还是要有的,万一实现了呢。

激情,是一种力量,一种发自内心的力量

你们想象一下,今天,我站在这里,用萎靡不振的语气和你们说话,明天,后天,我依然这样出现在你们面前。

你们对立人中学还有希望吗?

你们对这所学校还有信心吗?

对,没有。肯定没有。

我相信,一个颓废无聊、萎靡不振的校长,必然会导致一所学校的颓废无聊、萎靡不振。而一个颓废无聊、萎靡不振的教师,必然也会导致一群学生的颓废无聊、萎靡不振。

对我们个人而言,一种颓废无聊、萎靡不振的状态,必然只会造就一种颓废无聊、萎靡不振的人生。

所以,我们需要激情,需要一种充满力量的激情,我们需要用这种激情,点燃自己,点燃别人,点燃班级和学校,最终,让我们每个人都焕发出巨大的精神力量,不畏惧任何学习生活上的困难,勇往直前,所向披靡。

当然,这需要一些活动载体和形式。

这学期,我们将开展一系列的激情教育活动。

比如,进行激情跑操。我希望每个班级的同学都坚持参加跑操。我们不追求跑得快,我们追求跑得整齐,跑得自信,跑得有气势,跑得有力量。希望你们在跑步的时候,用满腔热情,喊出你们的班级口号来;希望你们在跑步的时候,全神贯注,跑出整齐的步伐来。

我们每周都有国旗下宣誓,有的班级甚至每天都会宣誓班训。我希望你们,用你们的丹田之气,用你们全部的自信,喊出你们的气势来,喊出你们的洪荒之力来。

人需要一种鼓励,一种来自自己身体内部的鼓励。

举重选手在倾力挺举的那一刻,击剑高手在发出致命一击的时候,都会发出一声低低的吼叫。那是一种气势,一种调动全身力量的呼唤。

心理学表明,一个人外在的行为会直接给自己以心理暗示。当你大声地喊出来,你就听到了来自身体,来自你内心深处的力量,你听到了,就会拥有更多的力量和勇气。

激情，是一种挑战，一种展现勇气的挑战

人生处处有竞争，生活时时有挑战，实现梦想的路上，从来不会一帆风顺。有人类存在的地方，就会有许多有形无形的挑战存在。

强者永远不甘落人之后，也永远不会畏首畏尾。他们不怕任何苦难，不怕任何对手，也不怕任何挫折，当然，更不会害怕任何阻碍和委屈。

他们会迎风而行，逆流而上，明知山有虎，偏向虎山行，一路向前，风雨无阻，坚定地追寻属于自己的人生高度，属于自己的掌声和鲜花。

学校是一个生活模拟场，是一个人生训练场。本学期，我们将会开展一系列的激情挑战活动。

希望同学们寻找比你们更强的对手和同伴，开展个人和个人之间、小组和小组之间、班级和班级之间的挑战比赛。你们既是对手，更是同伴，彼此激励，相互竞争，共同进步。

我们要知道，今天，我们是和同班同学或其他班级同学竞争；明天，我们可能和许许多多看得见看不见的同事或同行竞争。这种竞争看起来是在比谁更优秀，谁更有价值，其实，说到底，是在比谁更有勇气挑战自我，谁更有勇气挑战困难，谁更有勇气挑战强手，谁更有勇气挑战极限。

只有那些不怕竞争、不怕失败、不怕挑战、不怕挫折的人，才能成为人生最终的赢家。

激情，也是一种宁静，一种来自专注的宁静

诸葛亮说过，非淡泊无以明志，非宁静无以致远。

我们来到立人中学这所美丽的学校，带着一个美好的梦想而来，我们也必须拥有自己的梦想。

但是，为了实现这个美好的梦想，我们必须学会放下，或者暂时放下一些爱好、一些杂念、一些欲望。

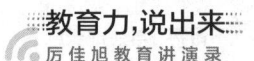

我们必须学会专注,学会心如止水,学会聚精会神,学会万念归一,这样,才能聚焦我们的精气神,聚集我们所有的思想和力量,执着地追求我们的梦想。

我们必须做到入室即静,做到随时能够静下来,随时随地能够拿起书来阅读。当我们放下一切浮躁,排除一切干扰的时候,世界就是我们的,我们就是世界的唯一。在这世界里,我们和我们所做的事、所学的东西,融为一体。

我们宁静如蓝天,即使有云朵飘过,轻风掠过,也悄无声息。

校园里,最美的风景是什么?

就是在树荫下,在教室里,在操场边,在图书馆里,安安静静坐在那里,捧书而读的身影。

世界仿佛和我无关,而我就是整个世界。

这是一种忘我的极度专注的境界。这种境界,高效而高雅;这种状态,幸福而高贵。

同学们,马云曾在一次演讲中对一群年轻人说:"当你不去旅行,不去冒险,不去拼一份奖学金,不过没试过的生活,整天挂着QQ,刷着微博,逛着淘宝,玩着网游,干着我80岁都能做的事,你要青春干吗?"

同学们,生命犹如野草,与其腐烂,不如燃烧。

无奋斗,不青春;无激情,非人生。

奋力奔跑吧,同学们!

感悟

这是开学典礼,也是对即将开始的激情教育的动员大会。校长充满激情的演讲,是对学生最好的垂范和感召。整个讲话过程充满了掌声和笑声,现场的学生和家长都深受感染。一些家长在微信朋友圈里发了我的部分讲话,说这个讲话"很燃"。

绝不放弃　创造奇迹

在重点高中临界生鼓劲会上的讲话

2019 年 5 月 21 日

同学们：

你们应该知道今天学校为什么要召开这个会议。

在老师和父母的眼里，你们是可以冲刺镇海中学的人。距离中考只有 24 天了，现在是你们的决胜阶段。

我今天不想给你们讲这段时间该怎么过、如何珍惜时间等道理，这些你们已经听多了，也应该知道了。我就想和你们聊聊天，谈谈自己的几点想法，供你们参考。

一、镇海中学是一所什么样的学校

镇海中学被网友们称为史上最牛的县属高中，被誉为连年创造教育奇迹的学校，被称为浙江第一牛校。每届学生（包含蛟川高中的学生）六百多人，但是，近几年，每年考上清华北大的都在六十多人，比例基本在 10% 左右。镇海只有 24 万常住人口，无论按照学校自身的学生数量还是按照生源所在区域的人数计算，其清北比例，在全国县属中学中绝对是一枝独秀。

这是别人的评价。

在我看来，更值得我羡慕的是这所学校的文化环境。

镇海中学是古代镇海文庙所在地，所以校园以泮池、大成门、大成殿中轴线分布，两侧分别是两幢高四层的教学楼和办公楼，白墙黛瓦，传统的中式建筑风格。整个校园古色古香，曲径通幽，底蕴深厚。里面亭台楼阁，小桥流水，茂林修竹，奇花异草，令人目不暇接。走在里面，会让人误以为自己到了哪个江南园林，心旷神怡，流连忘返。

学校里面保留的历史景点、文物共有17处之多，其中全国重点文物保护单位就有三处：梓荫山吴公纪功碑亭、泮池——裕谦殉难处、俞大猷生祠碑。所以，学校又像文化遗址公园。

走在这样的环境中，内心自然就宁静下来，灵魂也变得高贵起来，言行更变得优雅起来，不自觉就会萌生出一种积极向上的心态。事实也如此，里面师生和客人来来往往，但是，你基本上听不到喧闹声。而花木掩映中的教室里，唯有专注而安静地学习的身影。

每年，我都会陪着提前批学生在这里参加中考。每次，我都会坐在镇中梓荫山下的"富的"长廊里，看从山脚流下来的小溪，看不时跃出水面的游鱼，看枝叶交错的灌木丛中几只美丽的小鸟在那里跳来跳去，偶尔掠过水面，又钻进树丛。

我常想，这样的学校，才叫学校。在这样的学校工作和学习，简直就是一种享受。

我多次对镇中的教师朋友们说，你们不是在工作，是天天在度假啊。

我这是有感而发。当然，我也是想有所作为的。我们这些年为何要努力把立人中学建设成最美的校园？也是为了让大家能够拥有一个便于保持内心宁静而愉悦的美好环境。

建校初，我曾对老师们说："要建设成让人发呆的学校。"

他们不信，说我画饼充饥。

现在，他们信了，都情不自禁地夸自己的学校漂亮。现在，我们的校园里到处都是风景，到处都有故事。你们看，楼下的月季花开得多么漂亮，一朵一朵，一丛一丛，红的黄的紫的粉的。你心情不好时，看看这些花，就觉得这日子还值得过下去,这世界还值得去爱,这生活还值得去期待,是不是?

我们还把厕所建设成最美厕所,有书香味道、自然气息、艺术氛围、人文情怀,不仅整洁,更是雅致,所以取了一个好听的名字叫"雅心阁"。这个厕所,被许多同学称为最美厕所,是不是?

你们知道吗?这个厕所,让我这个校长耗尽了心思,白了许多根头发啊。墙上的一个个文字,都是我绞尽脑汁琢磨出来的,都是为了让你们有所感悟和启发啊。

现在,我们的厕所也成了一个令人羡慕的处所。体育中考,兄弟学校的孩子们来我们学校,兴奋得不得了,羡慕嫉妒恨啊。他们说:"立人中学怎么这么漂亮啊,连厕所都这么漂亮。"许多教育同行纷纷前来考察,甚至把我们的装饰风格和里面的提示语全盘"搬"走了。

接下来,我们将拆除沿河一带的车棚,改造成一个小湖泊,上面泊一只小船,附近种一些芦苇和花草树木,然后搭一个小木屋,可以看书,可以靠着栏杆看沿河风光,可以就这么一个人静静地发呆。到了明年,我们的学校将会更加迷人,你们到时候可以多回来走走。

为何要如此重视环境建设?

人是容易受环境影响的,环境也是教育的重要一部分。在一个美丽优雅、韵味丰富、促人向上的环境中,你在学习疲倦的时候,情感困惑的时候,挫折失败的时候,疾病痛苦的时候,或者是人际冲突的时候,看看一棵树,看看一丛花,看看一个个故事,看看一两句格言,或许,心一下就会释然,或许,就会升腾起一种希望和力量。

我们的心灵,很多时候需要找到一个外在的释放通道,需要从外部的环境中寻找一种来自视觉、听觉、嗅觉等具体可感的亲密、生动和深刻的启发。这时候,思想和心灵的天窗就会一下子打开,你会豁然开朗,把一个困扰你许久的难题瞬间解开。

事实早已证明,在文化底蕴深厚的地方和自然美景中,人就会变得优雅、深刻起来。

你看看优秀的国家乃至民族，大都发源于风景优美的土地。

这些年，我走过许许多多的学校，上海的、北京的、重庆的、杭州的、广州的，可是，很少有一所学校像镇海中学那样小巧精致，典雅深厚，而又富有文化底蕴。

在镇海中学，无论周末还是寒暑假，你都会发现，学校非常安静。教室里，实验室里，特别是自修室里，都会有许多人在专注地思考着、研究着、学习着。那里有一种特别的味道，那就是读书的味道，学习的味道。

我的孩子和一个朋友的孩子也曾就读镇中。他们在周末或假期，基本上都不在家里待着，而是主动跑到学校里去自学，和同学们交流探讨。为什么？他们知道，到这样宁静的校园里，人就更容易学得专注而深入。

镇海中学校长吴国平曾对我说："在镇中读了三年，还不会读书，这个人，一般来说，到哪里都不会读书了。"

我们呢，是不是可以说"在立人中学读了三年，这个人还没变得善良，一般来说，这个人到哪里都很难变得善良了"？

在我看来，镇海中学在众多省一级重点中学中，原本生源并不好。现在，也谈不上最好，竞争形势非常严峻。那么，镇海中学为何能够在群英荟萃的众多浙江知名高级中学中独占鳌头？

很大程度，是因为这片土地。这片神奇的土地孕育并滋养了师生们宁静、淡泊的气质，让人做什么事都能够安安心心、安安静静。

其他行业也有类似的情况。据说，有人曾经想把茅台厂移到别的地方，可是，发现同样的工艺酿出来的酒就是不如茅台镇的好；也有许多地区在种杨梅，可是同样的品种，余姚的就是特别好；也有许多地方在种水蜜桃，可是奉化水蜜桃就是特别香甜。

为什么？一方水土的关系啊。

同学们，这样一所神奇的学校，值得你们拥有。有幸在那里学习几年，我相信，将会是一种非常宝贵的经历。

二、考进镇中可能意味着什么

就说说我朋友的孩子吧。他读高一的时候,就有清华大学的学生联系他。高二高三的时候,为了能在物理竞赛中取得好成绩,他遇到不懂的问题,就和清华大学的高才生们联系,向他们讨教。他们如果不懂,还可以问他们认识的硕士和博士朋友甚至导师,然后再回答他。他后来顺利考入了清华大学。

你们知道,联系他的是谁吗?帮助他解答疑惑的是哪些人吗?

是他的校友,是他的学长们。

镇海中学的校友遍布世界各地,更遍布清华大学、北京大学、浙江大学、复旦大学等全国各大名校。镇海中学每年高考,上浙大分数线的就有三百多人啊。

同学们,考进什么样的学校,不能完全决定你的命运。但是,往往会在很大程度上影响或决定你的同学群和朋友圈。你和谁在一起?这是个至关重要的问题。

你看看,马云的朋友圈有谁呢?有比尔·盖茨,有英国前首相卡梅伦,有俄罗斯总统普京,有美国前总统奥巴马和现任总统特朗普,他们是世界各国顶级的企业家或领导人。

北大屠夫陆步轩的故事,大家可能不知道。他大学毕业,找了些工作,不如意。2003年,34岁的他干脆当屠夫去了。被曝光后,北大校友纷纷向他伸出援助之手,最后,在同是北大毕业的校友陈生的帮助下,他开始经营壹号土猪公司,成了全国知名的猪肉大王。

艾瑞深中国校友会网发布《2018中国大学教学质量评价报告》,公布2018中国大学教学质量排行榜和2018中国大学富豪校友排行榜。北京大学的本科生和研究生教育教学质量最高、毕业生质量最高、校友最杰出,雄居2018中国大学教学质量排行榜首位,清华大学第二,中国人民大学第三,复旦大学第四,南京大学第五。

所以，你看，和谁一起读书，无论从潜移默化的角度，还是从同学互助的角度来看，都会对人的一生产生巨大的影响。假如说"巨大"二字有些夸张，那么，我们至少可以说，这种影响不容忽视，是吗？

三、假如我考不上镇中，是不是没必要浪费感情、发奋拼搏

你们都听过《易经》中的"取法乎上，仅得其中；取法乎中，仅得其下"，其中的深刻含义不难明白。

我们追求更好的高中，主要是树立一种追求卓越的意识，培养一种追求卓越的品质。换句话说，首先是给自己确立一个卓越的梦想，埋下一颗卓越的种子。

这卓越的梦想和种子，不一定今天发芽，或明天开花。但是，你种下了，它长期埋在地下，总有一天，它会发芽、成长、开花和结果。

我们初三年级教学楼前那棵励志树——枇杷树，当年就是谁随意一丢种子，枇杷核发芽了、成长了。十多年前，这还是一棵不及膝盖的小树啊，我当年担任政教主任，没有把它拔掉，就是因为知道枇杷树浑身是宝，不仅枇杷果子味道鲜美，它的树叶还可以治疗咳嗽。现在，它长大了，成了我们全校学生，特别是初三学生的励志树，激励着一代又一代的立人学子发奋前行。

想想看，这个枇杷核究竟在这里埋了多少年？

我们不知道。但是，毫无疑问，当年如果这里没有这颗种子，今天就不会有这棵高大茂盛、硕果累累的枇杷树。

所以，我们的内心如果真正向往某所学校，比如镇海中学，我们就不要犹豫不决，更不必患得患失，大胆地追求。我们拥有了这个梦想或目标，本身就有了一种追求卓越的意识和勇气。

我们有了这个美好的梦想，就会焕发出极大的决心和力量来。即便最终不能成功，依然倒下了，我们也倒在了离目标最近的地方，远远地超过了那些胸无大志的平庸的人。

更主要的是,即便倒下了,当站起来的时候,我们也已经比那些没有追求或者志向不高的人走得更远。而在这个过程中,我们已经拥有了一种叫作"追求卓越"的高贵品质,这也是一种给自己人生做主的能力,今后能够更有底气地选择自己的人生。

四、20多天还来得及吗,还有用吗

有的同学面临艰苦的日子,难免会心生懈怠和疑惑:只有这么几天了,真的来得及吗?

你们可以看看《21天改变一生》这本书。

其实,21天,可以养成终身受用的好习惯,可以克服许多坏习惯。只要你拥有坚定的决心和顽强的意志,你可以在短短21天中就找到一种彻底改变命运的力量或基因。

大家中考跑过1000米,你认为,现在这24天对我们意味着1000米中的哪一段?

应该是最后的二三十米啊。

就是至关重要的冲刺阶段啊。

当然,这也是最接近我们梦想的阶段啊。

这个阶段,人会身心疲惫,感觉不堪重负。我希望你们能够记得马云的那句话:"今天很残酷,明天更残酷,后天很美好,可是绝大多数人死在了明天晚上。"

同学们,咬紧牙关,不怀疑,不懈怠,加油。

为了让大家更有信心,我再给大家讲一个故事。

据说,丘吉尔曾应邀到牛津大学做"成功秘诀"的演讲,他登上演讲台后,面对众多听众急切的目光,说:"我的成功秘诀有三个:第一是绝不放弃;第二是绝不、绝不放弃;第三是绝不、绝不、绝不放弃。我的演讲结束了。"说完,他转身离开会场。会场内先是一片惊愕,继而爆发出雷鸣般的掌声。

同学们,希望你们在感到疲惫的时候,默念"绝不放弃",念多了,你们就会发现,勇气和力量又回来了。

五、最后几天可以做什么

最后几天当然应该好好规划一下,让其成为你人生中最有价值的日子。

但是,怎么规划利用,因人而异,无法妄下定论。

相信老师们对你们提过不少这方面的建议了。

我只是粗略地提醒一下几个原则:

张弛有度,保证精力。在学校里,下课时间要到校园里走走,顺便上个厕所,看看风景,放松心灵。晚上回家后,想睡就睡,宁可醒来再学习。千万不可搞得太疲惫,熬夜会使效率低下,得不偿失。

突出重点,弥补弱点。要研究一下自己在哪些学科上应该多花时间,在学科的哪些方面多花心思,才能收到最好的效果。一定要了解自己最需要什么,让自己做最有价值、最能增值的事情。

放松心态,专注学习。这段时间,要保持平和心态,只顾专注学习,不必思考考试结果。抓住现在,抓住当下每一分钟,就不必担心结果如何。

我建议同学们每天看看那棵枇杷树。那棵树,现在结满了果子,明天就要采摘了。大家知道,满树枇杷,无人采摘,说明我们这届初三学生文明素养很高,也预示着我们大家会取得丰硕成果。

最后,送给大家几个字:绝不放弃,创造奇迹!

愿大家都能创造属于自己的奇迹!

感 悟

离中考只有二十多天了,教务处决定分批召开学生座谈会,对学生进行鼓劲加油。他们让我给有望考上镇海中学的学生进行动员讲话。

这时候,他们想听点什么?

我想到了法国飞行家、作家安东尼·德·圣-埃克苏佩里在《小王子》中写的一句话:"如果你想造一艘船,不要鼓励人们去伐木、去分配工作、去发号施令。你应该做的是,教会人们去渴望大海的宽广无边和高深莫测。"

显然,学生知道自己该怎么做,他们现在需要的是明白为什么要这样做,他们的理想和目标还值不值得去追求。

所以,最重要的是激发他们对理想和目标的热切向往,从而坚定决心和勇气,心无旁骛、毫不动摇地投入行动。

事实证明,这样的思路是对的。会后,教务处翁老师说:"我看校长这次没有和学生谈怎么做,都在做思想工作。"教务主任章老师说:"所以,讲得太好了,你看学生听得那么认真投入。不过,从这样的高度和角度来做工作,别人往往是想不到的。"

青春生活　何惧拼搏

在新初三学生动员大会上的讲话

2019 年 6 月 19 日

同学们：

上午好。

刚才，我们举行了一个庄严的迈入初三的活动仪式。

当班主任在你们的手臂上盖下励志印章或者写下励志符号的时候，当学长们送给你们初三志愿笔的时候，当班级同学介绍和解读本班的初三关键词并引领你们宣誓的时候，我从你们的脸上，看到了庄严，从你们的眼中，读出了感动。

我们今天为什么要在这里举行这样一个仪式？

就是想让同学们及早明白，初三对于你们一生的价值和意义，从而明白，自己该如何度过这关键的一年。

我们过去看到，许多同学初一初二还昂首挺胸走路、专心致志学习，可是，到了初三，一些苦难和挫折把他们击倒了，他们挣扎了几次，就放弃了。于是，教室里就多了一个又一个趴着的身影。在人生最关键的几步，居然趴下了，今后漫长的人生路上，又如何能够抬起头来，勇敢地收获精彩和甜蜜？

同学们，初三是需要我们庄严面对的一个特别重要的阶段。

关于初三意味着什么，我们该怎么做，我想，你们的班主任和学长们，还有各班级领誓的同学们都做了很好的说明。但我还是想就这几个问题再啰唆几句。

初三意味着什么？

初三,意味着更重的担子。

联合国教科文组织调查表明,一个人的知识掌握程度、受教育程度和收入水平,乃至他的成就感与幸福感,总体上是成正比的。这就表明,一个人受的教育越多、越好,他的人生会越成功、越幸福。在一个健全的社会、一个崇尚知识和真理的社会中,这是一个不必怀疑的真理和规律。

初三是初中的收官之年,是决战和决胜的一年。这一年,我们难免会有更多的作业、更多的测试,父母和老师还会给我们更多的唠叨与压力。

这一年,我们如何度过,决定了我们今后能够进入什么样的高中,进入什么样的大学,进入什么样的团队,和什么样的人一起工作,会成为什么样的人,会过什么样的生活,甚至度过什么样的人生。

初三,意味着更少的时间。

中考的日期一天天逼近。我们跨进初一、初二的时候,可能还认为中考还远,时间还多,在立人中学的岁月还长。可是,现在,初三学生毕业了,我们初二年级的同学瞬间就成初三学生了。我们明显感到时间越来越少了。

原本以为遥不可及的"毕业班"这个称呼,现在一下子降临到了我们的头上。初三,我们会感觉连吃饭睡觉都那么紧紧张张的,不再从容悠闲。初三,我们会觉得一切都开始以分钟来计算,连走路都得小跑着进行。初三,就是一场和时间的赛跑。

初三,意味着更近的告别。

昨天,这里举行了一场感人的毕业典礼。一年后,我们将成为毕业典礼的主角。两年前,我们进入立人中学,觉得学校的一切都很陌生;两年后,我们熟悉了这里的一切,熟悉了每个老师的"套路"和每个同学的性格,甚至每个门卫师傅的脾气。我们可能对学校和老师都有所不满,毕竟,他们都不完美。

但是,同学们,再过一年,我们将离开这里,离开现在熟悉的一切。昨天,我们中的一些同学参加了初三学生的毕业典礼,看到了师生和同学之间泪流满面、依依惜别的深情,看到了我们的毕业生那么留恋和依恋这个美丽的校园与校园里的人,那么迷恋和眷恋在这里奋斗的岁月与度过的时光。

其实,我们真正能够和老师、同学们待在一起悠闲地交流或放松地闲聊的时光,并不太多。就整个一生而言,三年的相聚真的不算漫长。更何况,在这三年里,我们每个人都在为各自的前程忙着完成一堆又一堆的学习任务。

所以,初三,我想,我们是不是该这样度过:

第一,快快确定奋斗目标

目标的重要性不言而喻。《诫子书》有云:"非学无以广才,非志无以成学。"《格言联璧》中又说:"天下无不可为之事,只怕立志不坚。"这个"志",就是志向,就是人生目标。当然,还包括为了实现目标而不可缺少的决心和勇气。

昨天的毕业典礼上,我们让毕业生写下三年后的自己会在哪里,写下目标和寄信地址,存放在校史馆,三年后再寄给他们。这是为了让他们马上确立新目标,不要在高中或在社会上碌碌无为。

毕业典礼后,有个学生拿着本子要我签名,并写上"考上浙大"。而后,又来找我补上"出国留学"。他说:"这是我的两个目标,校长,我一定会努力考上的,你相信吗?"

我说,当然相信,如果你相信自己,并且坚持不懈,这个目标并不遥远,一定可以实现。他信心满满地说:"好,校长,我一定会努力实现这两个目标。"

同学们在两年前入学的时候,也写下过三年后的目标。现在,两年过去了,你们是否需要重新调整目标?你们的目标是否具有足够的挑战性和可行性?你们是否足够明确和坚定?

志不强者智不达。一个人的志向不坚定,他的智慧就无法充分发挥。我建议,大家尽快确立明确的目标。这个目标不妨适当高一点,就是我刚才说的要有一定的挑战性。高一点,可以迸发出更多的力量。当然,还要有可行性,要通过具体的行动一步步去实现。总之,有目标可以让你做事方向明确,不至于无所事事,浪费时间。

我们一些同学,一到初三,就因为成绩不理想,无所事事,只能煎熬着等毕业,真的令人痛心和可惜。无论你现在基础如何,你都可以找到自己的目标,总有一条道路适合你,只要你愿意,有志气,有决心。

第二,紧紧抓住每一分钟

成功的奥秘在哪里?

一定是时间,在每天的时间利用之中,特别是在闲暇时间利用之中。

所以,我们的校园信念墙上就有一句话:最珍贵的是时间。

前天,在仁爱中学考点,在供学生休息备考的体育馆里,我们初三的同学紧张地复习着。有的靠在墙角,有的坐在地上,有的围着老师提问,他们人人都在争分夺秒地做着最后的准备,生怕这一个不懂的知识点会成为考题,生怕这一刻的浪费会错过一次得分的机会。每一个孩子都是如此,就连那些平时一直在教室里无所事事的孩子们也是。

老师们私下里都感慨:如果每个人都早点努力,如果天天如此,什么样的事业干不成?什么样的目标达不到?

书到用时方恨少啊。临近考试才知道,要学的东西还太多,不会的东西还太多啊。

同学们,人生处处是考场。今天,你躲过了这样的一场考试;明天,面对另一场考试,另一种形式的考试,你终将无路可退,也无路可逃。倒不如退而结网,早做准备。

去年的今天,一个叫黄梓杞的学生,从镇海中学毕业后,来这里给上届初三学生做报告。他告诉我说,高考结束后,他最多放松一周,找几个朋友一起玩一玩、聊一聊,接下来,马上安排好每一天,进入紧张的学习状态。他说,他多年来的体会是,一个暑假可以超越许多人。他相信自己的努力可以让自己在大学里也成为佼佼者。上学期末,他来看我,果然,他的学科成绩在年级里名列前茅,多门学科名列第一。他是我们的校友,2015年毕业后进入镇中,最后考上了复旦大学药学专业。

我们接下来,很快就会进入暑假,明年的今天,我们就将成为毕业典礼的主角,那时候,我们会以什么样的心态和姿态参加这样一场告别仪式?以什么样的方式和结果告别自己的初中生活?

黑发不知勤学早,白首方悔读书迟。希望同学们始终具有强烈的时间利用意识,好好计划,及早计划,及早实施,及早受益,莫让初三成遗憾。

第三,好好珍惜学校师友

昨天参加过初三毕业典礼的同学都看到了,当学长们听最后一次铃声,听老师们最后的嘱托,向母校老师告别的时候,是多么令人感动。

师生相拥而泣,依依惜别,那份情感多么真诚,多么动人。有的同学没想到自己会被抽到上台发言,她深深向老师鞠躬,说:"老师,对不起,这三年,我没好好努力,也没有好好表现,给你和班级带来许多麻烦,对不起。"说着说着,就哭了。

许多人到了毕业那一刻才明白,初中三年时光,能够和老师同学一起,是多么值得珍惜。

一个同学在我们进行毕业典礼游园活动的时候,买了许多雪糕给老师,也送了一根给我。他对我说:"校长,我以后会好好学习,努力考上大学的。"

我说,我相信你,加油,你可以的。

他在初中三年,因为没有好好学习,常犯错误,受过处分。毕业之际,他开始懂得感恩和珍惜。

昨天,许许多多的同学离开学校之前,多次和班主任、任课老师拥抱惜别,甚至有多个孩子来找我拥抱告别。他们再次游览校园,参观校史室,拿着相机到处拍照留念,和这个待了三年的美丽校园依依惜别。

同学们,人生相聚是缘分,师生、同学之情,是和亲情一样最真挚美好的情感。希望你们从今天开始,加倍珍惜和同学老师在一起的日子,珍爱在母校的最后一年。学会感恩,学会欣赏,学会包容,互帮互助,互敬互爱,互谅互让。

最后,问同学们一个问题:初三的励志口号是什么?

发愤图强,永不放弃。

我建议再加八个字,改成"发愤图强,永不放弃;相信自己,创造奇迹"好不好?

我相信,我们每个孩子,通过自己的努力,可以创造自己的奇迹。

好,大家大声把它喊出来:"发愤图强,永不放弃;相信自己,创造奇迹!"

这就是我对大家的希望,也是对大家的祝福。

谢谢大家。

感 悟

演讲不在于引用多少名言,不在于文辞多么华美,最关键的一点是要能够走进学生内心。这次讲话,最大的特点是,用刚刚毕业的初三的事例来和学生讲道理,无论在时间、空间,还是在心理距离上,都是和学生最接近的,所以,最能触动学生内心,赢得他们的信任,增进他们的信心,坚定他们的信念,促进他们的行动。

我们和爱国的距离
在 2019 学年开学典礼上的讲话

2019 年 9 月 2 日

亲爱的家长、老师、同学们：

大家好！

新的一学年又开始了。

今天，我要跟同学们讲讲爱国的问题，讲讲我们和爱国的距离。

很多人总觉得，国家离我们的生活很遥远，爱国这个话题因此很高大、很空泛。其实，国家就是我们脚下踩着的这片土地，就是我们身边的花草树木，就是我们周围的父老乡亲、老师同学。爱国与否也就体现在我们每天的学习生活之中，体现在我们如何对待每一天，如何对待每个人，如何对待每件事上面？

今年，对我们国家而言，是个极为特殊的年份，也是个极为严峻的年份。

2019 年是五四运动 100 周年，更是中华人民共和国建国 70 周年。经过 100 年的青春奋斗，特别是经过 70 年的披荆斩棘，中国从一个弱小的国家，崛起为世界第二大经济体、第三大军事强国。

党的十八大提出了两个百年奋斗目标：一个是在中国共产党成立 100 周年时全面建成小康社会；另一个是在新中国成立 100 周年时建成富强、民主、文明、和谐的社会主义现代化国家。

我们相信，第一个百年目标很快就将实现。而第二个百年目标，将更多地依靠你们这一代人的奋斗。到那时,中华民族伟大复兴的中国梦,将好梦成真。

但显然,这一切不会一帆风顺。

此刻,在一江之隔的香港,一群年轻人正在外国敌对势力的支持和怂恿下错把无知当热血,肆意践踏国家尊严,伤害民族感情,令人痛恨又痛心。中美关系当前正处于一个关键当口。由于害怕中国的崛起会危及自己的地位,美国以各种借口悍然发动了中美贸易战,并在香港、台湾、南海等诸多问题上,对中国采取了极不友好也极不负责的敌视态度和举动。

在实现中国梦的道路上,我们还面临着许许多多前所未有的艰难挑战。我们的科技还不够发达,我们许多核心技术都受制于人;我们的生态环境还不够良好,许多地区、许多行业污染问题依然十分严重;我们的军事还不够强大,许多方面还落后美国和其他军事强国十几年甚至几十年;我们的经济发展还很不平衡,许多地方许多百姓生活还比较艰难;我们的医疗水平还跟不上老百姓对健康生活的美好向往,还有许多重大疾病无法得到有效治疗;我们的祖国还没有统一,台湾还没有回到祖国怀抱,我们和许多周边国家的领土纠纷还没有得到完全解决。

社会主义现代化建设和中华民族伟大复兴,还任重道远。

同学们,历史早已告诉我们,落后必然挨打,亡国必然受辱。国家的兴衰关乎我们的幸福生活,更关乎我们的生存和尊严。

所以,中华民族历来倡导"天下兴亡,匹夫有责"的家国情怀和"天下事即己分内事,己分内事即天下事"的伟大胸襟!

所以孙中山先生说:"做人的最大事情是什么呢?就是要知道怎样爱国。"

所以,2018年5月2日,习近平在北京大学师生座谈会上说:"爱国,是人世间最深层、最持久的情感,是一个人立德之源、立功之本……我们常讲,做人要有气节、要有人格。气节也好,人格也好,爱国是第一位的。"

那么,作为学生的我们,怎么爱国呢?

我提三点希望和要求。

一、积善成德,多给国家正能量

同学们,我们经常说,要给正能量。

正能量是什么?是信念、是信心、是信任,是希望、是阳光、是善良,是一种向上向善的力量。

一个班级、一所学校、一个地区、一个国家,总有这样那样的优点和优势,也总有这样那样的困难和弱点,你从阳光出发,还是从黑暗出发,从善意出发,还是从恶意出发,直接决定你传递给世界的是正能量还是负能量。

一个国家的正能量来自哪里?

来自我们每一个人的内心世界,来自每个人每天的一言一行、一举一动,来自我们点点滴滴的小善和小德。我们不以善小而不为,不以恶小而为之,这就是正能量。

今年暑假的军训闭营式,初一四百多名新生在烈日底下高声歌唱《我和我的祖国》,振奋的歌声在校园上空飘荡。"我和我的祖国,一刻也不能分割……"唱这首歌的时候,我们能够感受到,有一种力量让人热血沸腾,这就是正能量。

刚才,我校护旗班的同学们在庄严的国旗下慷慨激昂地喊出"我骄傲,我是护旗手",这就是正能量。

过去一学年,初二初三的同学积极参与劳动实践,认真打扫校园的角角落落,甚至一丝不苟地承包和打扫厕所雅心阁,让雅心阁成为校园一处独特而亮丽的风景,成为衡量立人学子文明素养的一把尺子,这就是正能量。

当许多人对垃圾分类漠不关心的时候,我们许多老师和同学立足校园、深入社区,仔细做好垃圾分类的宣传和践行工作,这就是正能量。

当有的人因为国家和政府或者社会与学校在某些方面做得不够理想而牢骚满腹,全盘否定,甚至偏激片面,走向极端的时候,我们却能够带着善意和感恩,带着包容和欣赏,带着微笑和憧憬,平和积极地对待自己的工作和学习,这就是正能量。

同学们，我们坚守良心，心态积极，恪守责任，尊敬师长，遵纪守法，关爱他人，乐于助人，热爱生活，保护环境，勇于自省，善于改过，这就是爱国。

以上这一切点点滴滴的行动，凡能够给他人、社会和国家以正能量和贡献，就是一种大德行，一种大德性，就是一种伟大的爱国情怀。

二、勤学苦练，多为国家做贡献

同学们，爱国不是空喊口号，不是在网络上凑凑热闹骂骂人，更不是上街砸砸车子砸砸店，也不是脱离实际、夜郎自大、好高骛远。

爱国，需要有志向和情怀，更需要踏实的行动和具体的能力。

大家在小学四年级都学过一篇课文《为中华之崛起而读书》，这篇课文介绍了周恩来总理在少年时期的伟大志向。他树立"为中华之崛起而读书"这个志向后，并没有空喊口号，而是踏踏实实，发奋学习，苦练本领，最终为中华人民共和国的成立和社会主义的发展做出了不可磨灭的贡献。

今年，我国"嫦娥四号"探测器成功着陆月球背面。1月11日，"嫦娥"和"玉兔"在月球背面完成互拍。你们知道"嫦娥四号"这支任务团队的平均年龄是几岁吗？只有33岁。

暑假热播的电视剧《小欢喜》，相信很多爸爸妈妈都在追，你们也应该听说过，可是你们不一定知道，学霸乔英子的原型是中山大学物理与天文学院的副教授胡一鸣。他2007年考上南京大学天文系，2016年成为著名的天文发现"引力波"团队成员之一。

当然，实力爱国和知识报国的最经典的例子，莫过于伟大科学家钱学森了。被誉为"中国航天之父""中国导弹之父""中国自动化控制之父"和"火箭之王"的钱学森，当年千方百计要回归祖国的时候，美国海军次长金布尔说过一句"名言"："一个钱学森抵得上五个海军陆战师，我宁可把这个家伙枪毙了，也不能放他回红色中国去。"事实确实如此，钱学森的归国，让我国的导弹和原子弹的成功发射和爆炸提前了至少20年，大大增强了我国的军事实力，也显著提高了我国在国际上的综合地位。

同学们,你们今天的学习和发展、明天的成长和成才,直接关系到我们国家的繁荣和富强。你们今天多读一页书,多学一点知识,多练一点本领,今后就能为社会多做一份贡献,为国家多添一份实力,这就是爱国。

爱国,离开踏踏实实的努力和扎扎实实的本领,只能成为一句空话,你也只能做一个愤青。

今天,我国的科技、环境、教育、经济、文化、医疗等各方面的事业发展,都迫切需要大量合格的建设者和优秀人才,需要各种各样的劳动者贡献自己的聪明才智。我们唯有发奋学习,苦练才能,今后才能成为一个对社会、对国家真正有用的人才,才能让我们国家的两个百年奋斗目标得以顺利实现。

三、强身健体,少给国家添麻烦

众所周知,健康是1,能力、财富、幸福、成功等都是0。

我们无论是勤学苦练还是积善成德,都需要一个健康的体魄。没有健康的体魄,我们自身不会幸福,更难以为社会和国家多做贡献。

所以法国作家卢梭说:"身体虚弱,它将永远不会培养有活力的灵魂和智慧。"

所以毛泽东在青年时代就提出了"欲文明其精神,先自野蛮其体魄"的主张。

而日本作家村上春树在《当我谈跑步时我谈些什么》一书中则强调:"身体是每个人的神殿,不管里面供奉的是什么,都应该好好保持它的强韧、美丽和清洁。"

我们需要注意科学饮食,讲究卫生,合理作息,养成良好的生活习惯和健身习惯,确保自己拥有健康的身体和充沛的精力。

这既是对自己负责,对父母负责,也是对社会和国家负责,不让自己成为他人、社会和国家的负担。

从今年这一届开始,我们初中学生要顺利毕业,体育必须合格。这也是国家对我们青少年健康成长的一种期望和要求,更是一份关爱和一种鞭策。

同学们,爱国诗人陆游有过"位卑未敢忘忧国"的动人诗句,而林则徐更以"苟利国家生死以,岂因祸福避趋之"表达自己对国家的一腔忠魂。

我们作为年轻一代,从今天开始,要胸怀祖国,心系天下,庄严面对每一天,认真学好每门课,扎实做好每件事,真诚善待每个人,以自己点点滴滴的小行小善,汇聚成国家强大、民族复兴的历史洪流。

让我们因为国家的强大而幸福,让国家因我们的努力而强大。

最后,祝老师和家长们身体健康、工作顺利。

祝同学们新学年学习进步、成长快乐!

谢谢大家。

感 悟

爱国这个话题,在日常教育中,往往流于高大,言必谈伟人英雄事迹,仿佛与常人无关;往往流于虚空,言必举他人事例,仿佛与你我无涉。所以,我在讲话中,努力把爱国之"大"、名人事例之"高"与学生日常生活之"小"和爱国起点之"低"结合起来,既显得亲切实在,又容易让学生理解,因而可以更好地激发学生的爱国自觉。

2

永远保持重新出发的能力

教师发展篇

门,终于打开了

在教师课改工作鼓劲会上的讲话

2013 年 5 月 9 日

老师们:

这一周是学校小班化生本课堂全面铺开的第一周。

星期一,我和其他几位校领导就开始巡视课堂,发现一些班级已经开始,一些班级还在讲周末练习。

星期二第一节、第二节课,初一、初二中,除了四个班级的教师在讲试卷或者上复习课,其余班级都使用了学习任务单上课。

第一节课时,我在初二年级巡课。

每一个班级的门,前后门,都已经打开。这是星期一我们巡课后提出的要求,让各个班级一律把教室门打开,让学校管理者和其他教师,以及客人,可以随时进入课堂听课。

我逐个走进初二的教室,拍照或摄像。这是我们立人中学真正意义上迈开教改的第一周,我要记录下大家崭新的一天。我让马春雷老师到其他各教室摄像或摄影。我对马老师说:"你要给每一个上新型课堂的任课教师拍下照片,遇到好的,就录几分钟像,既作为史料,又可供反思和学习。"

这里,一场静悄悄的革命正在发生。

这些班级中,没有一个班级的学生像过去那样东张西望,更没有一个班级的学生因为我这个校长的出现而有所不同,他们正变得落落大方。

在范玉琴老师的课堂,我看到各个组的学生你争我抢,回答老师的问题;在吴永艳老师的课堂,我看到各组的学科小组长安静而快速地到其他小组交叉检查并批阅当堂练习;在王飞老师的初二(4)班,我看到学生热烈地交流着各自的学习任务单;在郑雯晴老师的课堂,我看到了一种宁静,一种平常难以看到的宁静,学生各自对照任务单,快速查阅课本;在李建军老师的班级,我看到学生讨论一道排序题,六个学生互教互学,井然有序;在杜静波和包卫菊老师的班级,我看到学生为了小组得分争相举手发言。

在初一年级,我看到了同样的景象。在初一(10)班,蔡心宁老师在教学生如何用英语进行小组评价和激励;在汪海萍老师的班级,学生在表演卡拉玛姐妹舞蹈;在王佩芬老师的班级,学生小组在用英语互说互听街头指路问题……

初一初二的其他班级,凡使用任务单的课堂,学生普遍比较专注,很少看到有学生因为我们的出现而拘谨或者特别兴奋的情况。

各位老师也不再因为我走进课堂就神色紧张或故作镇定地对学生说"校长来了,你们好好表现"。而在过去,大家知道,这种情况最为常见。

大家和学生一样,对我的出现表现出一种淡定、从容、宁静和专注。

老师们,这是值得惊喜的现象。

仅仅几天,我们的课堂就发生了令人意想不到的巨变。

试想一下,这份淡定从容,在几天前,是多么难得一见,甚至可以说无法想象啊。你们也知道,过去,我如果想来听课,大家是多么紧张和抗拒啊。就算是名义上结对的师徒之间,开展经常性的互听活动,也都不大顺利啊。就在不久前,有年轻老师向我诉苦,她想听课,但是,老教师不让听,说没什么好听的。

总之,在过去,听课好像是我们老师的一个噩梦,甚至有一位老师听说我下一周要去听她的课,在食堂里就半开玩笑半当真地对我说:"校长,你千万不要成为压倒我的最后一根稻草啊。"

学生方面呢？随便去教学楼转转，你就会看到一些班级总是有那么七八个甚至十来个学生游离于课堂外。有的在看小说，有的在画东西，更有的趴在桌上（就在今年三月份，浙派名校长培养对象研修班学员来我校蹲点会诊的时候，校长们也毫不客气地给我们指出了这个问题）。如果你经过他们的教室，他们会立马转过头来看你，或者在窗户附近"放风"的同学会立即提醒其他同学：某某来了。

我去巡课，就时常能听到稚嫩的声音从教室里传出来："厉佳旭来啦！厉佳旭来啦！"客气点的，就是："嘘，校长来啦！"其他学校领导走过的时候，也都这样。我们知道，那节课，那些孩子的心思一定不在课堂里。或者说，他们身在课堂，但心绪和精神绝对不在课堂里，他们被课堂"抛弃"了。学习，更无从谈起了。

老师们，你们想想看，如果我们的课堂有足够的吸引力，每个学生都有明确的学习目的，并专注于自己的学习任务，会不会出现这种情况？

我想，肯定不会。

我始终有一个观点：如果我们的学生不肯学或学不好，我们教师和教学层面应该多找原因，多想办法；如果我们的教师没教好或不愿好好教，我们中层和校长要多找原因，多想办法。这就是勇于担当、敢于负责的精神。所以我们提出要把"成就师生，服务社会"作为办学目标，至于教学，则提出"不放弃每一个学生"的目标。

仅仅是在初一、初二年级全面推进基于小组合作的任务型小班化生本课堂建设的第二天，我们就看到了一种以前不曾见到的，或者只在少数班级见到的课堂：生本课堂。

这是真正的属于学生、依靠学生、服务于学生的课堂，学生成了课堂的主人，成了学习的主人，不再是教师自己滔滔不绝地满堂灌。

这是有根本原因的。生本课堂中，有学习任务单，这奠定了基本的教学目标；有四个环节，这奠定了课堂的基本结构；有学习小组，这是学生有效开展自我管理、自主学习以及合作学习的基本条件。

这样的课堂，人人都有任务，看得见摸得着的学习任务，不再依靠一双耳朵或眼睛去学习。你的学习任务必须在任务单中有体现，不再可做可不做，也不再让人无法辨别你的学习状态。这就是可视化学习，可观察、可监督、可检测、可评价。

这样的课堂，有学习小组的同学在相互提醒、相互支持、相互激励、相互监督，每个人的表现都决定了小组的荣辱，而小组的荣辱又关系到每个人的荣誉，每个学生不再被隔离，也不容易我行我素或者自暴自弃。这不仅让每个学生从学习上获得了及时的支持和帮助，更是在情感、组织上得到了支持和帮助。

这样的课堂，教师也不再需要挂着个小蜜蜂声嘶力竭或唾沫横飞，一讲到底。

所以，就这一两天，当我们真正愿意改变的时候，课堂生态彻底改变了。或者，我们含蓄一点说，是有了巨大的改变和显著的改善！至少目前是这样的。

教学，真正变成了教学生学；教师，真正转型为组织学生学习；而教室，真正变成了学室，课堂，真正变成了学堂。

当我们把课堂还给学生，学生就可能真正成为学习的主人。

这样，学生就知道，学习就是要依靠自己，但也要学会帮助别人，并接受别人的监督；教师也知道，课堂不再像过去那样，单纯依靠教师的个人表演，而是学生表现和展现自己的舞台。

因此，我们教师的观念也在发生变化。教师无须担心有人听课，因为真正的精彩在于学生，不再在于教师。生本课堂中，以学定教，课堂不再注重教师周密的预设和严谨的演绎，而在于学生自主、合作和探究学习的过程中，教师随时给予必要而高明的指引和帮助。教师不再有全程表演、专场表演的负担，而且不再需要大段地讲解，更不需要大声地吼叫来"镇住"学生，管住纪律。

我们经常发现这样一个现象：初一入学的时候，每个学生都努力学习；一学期之后，开始有三四个学生游离于课堂之外；初二的时候，每节课有七八个学生不听课，或者睡觉，或者看课外书；初三的时候，尤其到了最后一学期，有十来个学生不听课，有的课堂里甚至有二十多个学生不在学习。

你们觉得这个现象正不正常？

我想，包括我在内，多数老师都习以为常。因为，从小学到初中再到高中，从低段到高段，就是一个分化的过程啊。

是的，这个世界充满了分化，但分化不等于放弃和抛弃。而且，许多分化，很多时候，是不是也有我们的一部分原因？我们未能因材施教，未能以生为本，差异变成了差距，进而变成了分化，造成了许许多多学生的沉沦甚至绝望。而我们却往往习以为常，甚至熟视无睹。

我一直在想，如果我们可以对越来越多放弃学习的学生和抛弃学生的课堂熟视无睹，我们是否也可以想象我们自己的孩子在课堂里如此被他们的老师熟视无睹？是否也可以想象，假如自己是病人，在医院里，医生同样可以对我们的痛苦熟视无睹？

这不正常啊，老师们。

这几年，从高中到初中，见惯了这种好像已经成了铁律的不正常现象之后，我始终在想，我们如何能够打破这个看起来似乎很正常的现象或者"规律"？

我们是教师，不是裁判员，更不是评论员，我们是教练员啊。

教育是帮助，而不是判决啊。我们帮助学生改善自身，进而改变命运，要让那些对学习不感兴趣的人有兴趣起来，对学习没信心的人有信心起来；让那些不愿意学的人愿意学起来，不会学的人会学起来，学得差的人学得好起来。让每个人都跟得上大部队，如同雁阵，一个都不掉队。

这才是教育，这才是我们教师的职责和使命所在啊。

所以，多年来，我一直在思考，我们怎么能够减少这种滚雪球般的放弃和抛弃现象。至少现在，我可以说，我们初步找对方法了。我们这几天的课堂变化，表明我们的探索是对的，我们的方向是对的。

当然，我们的生本课堂还不完美。比如，有的学习任务单中任务设计还比较简单，缺乏开放性；比如，有的任务设计过于繁杂，一节课内难以解决；比如，学习小组讨论的时候，有的老师还是舍不得给充足的时间，学生讨论还未展开，就叫人起来回答了，而有的甚至根本不需要讨论，也让学生为讨论而讨论；比如，有的老师还不知道如何管理小组，有的小组成员依然有游离于小组的现象，老师却未能及时提供帮助或予以提醒；比如，老师对学生的激励手段比较单一，除了加分，其他方法不多；再比如，学生的组内分工还不够明确，导致总是个别同学起来回答，而其他学生则容易成看客，比较被动；等等。

任何一项变革，都不会一蹴而就。我们还有许许多多的困难要去克服，许许多多的问题亟待解决。

但是，毕竟，我们只是开始。毕竟，变化已经开始。

始生万物，其形必丑。我们的开局虽然难免有不足，但在我看来，已经异常亮丽。这是一个异常漂亮的开始。

我们每个人，尤其是相关部门和教师们，付出了极大的努力，展示了极大的勇气；我们全体参与其中的老师，展现出了极大的真诚、热忱、负责和智慧。

在此，我代表班子，更代表全体学生，向大家表示感谢和敬意。

老师们，我曾经看过一些学校使用导学案或任务单多年，课堂依然沉闷乏味，这不是这种方式好不好的问题，最主要的还是教师有没有认识到、愿不愿意去尝试、肯不肯努力去改变的问题。再好的方法，如果人们不肯去使用，也没有办法。

我们学校，师资优良，又富有学习和变革意识，为了学生更好地成长，能够顺时应变，采用新的教学方式，特别是借鉴、学习目前国内盛行的以小组合作和学习任务单为两大支点的生本课堂教学经验，相信这样推广起来会更顺利一些。

我真的为我们的老师和学生感到骄傲，也由衷感谢那些敢于变革、乐于学习的老师们。

我们丝毫不必怀疑,这种课堂的改变,必然会带来教学质量的根本性提高。

毛志挺副局长曾经多次说过,同样的分数,质量也是不同的。有的是依靠死抓恶补抓出来的,有的是依靠科学教学教出来的。前者是抓了成绩,牺牲了全面发展,后者是除了成绩,还有全面发展;前者是立足于此时此刻,缺乏后劲,后者是立足于人生幸福,可持续发展。

我深信,我们的生本课堂,正属于后者,或者说,正朝着后者的方向迈进。

我知道,我们立人中学,需要的不仅仅是为学生提供一时的优质服务,更着眼于为他们提供一生所需的强劲动力。

借用屈原的话来说:路漫漫其修远兮,吾将上下而求索。

现在,门,终于打开了。

打开的不仅是教室的门,更是我们的变革求新之门、积极探索之门。

但是,显然,也只是刚打开。

余下有更多的事,等着我们去做。我们的周围,在全国各地,有太多先进的经验等着我们学习和借鉴。今后,有更多的精彩等着我们师生去书写和演绎。

我相信,我们勤奋好学、惟实惟新的立人师生,一定会走出一条踏实、从容而宽阔的路来。

最后,深深感谢那些善于学习的老师们,深深致敬那些敢于学习的老师们,也深深希望我们每个人都积极投身到这场变革中去,主动投身到成就学生、成就学校,也成就自己的实践探索中去。

我相信,立人中学、立人的每一个学生,终将因你们而更美好。

谢谢大家。

> **感 悟**
>
> 推进课堂变革,最主要的是教师思想、观念、理念的转变。这就要注重摆事实、讲道理,树立榜样,总结经验,给老师们不断地加油鼓劲。推进过程中,事实要尽量多找教师身边的榜样,多用教师自身的案例,这样才能令人信服;道理则要多从教师切身的体会中推导出来,经验要从教师自身的实践中提炼出来,这样才更容易被接受。在这个过程中,还要多鼓励、多支持,要多观察、多思考,及时给教师鼓劲打气,更要及时帮助他们发现实践中出现的问题,并提供解决的思路,指明下一步行动的方向。

因为相信　所以能够

在教师课改工作研讨会上的讲话

2013年5月13日

老师们：

今天跟大家讲讲最近我听了几节课的感受。

上星期五上午，我连续听了三节科学课，分别是张燕蓉、章英和顾海燕老师的课。

听课之后，有一种强烈的感受：理想的课堂，真正的生本课堂出现了！

我没料到喜人的变化会来得如此之快。除我们立人中学的老师谦虚好学、勤奋善学、智慧乐学之外，我实在找不到别的更恰当的理由。

三节课，我一直都站着，并和老师一样，在各个小组之间巡查观察，我的兴奋居然让我感知不到太多的疲惫。

若在过去，我坐在课堂里连续听三节课，如果不是教师的讲解精彩迭出，我一定早已坐立不安或呵欠连天，甚至腰背酸麻、身心俱疲了。

一

上午第二节，是张燕蓉老师的课。

她的课，基本任务是一份测试卷、作业本上的四个章节的练习题，主要内容是关于生态系统方面的。

首先是试卷分析,她没有像往常那样逐题讲解,而是上课伊始就让学生自己小组讨论,解决做错的题目和自己能解决的疑难问题。

这个过程花了十五分钟。前面的三个学生转过身,和后面的三个学生展开讨论。小组长主持讨论,同学们迅速核对答案(教师已经事先批阅),互相帮助解决做错的问题,做错的同学及时用红笔做好订正工作。有的组讨论非常热烈,出现了男女两个同学各持己见、互不相让的情况。

此过程中,教师则逐个组去观察、指导,发现学生有不懂处,及时予以指点,并调控组内讨论,避免一些同学不在学习状态或过于涣散放松。

接下来,针对各组提出的共性问题,特别是桑基鱼塘的生态系统这个题目,教师做了适当的讲解和补充。这个环节大致花了八分钟。

其次是作业本练习题讲解。

教师同样让学生自主质疑,小组解疑,然后再汇总疑难问题,师生共同解决。

她首先对同学们的提问方式做出指导:同学们要学会提问,不要简单地问自己的答案为什么错了,为什么要那个答案,而是要先说说自己是怎么理解的,这样有什么不妥,然后请其他同学帮忙解答。

这个指示非常好,避免了提问的肤浅,也促使学生养成在提问之前进行思考并梳理自己的思路的习惯。这样,同学间的交流就成了不同思想的交流,而不是简单的一问一答。这是一种非常智慧的做法。

于是,同学们又进行了一轮热烈的组内讨论学习。这个过程中,教师继续巡视指导各小组,并视具体情况适时点拨。这个阶段大约花了十二分钟。

当各小组提出各自的问题的时候,张老师没有直接解答,而是问:这个题目,其他小组的同学,谁来帮助解决?

我看到一些同学要为组争光,特别积极,频频举手,替其他组同学解答疑惑。老师最后不得不说,你们组不能总是由××同学回答,他回答,加分要少一些,其他成员回答,可以多加分。这对各小组的学生,尤其是那些基础弱的学生来说,是较好的激励,也有助于促进组内的互相帮助。

这节课就是这样,简简单单的环节,换来了活泼生动却高效的课堂。

值得一提的是,在听课过程中,我发现这个班级的墙上有六个小组的风采展示,小组各有自己的组名、组训、小组成员的照片等。这一点,对于增强小组凝聚力大有好处,希望其他班级能够尽早做起来。

课堂结束的时候,我表扬同学们的精彩表现,也给同学们提了一些小组合作方面的建议。

张老师的课,给我们几点启示:

其一,只要我们舍得放手,学生是完全可以通过相互合作完成绝大多数课堂学习任务的。而所谓学习任务,不仅仅是我们特意制定的任务单,只要是纸质化的学习任务,比如试卷和练习题等,都可以更好地让学生集中注意力,提高课堂效率。

其二,即使是复习课、试卷讲评课或者练习反馈课,也是可以交给学生来完成的。或许,这比教师自己讲评,效率更高,速度更快,容量更大。周照县副校长在初三的教学中,也时常采用这种方式,这推翻了我们过去的一点误识:生本课堂不适合初三复习阶段,只适合新课教学。

其三,班级学习小组的文化建设异常重要,要努力发挥其独特作用。

其四,教师的指示要明确具体,教师要重视小组讨论合作过程中的管理和指导。

其五,即使是像张老师这样资深的老教师,只要想做,完全可以做得比别人更好且更快;只要愿意转型,可以转得比别人更漂亮、更利索。

二

章英老师的课在初一(5)班,第三节。

她采用了任务单教学,内容是生态系统。

她的环节同样异常简洁。

她采用的主要方法是:组内讨论,分组展示,组间互助。

任务单主要设计了五个活动。她把这五个活动任务分别分给了六组同学（当然，每组同学都已经在前一天独立完成了相关任务，但还存在一些疑问），然后让六组同学针对自己的任务，讨论还有哪些疑问需要解决。每个小组的任务是让组内每个成员都掌握指定任务内的知识，并能够当小老师教其他小组成员，解答其他小组成员在这块活动任务中的疑惑。

小组讨论过程中，章老师同样进行巡视，发现问题，看到有学生举手，随时走过去指导。其实，这个过程就已经把一些原本可能是教师讲的知识传授给每个小组的学生了，剩下的就是让学生代替老师"上课"。老师成了"幕后英雄"，却成就了学生。这是极为智慧和高明的做法，也体现了"成就学生"的生本理念。

第二个环节，分组展示。

分到活动任务的小组，推选一名同学上讲台去展示，这名同学担任小老师，给同学们逐题讲解。

其他同学有不懂的，可以提问。

每个组展示后，老师会让其他组的同学质疑、补充和评价。在评价的时候，章老师要求同学们相互打分，但一定要说明理由。

这个环节特别好，让同学们相互评价，有利于发挥同学们的积极性，也有利于培养质疑思考精神。让学生打分并说明理由，就让被评价的同学和小组充分认识到了自己的优点和不足，既起到了激励作用，又起到了指导作用，避免为分数而打分。这一环节在生本课堂实施初期尤为必要。

正是在这个环节，我看到了孩子们特别善于思考和表达的一面，也看到了各个小组不愿意服输、积极向上的劲头。有的小组因为总是由一个同学来回答，其他组同学就不同意给他们较多的分数，这样，就迫使小组其他成员也尝试着起来回答。

这个环节既有小组的学习成果展示，又有不同小组间的相互学习和交流，课堂的精彩，由此纷呈。比如，任务单中的活动五要求介绍我国较为成功的生态农业模式，并简述其内容。第六组同学展示的时候，其他组同学显然不满意,认为这个简述太啰唆,不够简练。章老师趁机问道:"那你认为怎样更加简练呢?你来展示一下。"那名同学于是在黑板上画出了桑基鱼塘食物链的示意图,很好地展现了桑基鱼塘生态农业模式。

特别值得肯定的是,在整个学生活动过程中,如果有学生发言,其他学生就保持安静,高度专注地倾听,表现了极佳的学习状态,也体现了良好的精神风貌。这也从另一个角度展现了任课教师以及班主任鲍利健老师长期教育管理的良好效果。

总的来说,在这一过程中,教师只是起着一个适当的协调者和促进者的作用。

章老师在发现学生需要点拨补充或纠正的时候,会用简洁而亲切的语言,三言两语就给他们指明方向。特别是在解决问题的方法上,她会做适当的指引。比如,在讲到食物链的书写时,她会轻声问同学们:"食物链书写的起点是什么?从哪里开始?"同学们马上就明白要从"生产者"开始。

这个环节中,组间互助其实已经渗透并贯穿在整个相互质疑、评价和补充的过程里面了。

最后,在各个小组都展示之后,老师又问同学们:"还有没有不理解的问题?"同学们开始提出问题。老师和同学们进行探讨之后,就下课了。

章英老师告诉我,这节课最后一个环节,有个别题目还没来得及解决。我看,这不是问题,今后在课堂调控上,尤其是学生相互评价补充和组内讨论这个环节,稍加控制时间,就可以了。

但是,就这堂课而言,已经堪称出色了。我在云龙中学、西店中学、昆铜中学、杭州十三中等学校看到的课堂,也都不完美。课堂教学原本就是有缺憾的艺术。就这种生本课堂而言,即使存在一些小缺憾,也远比平时那种满堂灌的课堂,生动、活泼多了。在这种课堂上,学生始终处于积极投入的学习状态,而在学生只是被动听讲的课堂上,这种专注、兴奋的状态,只能持续十来分钟,甚至更短。孰优孰劣,不言自明。

这节课中,学生都高度投入,且情绪兴奋,思维活跃。我问同学们:"你们喜欢这样的课堂吗?"他们说喜欢。我又问:"你们的作业负担有没有增加?"同学们个别说有,多数说没有。我故意问:"为什么没有,不是有任务单吗?"同学们说在下午自学时间就完成任务单了。看来,多数学生是喜欢这样的课堂和改革的。

章老师的课,给我们几点启示:

其一,关于课堂的主体。相信学生,就会让课堂焕发出无限活力。章老师这节课,就是让学生在分组展示和组间互助中完成整个学习任务。教师可以尽量让自己超脱一些,如同这节课中的章老师,好像若有若无,既无处可在,又无处不在,这恰好显示了高超的课堂调控能力:以教师之貌似无为,换来学生学习和发展的大有作为。

其二,关于评价。评价的权利也是可以放手给学生的。让评价发挥作用,就要把评价和指导、激励结合起来,要说明理由,但也要让学生懂得肯定、欣赏和激励他人。

其三,关于课堂的结构。课堂的环节少一些,花样少一些,真正腾出时间来,让学生钻研得深一些,合作得好一些,展示得多一些,才是课堂成功的关键。

其四,关于教师的精彩和风采。事实证明,即使像章英老师这样完全可以依靠讲而吸引学生的优秀教师,如果能够放下自己的讲和演的欲望与冲动,把主要功夫用到课前任务单的制作和课内指导学生落实任务单的互助互学活动中,同样可以展现出名优教师的风采和精彩来。教师真正的精彩和风采,恰恰在于并来自学生的精彩。

其五,关于课堂教学的质量。究竟是"质"重要还是"量"重要?关键不是看教师单方面传授了多少,而要看多少学生在参与学习,真正学到了多少东西,也就是我们常说的学生对课堂学习活动的参与面和参与度。这是真正的"质",这个"质"远比"量"重要。而且,由于学生是在积极主动和兴奋状态下自己学会的,即使暂时少了几道题目,也远比因教师单纯地讲课或在黑板上演示许多题目而学到的东西多且持久。学生自己学会的,就是质优的,质优的,就能够举一反三,因而实际上真正进入学生心里和脑中的量也多了。

三

最后是顾海燕老师的课,主要内容是磁。

她的课堂环节同样简单,或者说更加简洁。

第一个环节,小组互助合作。小组成员对照任务单互相帮助,解决问题。这个环节,小组长组织本组的讨论合作。六个小组的讨论异常热烈,然而毫无嘈杂感,也见不到丝毫的戏谑、玩耍、敷衍和消极被动。学生们完全是在高度热情地参与学习。

顾老师觉得声音太响,会相互干扰,在我看来,这种热烈如果是思想的真诚碰撞,是学习热情和思维热度的自然展现,就不需要有太多的担忧和限制。相反,我们应该予以鼓励和肯定,并好好欣赏和享受这份珍贵的课堂活力。

在这个环节中,教师同样把自己"隐藏"在讲台下,"埋没"于小组之间,仅仅给学生以适时的帮助和指导。

第二个环节,各小组把不懂的问题提出来,写在各自的纸条上。

老师收到后,开始对这六张纸条进行分类。先选出两个组都不懂的问题,然后问:"这道题目其他组都没有提出来,说明你们都懂了是不是?谁来帮助解决?"(这个提问与做法实在机智和高妙!)接着,就有组员站起来解答这个问题。

这个环节,海燕老师有一个非常特别的做法:她没有直接读纸条,而是让提出问题的小组派一个成员阐述这个问题。这个阐述真的妙啊,要让一个人清楚地阐述自己的问题,本身就是一个梳理思想、澄清思路的过程。

这个环节里,发生了和张燕蓉老师班级里同样的现象:一个小组之内,两名学生因为观点不同,展开了一场小规模的辩论,互不相让。海燕老师开心地调侃他们"发生内讧了吧",同学们都笑了。

这是课堂里异常精彩的一幕,也是只有学生的思维高度投入,才会酝酿出的思维碰撞的火花。

在这个原本应先学后教的环节，海燕老师没有"挺身而出"进行讲解，而是异常巧妙地把教的权利交给其他组，用周照县副校长的说法就是"踢皮球"，把这个皮球踢给了其他组的同学。这个教，最终又变成了学生的互助互学、合作探究，只是这是同时发生在小组之间和小组内部的。

在海燕老师的班级，学生的课桌是四人南北向面对面，两人面向东的，形成一个"丁"字形，便于交流，又不拥挤。学生在整堂课中表现得热烈活泼又井然有序。特别是，学生懂得倾听，小组内部懂得自我管理，同学们展现出了很好的素养。这必定是和年轻的海燕老师一年多来在小组建设方面的持续努力和探索分不开的。

在这节课结束的时候，我问同学们喜欢这样的课堂还是过去以教师讲为主的课堂。多数同学说喜欢这样的课堂，也有人说不喜欢，还有人说两者都喜欢。这大概与这个班级的学生总体学习氛围不错，且教师的讲课能力普遍比较强相关。而在其他班级，我得到的绝大多数是"喜欢"的回答。

当我问及作业量的时候，也和我在其他班级当堂或者课后的调查了解不一样。其他班级绝大多数同学都说作业量没有增加，反而少了，因为其他作业少了，而任务单基本上可以在下午的课堂上完成。这个班级的同学有的说增加不明显，更多的人认为增加了。原来，他们的任务单的确能够在当天完成，但是，其他作业还是比较多，老师舍不得减，所以感觉多了。我说，其他作业应该减少，如果你们觉得太多了，告诉班主任，也可以告诉我，我让老师们给你们减下来。同学们特别开心，纷纷鼓掌。

我觉得，这个事情的确需要做起来，老师们也需要把自己批改过多作业的负担减下来。

我相信，只要我们把任务单制作好、落实好、使用好，一定能够让师生减轻负担，提高效率。

总体上，从顾老师的这堂精彩的课中，我们可以得到几点启示：

其一，只要小组建设好，且在课堂中，教师能够调控、管理得当，学生就可以比往常秧田式的做法和一味听讲的方式,学得更加专心且热烈,而教师不必担心学生会因此吵闹或者分心。

其二,智慧的教师要懂得隐身,退居幕后,把课堂交给学生,把成就感还给学生。学生能够解决的问题,绝对不要由教师来讲解。

其三,教师要做课堂学习活动的组织者,同时还要做润滑剂,做激励者。适当用一些幽默的语言予以调节,用精到的语言予以点拨,用热情的语言予以激励,会有助于课堂学习的顺利、深入进行。

其四,年轻教师就是要勇做新型课堂的主动探索者,积极创造属于自己的精彩生本课堂。

总之,这三节课,总体精神一致,就是以生为本、依靠学生;总体特点相似,就是在学生自主学习和思考的基础上,实现生生互助合作。教师的角色变成了高明的同伴和资深的"同学"或者幕后的"编导",直接出场的时间很少,大致不超过十分钟,最多不超过十五分钟。

虽然我们出于学校部分教师的实际考虑,主张一开始教师直接出场的时间以不超过二十分钟为好,但是,一些善于研究和学习的教师,走得更快更好,比如上述三位,直接出场的时间基本上在十分钟左右。

三位老师用自己精彩的尝试,给我们解除了不少疑惑和担忧。

张燕蓉老师的这节课,破除了我们的一个担忧:学生的热闹,是不是用减少课堂知识容量换来的?张老师的课表明,学生合作学习,也可以学得更快更多。在我看来,如果像过去那样,教师一讲到底,教师是无论如何也难以在一节课内,把一张试卷和作业本上的四章练习题轻松讲完的。

章英老师的课则破除了我们的另一种疑虑:学生自己学习是不是会降低课堂难度?从学生对白头鹰濒临灭绝之谜的探索以及我国较为成功的生态农业模式的理解和阐述来看,学生完全可以在老师的适时帮助而非直接讲解下,找到正确的答案。生本课堂绝对不是我们原来所担忧的以降低学习难度换来的。

顾海燕老师的课堂告诉我们：如果班主任和任课教师重视小组建设和管理，学生完全可以开展自主、合作和探究的学习方式，做到热烈而不热闹，活泼而不放纵，互助而不依赖，我们完全不用担心会导致混乱和依赖。

三节课虽然存在许多共同之处，但不失教师个人的风格：张老师的课沉稳务实，章老师的课优雅智慧，顾老师的课活泼幽默。

老师们，这三位教师的课堂已经初步证明，只要教师有较高的课堂调控能力，真诚地相信学生，依靠学生，学生完全可以学得快乐、轻松、积极而高效。而我们教师自己也可以变得轻松愉悦些，再也不用戴着扩音器进教室了，再也不用绷着脸来维持纪律了，再也不用担心学校领导和其他教师推门听课了。

这里，我认为特别值得一提的是，这几天我巡视课堂发现，初一、初二教师中，已经基本上看不见戴扩音器上课的教师了。我们初三，因为还没有推行生本课堂的要求，我看戴的教师相对多一些。

现在看来，课堂改革之后，我们教师上课时讲的负担是完全可以减下来的。

上星期五我听的基本上是科学课，三节课让我强烈地感受到，科学组老师在这方面已经走得很快、很稳，且很生动了。

真诚感谢这些勇于转变理念，开拓创新，勤恳务实的优秀老师们！真的特别佩服我们可敬可爱可亲的优秀同事们！

我再一次深切地感受到：我们立人中学的教师，无论做什么事，只要做了，就会做得比一般学校的教师好；只要去学了，就会比一般人学得快！

这次听课，让我感到特别欣慰的是，我们没有完全照搬他人的经验，而是善于借鉴他人的经验，并结合自己和学校的实际，让我们的生本课堂一开始就有着浓浓的自己的色彩。

老师们，听了几节课后，我们的信心更足了，我们的方向更明确了。生本课堂改革这条路，是可以走下去的，是值得走下去的。

因为相信，所以能够！如果我们坚定信心，大胆探索，踏实行动，积极创新,我们美丽的立人之梦,一定可以实现。

希望我们每个人,不做旁观者,而是积极投身其中,主动去探索和创造属于我们自己的理想课堂和理想教育。这也是我们每个人的立人梦和教育梦。

谢谢大家。

感 悟

课堂变革是一件艰难的事情。想要顺利推进,需要解决两个问题,一个是信心和决心的问题,一个是方向和方法的问题。这需要校长高屋建瓴的思想引领和理论指导,但更需要校长潜入现场,深入挖掘教师身上的第一手经验,用教师身边的经验点燃教师、指引教师,这样才更有说服力,也更有感染力。

为什么早读没有声音
在教师课改工作推进会上的讲话

2013 年 5 月 16 日

老师们:

　　任务型生本课堂已经推行一段时间了,学校在许多方面进行了有益的探索,也有了一些可喜的变化。

　　任务型生本课堂实践是一个综合的系统,不仅仅是课堂的事情,它还指向教学管理体系,甚至包括学校整个的教育教学管理体系。这里面,自然包括早读问题。

　　今天这个会议,我就专门和大家交流一下早读管理问题。

　　一日之计在于晨。我们一直觉得,早晨的校园是应当充满读书声的。

　　我个人也一直认为,一个班级的早读是否真正进入学习状态,直接关系到语文和英语的学习质量,更直接关系到这个班级一天的精气神,关系到这个班级的班风学风和整体的教育质量。

　　理想的早读状态,应当是每个学生都知道自己该读什么,给自己找任务,然后大声读出来,做到心、口、脑、声、气、神一致。尤其是初三后期复习的同学,应当根据自己的知识掌握情况来自读。但是,在我们学生基础并不均衡,绝大多数学生还未养成高度自觉的意识和自主阅读的习惯的班级,我还是主张,一定要响亮地朗读,而且最好是比较紧张、有序地朗读。

　　每次巡视早读的时候,我都会发现一个现象:有的班级学生精神振奋,书声琅琅,有的班级学生东倒西歪,了无生趣,还有的班级,几人在读,几人在看,几人在发呆;有的老师坐在讲台上独自改作业,有的老师在教室里一圈圈毫无目的地走,还有的老师则一边巡视,一边管理和指导学生。

早读的状态,体现了教师的教学管理意识,也体现了这个班级学生在这门学科上的学习状态。

当我提醒个别教师要努力让学生读出声音来的时候,该教师无奈地说:"我也一直叫他们读,一些人就是不肯读出声音来。"我没有多说什么,因为当时我自己对这个问题也还没有做更多的思考。作为语文教师,多年来,我也没有好好地对这个现象做过认真的分析研究。

经过一段较长时间的观察、记录和思考,我发现,班级学生早读状态不好,发不出声音,和该班班主任有一定的关系。在初三(9)(10)(11)班,我看到学生每到早晨七点就在课代表的领读下书声琅琅了。初二(1)班和初二(2)班,还有初一(5)班和初一(12)班等许多班级,也是同样的景象。我还发现,最近初二(11)班在语文老师刘老师请假的情况下,学生在班主任郑老师的带领下,早早开始读古诗文了。所以,班主任要好好地指导学生尽早养成早晨专注、热情地读书的习惯。早读好坏,班主任是否重视和如何管理是一个重要的因素。

学生能不能发声,是不是很好地进入朗读状态,和我们负责早读的任课教师,即语文和英语教师更是密切相关。可以说,最关键的就是任课教师。

一些老师,无论他教哪个班级,只要有他在场,这个班级的学生就能够全部注意力集中、精神振奋地读书,很少出现较多学生不读书的情况。比如说,吴永艳、闻亚娜、王晓怡、戴佩君、王佩芬、汪海萍、邵建丽、范玉琴、包卫菊、钱蓓斐、周燕平、潘宁芳、鲍俐健、蔡心宁、胡晓萍等许多老师,总是会想出一些办法来,让学生较早地进入学习状态。

还有一些教师正在努力想办法改善学生的早读状态,也收到了良好的效果。

由此看来,学生的状态,主要决定于我们教师——班主任和任课教师,特别是后者对待早读的态度和管理早读的方法上。

学生读不出声来，或者班级整体状态不佳，主要原因有以下几种：

一是教师的指导者角色缺失，导致学生早读任务不明或缺失。有的教师每次时间一到，走进教室说"同学们自己读起来"，自己就开始在讲台上改试卷，甚至看电脑。结果，同学们不知道该读什么，于是，有的对着目录发呆，有的随手翻翻，有的干脆趴在桌上。如果教师指出具体的早读内容，比如要读第几课，读完之后再读第几课，那么学生就不会如此凌乱无序。

二是过程管理缺失。一些教师站在讲台上无事可为，一些教师则只是在教室里转圈，对那些不读书、不在状态的学生视而不见，时间久了，学生自然也就对教师视而不见，对教师的管理听而不闻了。所以，早读时，教师是不应当在讲台上批阅作业或者做别的事的，而应当走到学生中间，去关注每个学生，关心每个学生，对那些没有好好读起来的，或者状态不佳的学生，要予以鼓励、提醒、帮助和监督。这点，像胡晓萍、汪海萍等善于早读管理的老师是做得非常到位的。当然，这个管理要贯穿始终，除非学生任务明确，全都进入状态，而且能够较好地保持状态。

三是早读方法失当。学生朗读，可以有多种方式，比如集体跟读，跟录音机读，跟课代表读，或者跟教师读。也可以对读，比如，戴佩君老师就经常让学生两人对读，相互检查。她的班级学生早读的状态和效果明显比一些班级要好。如果放任学生自己读，那么学生当然容易分心，容易神游四方了。须知道，早读也是需要一种好的集体氛围的。我们现在搞小组建设，就是为了营造一个好环境、好氛围。

四是学习任务检查缺失。我们倡导任务型课堂，不仅指课堂，早读也一样。任务不仅要明确，而且要有检查。任何任务，如果缺乏检查和评价，就容易流于形式。我看到，一些英语或语文教师指定这个早读要默写或者听写哪些内容的时候，学生就读得格外认真且投入。一些英语教师就是经常如此巧妙地、不断地给学生布置这种可检查、可检测的任务的。语文老师也同样可以把每次早读的任务分解掉，使之更具体，并且可以让两三名学生相互检查或检测。

五是朗读习惯不佳。朗读的时候,必须挺直腰背,手持书本,且最好一手还拿一支笔,随时画出自己需要重点识记的一些词汇和语段等。不动笔墨不读书啊。如果学生趴着读书,歪着身子,或者侧身向窗外,他是绝对不可能真正进入深度学习状态的。一个人的肢体姿态,很大程度上会影响他内心的精神状态。我们绝对无法想象一支行军时稀稀拉拉、东倒西歪的队伍,能够具有出色的战斗力。钱建平老师和初三的三位年轻班主任,花了许多力气来训练朗读的坐姿,这是非常智慧的做法。今天早晨,我也看到王晓怡老师让全体学生起立并坐下,对他们进行站姿和坐姿训练,让他们挺直腰杆读书,这是非常好的做法。

六是教师自己的示范作用不够。有个别教师早读的时候,自己都毫无目的地站在教室里发呆或者盲目转圈,或干坐在讲台上,甚至看电脑或手机(过去曾有过个例),又怎么让学生惜时进取?如果全班学生已经自觉朗读,或者说,学生已经充分进入良好的朗读状态,教师最好的做法就是自己也拿出书本来大声地读。教师喜欢读书,对于学生,就是一个很好的垂范和激励啊。我还要提醒的一点是,教师在早读的时候,不要总是像督工一样,虎视眈眈,要"色思温",努力给学生安全感和亲切感。要努力让学生明白,学习和早读都是愉快的事,也是学生自己的事,教师只是在帮助和指导学习。

因此,我们认为,要让早读发出声来,让学生的早读时间充满活力和效率,教师是关键,教师要做到任务具体、管理到位。

具体而言,班主任和任课教师应当做好以下一些工作:

一是要充分重视早读的作用,让学生明白为何要读。我们教师自身要重视每天十五分钟的早读时间,更要让我们的学生充分重视每天这十五分钟早读的意义和价值。既要重视这个时间的重要性,更要重视这个读的必要性。

二是早读任务要明确且可监督、可检查。必须将每天的早读任务分解。这点,英语教师总体上做得不错。比如,任务有背诵某篇课文、模拟某段对话、默写英语单词等,而且检测方式也非常明确具体。语文教师在这方面要加强研究,不一定非要以背诵为目的促使学生读课文,可以让学生多读、熟读一些不需要背诵的现代文,然后进行相关内容的抽查或当堂检测。总之,任务一定要具体,让学生知道我该读什么、读哪些,而且明白该完成到什么地步、达到什么效果。

当然,最好的状态是每个人都知道自己的任务是什么,且这个任务是根据自己的需要自主确定的,而不是老师布置的。这样,学生学习一定会更加高效而愉悦。只有主动的才会是积极的,只有积极的才会是愉悦的。这是我们教学的理想目标。

三是要重视方法指导。必须教会学生如何读,而且明白选择怎样的朗读方式才更适合自己、适合当下的阅读任务。

四是充分发挥学生的主体作用。可以生生互助,或两人对读,或两人对查,或一生领读等。

五是要加强考核评价。任课教师和班主任要检查早读状况,对不在状态的学生,要当场予以扣分,对表现好的学生,要当场加分和表扬。

六是规范行为,养成良好阅读习惯。早读前必须检查学生的读书姿态,最关键的是坐姿。然后,必须发声。教师尽量少在早读时考试,也绝对不能对学生歪歪斜斜的坐姿和懒洋洋的读法视而不见。

七是教师自己要做好垂范,做一个好读书、读好书的人,并守土有责,始终加强动态管理和指导。

这段时间,在观察和研究早读的过程中,我还发现一个现象:在同一个班级,今天,英语教师在的时候,学生就读得很投入;第二天,语文教师在的时候,学生就纪律涣散,有气无力。有的班级情况刚好相反,而有的班级,无论英语教师和语文教师谁在,学生的状态都非常好。

这和我们平时发现的课堂情况是一样的。

由此可以知道,教师如何对待每个教学环节、对待每一分钟,会直接影响我们所带的班级和学生。

希望每位教师都能善于学习身边同事的长处,取长补短,认真研究每一个教学和管理环节,共同关注学生每天的成长和发展,努力做到自己和学生每天有收获,每天有进步,真正实现教学相长、师生共同发展的美好目标。

感 悟

在推进任务型生本课堂改革实践中,校长需要和有关部门一起深入现场,加强调研,及时发现存在的一些普遍问题,也及时发掘和总结教师队伍中的一些好经验和好做法,给老师们指明方向。这次会议被许多老师认为是一个重要的转折点,他们对教学中的任务的理解更加深刻而具体了。这次会议后,教师们对早读管理的意识明显增强,早读效果自然也得以改善。这样接地气的指导,往往更容易促进教师观念和教学工作上的实实在在的改善。

听听来自同行的声音

在教职工例会上的讲话

2014 年 10 月 23 日

老师们：

前两天，我们这里来了一些"蹲点"的校长。他们可以随时进课堂听课，随时进办公室询问，随时到我们的教研组参加活动，随时向学生了解我们的日常管理和教学，还可以到学校任何地方观察、调查。

两天时间，他们了解到许许多多的东西，这些东西，包括好的，值得他们学习的，也包括不够好的，需要我们去克服或完善的。

他们来"蹲点"，自然是想来我们这里学一些东西。但是，这对我们而言，毫无疑问是一种挑战，更起着一种促进作用。他们可以更加全面而客观地评价我们学校各方面工作的实际情况，可以为我们了解自己和提升自己提供更多有价值的信息。

昨天，宁波大学培训部一位教师来电告知："校长们上午举行培训班结业仪式，交流培训体会，大家都夸在你们学校收获特别多，你们的退休教师留言墙、生命树、学生礼仪、课改等都给他们留下了很好的印象。他们说，江苏的一些学校全国有名，像你们这样的学校，如果也学会包装宣传，完全可以像那些名校一样全国闻名。"

听到在我们学校"蹲点"两天的校长们如此评价，我感到特别欣慰。这是对我们全体老师和学生近年来努力追求进步的一种极好的肯定和鼓励！

所以，我建议我们用掌声祝贺一下自己：为我们自己的努力和出色，为我们赢得了同行们的认同和肯定。

我认为，全面科学地评价一所学校，学生、家长以及领导等都是必不可少的，他们从不同的立场对学校教育提出了合理的要求并得出了自己的结论。但同行则是一个更专业的主体，因为有时候，学生评价未免感性，家长评价未免片面，而一些行政官员呢，难免急功近利。当然，我说的是"一些"，是"有时候"。而同行，而且是没有利益冲突的同行，相对来说，其评价更冷静、更专业，也更挑剔、更全面，因而更需要一听，也更值得一听。

有人说，同行相轻。要让同行真正看得起、看得上，是需要有些真东西的。尤其是在今天，教师培训非常普及，外出考察也趋于常态化，众多的校长和教师同行，见多了专家学者和名校。一所学校有没有底蕴，学校领导和教师有没有水平，是不是真抓实干，有没有值得学习、能够给人启发的东西，到校园里走半天就知道了，更何况是"蹲点"两天。

我们学校建校以来，前来交流"蹲点"的同行不断，且越来越多。有时因为工作冲突，我们不得不婉言拒绝，控制前来考察交流的批次。

最近一段时间，来了多批市内外的同行。比如这次是浙江省民办初中骨干校长班来我校交流。

来的都是好校长啊。民办学校的董事长可不会看错人，他们选择的都是真校长、好校长、名校长。

这次来的学员中就有一位特级教师，年近七旬被聘为民办学校校长。他就是浙江师范大学婺州外国语学校吴根土校长，是浙江省数学特级教师，金华五中、金华四中的老校长，直至65岁才退休，退休后又被返聘为民办学校校长。他是一位创造过不少教育辉煌的老校长，不仅在金华当地德高望重，甚至在浙江省都深有影响力。他也是全国教育系统劳模、浙江师范大学兼职教授。这次，居然也在我校"蹲点"。

校长们在学校里待了整整两天，进课堂听课，到教学楼巡课，观察学生午自修，参观学校图书馆，考察学校食堂，观摩学生大课间活动和教师备课组活动,又听了学校领导和政教处主任在学校管理、小班化生本课堂、良心教育和班主任队伍建设等方面的探索经验介绍。

我们整洁的校园、现代化的设施、独特的文化、彬彬有礼的学生、优雅务实的教师、团结而富有思想的班子等,都给他们留下了深刻的印象,赢得了他们的一致赞誉。

校长们纷纷表示,我们学校建校不久,能够亮点众多,且效果看得见摸得着,非常不容易。

特级教师吴根土校长说,这是他退休后第一次参加培训。他对我校的评价颇高,认为我校办学理念有自己的鲜明特色,而且不停留在理念上,能够听到落地的声音。他说,这点从学校领导团队的实力以及学生的日常表现就可以看出来。他认为,课堂改革也突出了学生为主体、学为中心这一理念。他说,就德育工作而言,这样务实的学校,很少见。他还特别肯定了学校领导班子乐于成就教师,为他们搭建舞台,助推教师成功成名的做法。

来自杭州启正中学的欧校长则说,这些年在全国各地特别是长三角看过不少学校,走过不少名校,总觉得浙江省的初中比江苏上海等差一截,这次到了宁波,看到了许多好学校,特别是立人中学,办学才短短三年,就如此有序、整洁、文明、有特色,觉得特别有触动。他说,这次来宁波学习,让他相信,浙江也是有非常优秀的初中的。

一位校长在看了我们的升旗仪式和大课间后,看着学生整齐的队伍、充满活力的身影感慨道:"你们在大课间的学生管理方面,以及为管理而特意置办的学生专用服装等,都很别致新颖,而且效果很好,这是我见过的最令我喜欢的一种管理方式。"

有的校长看到学生迈着整齐的步伐走向食堂,安静有序地上下楼梯,又安静有序地就餐,收拾桌子等,连连称赞说,这么多学生就餐,却如此文明有序,很不简单。有校长对我们教师办公室的整洁、安静,教师就餐时的优雅举止,中午勤下班级做个别指导等表示肯定,说一走进来就可以感觉到教师队伍的整体素养。不少校长还对我们浓厚而独特的校园文化环境表示赞赏。

这些校长来"蹲点"的时候,我们还给他们发了一张表格,请他们写下"蹲点"中发现的我校的问题。有校长指出,我们的一些老师在课堂掌控艺术上需要进一步探索;有的指出,我们有老师在课堂上罚学生,让学生站在教室后面甚至外面,这种做法不利于教育学生;有的建议我们把所有的理念再梳理一下,用一个核心来统领;有的建议我们在学生教育的社会化、开放化方面再加大力度;还有的以自己学校的社团活动经验为我们提供参考。这些意见都非常中肯。

我一直相信,学校不能关门办学,需要经常有来来往往的同行、家长、领导和专家。他们的到来,对我们学校的管理有着很好的促进作用。他们可以发现我们自己熟视无睹的一些问题,帮助我们找出进一步努力的方向,也可以发现被我们自己忽略掉的优势和长处,帮助我们找回自信和底气。只要是真诚的,任何意见都可以对我们有所帮助和促进。

一年前,我们到安吉昆铜中学考察的时候,有多位老师说,我们今后把学校办好了,也可以吸引许多同行来考察。

现在,同行们就一批批来了,而且今后还会一批一批地到来。这次就有多位校长表示回去后要带班子和教师再次前来学习。

说学习我们当然是不敢当的,但他们来交流,我们会非常乐意。不过,无论是学习还是交流,对我们而言,都是一种压力和动力:我们除了现在和过去拥有的那些所谓经验,今后,还能拿出什么新的经验去迎接同行们专业而挑剔的检阅呢?

我们的学生在不断变化,社会在不断变化,教师结构在不断变化,家长和社会以及教育行政部门对我们的期望也在不断变化,我们是否能够顺势而为,迎接这一切变化带来的挑战?

我想,只有不断创新,我们才能解决不断出现的新问题;只有更加务实,我们才能创造越来越多的新成绩和新经验。只有创新和务实,我们才能继续赢得学生、家长、领导和同行的肯定。

借这个机会,用前来考察的一位校长的话作为结尾:合并学校,三年时间，能够走到今天这个样子，学校领导很不容易，老师们很不容易，真的，都很不容易！

希望我们全体师生更加同心同德，群策群力，让立人中学站得更高，迈得更实，走得更远！

> **感 悟**
>
> 校长要善于借力、善于给力。在学校改革工作深入推进的时候，要能够适当借助外在的力量，特别是同行、领导、专家、家长或学生等的积极评价，增强老师们继续前行的信心和决心。

我们的高度就是学校的高度

在学校中层干部作风建设反思会上的讲话

2014 年 12 月 31 日

最近,听到一些反映,对我们管理部门的作风有些意见,对我们一些人员的工作态度、工作效率乃至工作作风不太满意。

虽然,建校以来,短短三年,我们做了大量卓有成效的工作,受到了领导和社会的好评。但是,我们毕竟合并新建才三年多,真正完全合并才两年多,所以,很多工作难免比较粗糙。坦诚地说,用更高的标准来看,我们各部门工作的确存在不少问题。

有的管理人员主动性不高,服务意识不强,老师们询问或求助的时候,不能很好地做出回应,提供必要的支持;有的对老师提出的意见和要求始终不够重视,答复和落实工作一拖再拖;还有的,面对老师提出的问题,经常推脱,动辄说这个事情我不知道或者说不是我管的,让老师感到我们人浮于事、相互推诿;也有个别同志,在和老师打交道的时候,态度比较简单生硬;还有的在自己的教育教学工作和上班纪律等方面,存在一些不够严谨的地方,让部分老师失望。当然,还有一些其他问题。

今天,我们在这里开这个反思会,就是希望各部门认真对照中层部门的职责和标准,对照我们好干部的标准,想想自己和部门工作,哪些方面做得还不够,哪些方面还需要进一步改进和提升。

一、端正岗位工作动机：为何而来？为何而在？

我们当初愿意接受提拔的原因是什么？现在留在这个岗位，又是如何认识自己的工作岗位的？

我们当初接受岗位任命，是为了面子？为了更高的待遇？为了更轻松地工作？为了地位？还是为了有更好的作为？

这个问题，需要重新追问。

我想，我们肯定不是为了当官才来的。在学校里，想纯粹走仕途，空间是相当有限的。有才华的老师，当个校长已经非常不容易了，还想当局长，那更不容易。越到上面，机会越少。教育系统人才多，行政岗位金字塔形结构非常明显，被提拔和晋升的空间比机关单位小得多，所以我们多数人应该不是为了当官来的。

那么，是为了更高的待遇吗？

当然，我们管理人员本身就是教师队伍中的佼佼者，待遇高一点也无可厚非。但是，学校工作性质和企业不太一样，我们不像企业那样，可以因为学校管理的缘故，给学校直接增加创收。我们的公用经费和人员经费都是固定的，我们实行绩效工资制度，教代会也不可能通过一个大幅度提高管理人员奖励性绩效待遇的方案。无论如何，我们这点岗位津贴和我们的劳动付出，根本无法匹配。如果说简单为了待遇，我们当班主任的待遇肯定更高，我们王飞老师是当两个班班主任的，他的待遇就更高。

那么，是不是为了轻松点呢？管理岗位显然不是轻松的岗位，我们一边要教学，一边要完成面向全校的大量的管理事务。没干过中层的老师不容易体会，以为中层都是动动嘴就好了，干过了，才知道工作之繁重与琐碎，出乎想象。这点，大家这几年都深有体会。

而且，班主任工作辛苦，老师们都能体谅；中层的辛苦，往往不容易被看到。由于我们是管理人员，上级领导和老师们对我们的要求会更高更多，你看看假期和周末谁到学校来的次数最多，就可以知道。我们中层无论在工作难度和工作强度，还是工作压力和精神压力上，都比普通老师大许多。显然，轻松一点，也不现实。

所以，总的来说，我们想要当大官，想要多拿钱，想要更轻松，都做不到。

那么，是不是为了特权呢？我能力强，贡献大，自然要有点特权吧。比如，可以对别人多要求，对自己少要求；别人不能做的事情，我自己可以做；上下班，我可以随便点，因为我平时加班多，又不拿钱；别人上课不能迟到，我可以迟到；别人作业不能不认真批阅，我可以；别人课堂纪律必须维持好，我的课堂可以乱糟糟。再比如，干脆利用机会给自己从学校里谋取一些特殊利益。

这样行吗？显然也不行。为什么？

我们既是管理者，又是服务者，我们必须更严格要求自己，才能够令人信服，做好工作。其身正，虽未必不令而行，但其身不正，往往是虽令不从啊。

同时，我们都是高度理性的人，断不敢轻易违法违纪。不说别的，现在教师待遇越来越高，就犯错成本来说，也不划算。更何况，现在监督机制越来越健全，我们也没有什么机会可以犯大错误，谋大私利。

显然，从个人的功利性角度而言，我们可以发现，当官、发财、轻松、特权，都不可能是我们追求的目标，因为这很不现实。

而从学校和校长的角度看，我们考察任用干部，肯定选那些德才兼备的人。他应该在个人名利上比一般人看得淡薄一点，在工作能力和工作作风上比一般人好一些，在格局和修养上比一般人高一些。如果是急功近利的人，校长肯定是不欢迎的，学校也是不欢迎的。一则学校没有这么大的舞台和空间，可以满足这些人的需要；二则这样的干部必将给学校事业带来损害。

所以我说，图轻松另寻他处，要发财莫入此门；图当官另寻他处，要特权莫入此门。这句话可以作为我们行政人员的警语。

那么，我们究竟为了什么？

是做圣人？做不食人间烟火的神仙？

我们通常也真没有那么高尚和脱俗。

我想，我们最主要的一点，应该是为了实现更大的人生价值。当上中层干部后，我们的工作权限和职责范围比过去更大更广了，我们从事的是面向全校一千多名师生的工作。我们因此有了更高的平台，更广的视野，更多的资源，更好的机会，更大的主动权，去锻炼能力，施展才华，为学校和师生的发展做一些事情，取得更大的成就，赢得更多的认同和肯定。

也就是说，我们可以做更大的社会贡献，创造更多的社会价值，从而也使自己有更大的成就感，提升自己的人生境界，丰富自己的人生意义。因为一个人的人生价值，往往是和他对社会所做的贡献成正比的。

作为知识分子，我们早已经超越了安全需要和生理需要等基本需要的层次，我们更需要的是一种和尊严、价值相关的东西，是精神层面的东西。人在精神上的最大快乐，是获得自我超越，实现自我完善，而从事管理工作，相对来说，可以更好地实现这个目标。

所以，我们有必要回归原点，反思当初为何出发，找回初心，始终保持正确的岗位动机。这样，我们就更容易保持任劳任怨又积极主动的良好心态和作风，更容易赢得老师们的理解和支持。

当然，在这里，作为校长，我也表个态。大家工作苦，担子重，贡献大，委屈多，作风好，依据"多劳多得、优质优酬"的分配原则和"崇德崇能，惟实惟新"的学校精神，学校不应该，也不会忽视大家的切身利益。学校理直气壮，也名正言顺，可以在绩效待遇、岗位聘任、职称评审、培训学习等方面予以应有的保障。我相信，绝大多数同事会理解、认同和支持。

二、认识岗位性质：何谓管理？管理何为？

过去，在一些人眼中，管理就是管别人，就是当领导，就是做官。

现在，大家越来越意识到，管理即服务，领导即服务。

我们校级领导和中层领导，包括各级组长，最主要的工作就是服务工作，服务于国家和社会的大局利益，服务于学校教育事业的整体利益，服务于师生发展的根本利益。

就学校内部而言,我们一级管一级,也是一级服务一级。我们为何把办学目标定位为"成就师生,服务社会"？这就表明,我们校级领导要服务于中层,中层干部要服务于全体师生,我们最终的目的,是让师生获得更好的成长,能够服务于社会,做对社会有用的人。

管理绝对不是发号施令,更不是做传声筒。我们不需要这样的人。我们要的是具有服务意识、服务能力和服务作风,能够真正发挥自己的聪明才智,为学校发展和师生成长服务的人。

作为管理者的服务,包含两部分内容：支持性服务和引领性服务。

支持性服务,以满足服务对象的合理需要为目的。比如,为师生改善食堂伙食,及时维修教室损坏的电脑,为学生提供安全有序的学习环境,为教师提供更好的培训课程,帮助青年教师更好地适应课堂教学和班级管理工作等。支持性服务包含一切为优化和改善师生工作、学习、生活条件和成长条件所做的工作。

这是最主要的部分,也是我们最基本的职责。所以,我们必须经常站在师生的角度来思考问题,主动听听他们的意见和要求,诚恳、热情而周到地为师生提供更多更好的服务。我们必须尽量做到对师生的合理要求有求必应。我们实在做不到或者暂时做不到的,或者我们有没做好的,一定要真诚谦和地与他们进行解释和沟通,努力赢得他们的理解。

我们见过一些学校管理者,在这方面意识不够强,认为自己是当领导的,哪有对老师和学生"低声下气",听他们"吩咐"的道理。所以,该做的不做,该做好的不做好,该解释的也不解释,态度粗暴,高高在上,这种行为是和自己的岗位性质背道而驰的。

引领性服务,就是从学校的整体利益和师生的根本利益及长远利益出发,为师生提供一些促进其自我改善和提升的服务。这些服务,往往是师生自身未必意识到重要性,甚至未必愿意去做的,但又是需要做或不能不做的,因此更具有教育的性质。它们不迎合师生的直接而本能的诉求,而是帮助师生更加正确而理性地工作、学习和生活，从而获得更好的成长和发展，间接地满足师生更高层次的甚至他们自身都未必意识到的需求。

这部分，包括我们坚持必要的原则，对师生不合理的要求说不，制止其不正确的行动，也包括引导他们正确处理和自我、他人、集体以及社会的关系，过上更为积极健康、更有责任感和尊严感的生活等。比如，必要的纪律检查、常规督导、集体教育，还有必要的批评表扬和奖惩等。

这部分，是相对刚性的部分，更需要原则性。它要求我们帮助师生尽可能克服人性的弱点，实现自我的超越和升华，从更大的范围、更广的视野、更高的站位、更远的目光来看待问题，采取行动。帮助师生对自己提出更高的要求和更严格的标准，从而不断追求卓越，实现自身的发展和完善。

如果说支持性服务以满足师生个人的利益诉求为主，引领性服务就更多地从社会利益层面对他们进行指导，帮助他们正确处理好个人和社会、个人和世界的关系。这也是教育管理服务中最特殊、最艰难的部分，是我们和饭店、超市的服务性质不同的地方。我们的服务，不能简单地迎合，要敢于引领，善于引领，这样才能确保教育的特性和属性。

所以，我们有时候拒绝师生的不合理诉求，制止师生的不正确行动，批评师生的不妥当思想和言行，都是在履行这个引领性的服务职责。因为从师生的角度看，这部分内容通常不属于"自觉""自发"的需要层次，很容易激发他们的不适感和抵触感，所以更需要我们讲究工作的艺术和方式，学会在尊重、理解师生的关切和感受的基础上，进行科学有效的引导，让他们放弃不科学或不妥当的思想和行动，采取更为正确而理性的行动。

我们一些管理者在这方面很有原则。但是，在工作中，不够注意方式，无论是拒绝师生的错误要求，还是要求他们采取正确的行动，都比较生硬直接，有的甚至给人冷冰冰、没人情味的感觉，这样就容易引起师生的不满。

当然，我们还要特别警惕一点，就是不能放弃引领，放弃原则，一味迎合，做老好人，牺牲学校整体利益和师生根本利益或长远利益，来满足师生一时的快乐。

所以，我们知道，教育是一种服务的事业，而教育管理中的服务，更是服务中的服务。但是，这种服务，因为处处涉及教育的特殊属性，所以更需要我们提高对自身的要求，端正服务态度，增强服务意识，提高服务本领，提升服务质量。

在这方面，我先做自我批评，我也是经过多年的思考和实践，犯过许多错误后，慢慢有了一些深刻的认识的。现在，这两方面的服务，我也做得还不够，对大家、对师生，都做得不够好。我的性格比较急躁，说话做事都比较直截了当，对别人的感受顾及不够。所以今后，我要进一步加强修养，我希望我们大家一起努力。

三、履行岗位使命：怎么办？该如何？

针对这段时间发现的一些问题和下一阶段我们要做的事情，我想给大家提几点要求，希望大家继续增强几种意识。

坚持意识。我们出台过许多好的措施，比如每次月考的动态分析表，比如我们的中层月报表，比如我们的工作任务单，比如定期检查节能情况，比如电子班牌定期评比，比如政教、教务联合巡课小组，比如后勤人员的日常设施检查和维修服务等。我们要把好的做法制度化、长期化，固定下来，形成一种习惯、一种文化、一种制度。

好的东西，要永远做下去。有时候，我们好不容易想出了些好办法，也收到了效果，所以千万不要做着做着就忘记或中断了，给人不了了之、虎头蛇尾的感觉。

我们今天在这个会议室开会，是有意图的，就是要强调一下两边的警示语：毋勤始而怠终，毋慎大而忽小，毋恃才而傲物。大家要兢兢业业，持之以恒，始终如一。

问题意识。大家看看我身后的三行字：发现问题是责任，承认问题是勇气，解决问题是智慧。管理的目的，就是解决问题。我们做中层的，就是为了解决学校教育、管理中的一个个问题。学校工作和师生成长中，每天都有许多问题产生，有许多问题等着我们去研究和解决。

我们要有强烈而敏感的问题意识，这是我们的责任所在，所以说发现问题是责任。如果我们整天在学校里，别人都发现了你工作中的问题，你自己却发现不了，或者说别人当它是问题，你却不当它是问题，对这些问题熟视无睹，那就说明我们已经缺失基本的岗位责任感了。

我们要把自己这块工作，当作自己身体的一部分，存在问题如同身体患了病痛，不治好就难受，这样我们就会具有很强的责任感。

承认问题是勇气，说的是我们要勇于面对问题。问题的存在是客观事实：一方面，新问题不断出现，这是客观规律；另一方面，我们的工作不可能尽善尽美，人无完人，这也是客观事实。

我们中层面向的是全校性的工作，我们校园里每天都有一千四五百人在生活，他们要吃喝拉撒，要学习，要活动，要交流，从人、物、事、财、环境等方面，一定可以发现许多问题。一所学校，每一天都是一个巨大的问题集，怎么会没有问题呢？

我们应该敢于承认问题，更要敢于承认自己这块工作存在的问题。这是一种实事求是的态度，也是我们管理人员最基本的勇气和作风。有了这个勇气，我们才有担当精神。我们不能看不见问题，也不能不承认问题，更不能一有问题就说是别人的，不是我的。这就是缺乏勇气和担当精神。

解决问题是智慧，说的就是要钻研工作，具备管理者应有的专业素养和能力。管理工作也是一门专业。我们必须善于学习和研究，让自己成为解决问题的专家和高手。教务处要成为教学研究中心和教学质量建设中心，教务主任要成为教学工作和教学管理方面的专家。政教处要成为学生发展研究中心和德育质量建设中心，政教主任要成为学生教育方面的行家里手。总务处和校办也一样。

世事洞明皆学问，人情练达即文章，更何况我们吃的是教育这碗饭，端的是教育管理这个碗。我们一定要通过不断的钻研，让自己成为行家里手。比如，为什么一些老师连学生早读迟到的问题、每天整理错题集的问题、课堂认真听讲的问题都解决不了？为什么我们一些班级师生关系、家校关系比较紧张，总有一些举报和反映？为什么想了许多办法，体育工作质量还是没有明显改善？为什么总有食堂工作人员骑着电瓶车进校门？这些问题都需要我们各部门主动去研究和破解。

你解决好了，就是有水平，有智慧。你总是发生问题，却从来无法有效解决，你就缺乏研究，缺乏智慧，也说明你还没有进步。

对于校园里的一些问题，我们不能习以为常，知道说，却不知道去破解。我们不能让老师们觉得是在忽悠人，虚心接受，坚决不改。这样，我们整个团队的信誉和全校师生的士气都会受到严重影响。

效率意识。大家都很忙，真的忙，所以我们尤其需要把自己的这份工作研究好，主动负责好，落实好。否则，你的这块工作拖下来，让人家几次三番提醒，甚至越俎代庖替你做了，这样你是不是有些不好意思呢？

我们要善于区分轻重缓急，一些工作如果的确不具备条件，是可以暂时缓一缓的，但是很多工作，特别是关系到安全、教育教学和质量，关系到师生的切身生活，关系到学校的声誉或者形象的工作，一定不能拖拉。还有一些工作关系到我们这支管理队伍的整体形象，关系到学校干群关系的和谐，也拖拉不得。

要讲究效率，还要强调一点奉献精神。据我所知，我们学校那些做事多，做事干脆利索的人，都是善于奉献的人。平时大家都有教学工作，都忙，额外的任务怎么办？是利用放学后的时间或节假日留在学校或在家里做出来的。我们如果把工作时间和生活时间分得太清楚，干行政这个工作，是很难干好的。即使干着，也容易影响学校工作。

我的体会是，很多时候工作上的拖拉，并不是因为我们实在太忙，而是我们没有太把它放在心上。

举个例子。我们平时很忙吧？可是，我们哪天忘了吃饭睡觉？哪天忘了看手机？你看看，吃饭睡觉必不可少，但是，看手机呢？有多少时间是真正因为工作原因看手机的?我们既然有这个时间,许多事情为何不能去为师生、为学校尽早尽快解决?

效率是确保学校事业发展的关键因素。我们要有"马上行动"的意识,能够马上做的,就马上做,今日事今日毕,绝对不要养成拖延的习惯。拖延是最让老师们和同学们反感的,也是我们工作中最常见、很有危害的习惯。我们大家要努力克服。

合作意识。这个问题,我这几年来一直在反复强调。我们是合并新建的学校,两校原有文化差异明显,学校老弱病的教师又多,所以,我们学校本身就比一般学校复杂,老师们的心态也更容易出问题。我们作为管理团队,必须要时刻有团结合作的意识,班子团结了,学校才会发展得更好。

这些道理大家都懂。但是,我还是要强调一下,我们一定要有合作共赢的意识。我为什么在平时开校务会议的接待室里挂着"肝胆相照,荣辱与共"八个字?因为这是我所希望的团队精神。肝胆相照,是我们应有的合作意识;荣辱与共,既是态度,又是结果。我们一定要荣辱与共,即便你不愿意,最终也是一荣俱荣,一损俱损,所以我们必然荣辱与共。我们经常说,相互补台,好戏连台;相互拆台,一起垮台。我们可以不在乎这个位置,但是,我们不能不在乎学校的整体利益。

许多学校在这方面是吃过亏的。校级班子不团结,最终肯定大家都不好;中层班子不团结,最终也都发展不好。而这对学生的切身利益和学校的教育事业来说,一定会产生许多消极影响,因为这是一种极不负责任的态度和作风。

我们必须要有"大家好,才是真的好"的理念。我们要希望校长好,希望副校长好,希望主任、副主任好,希望老师和学生都好。我们不要只希望自己好,希望自己在老师面前人缘好、威信高,却不希望其他部门领导或者其他校领导好。有这种想法的人当然不会有。但是,我们可能在无意识之间,会给老师们这种印象。比如,有老师对某个校领导的分管工作有意见,私下向你抱怨,你一个微妙的表情、眼神或者一两句言语,都会让他明白你内心是否真正有团队意识,是否真正希望别人好。

我在多所学校工作过,有些学校的班子队伍中,有人不善于在外面维护别的领导的形象,不善于替其他人做必要的解释工作,总是以拉关系、套近乎的方式处理干群关系,把一切不好的都往别人身上推,表面上看暂时把自己的威信和民意拉高了,其实是在损害集体,最终自己也没有得到好的发展。因为时间一长,大家都明白,这样的人,不够真诚、不善团结、不敢担当、不能信任。

当然,一家人在一起都会有矛盾,更何况我们来自完全不同的背景。工作中,我们难免会有些不同的观点和立场,会有一些磕磕碰碰,但是,只要抱着真诚善意的原则,真诚对待工作,真诚对待他人,善意看待别人,善意对待别人,我想,有意见、有误解甚至有点小矛盾和小冲突都不要紧,都可以真诚沟通和交流。

无论如何,我们绝对不能搞损人利己、损公肥私的事情。我们大家都是知识分子,都是成年人,都心思细腻,感觉敏锐,我们内部有一点小缝隙,别人就会看见一条大裂谷。这样,我们的工作就不可能很好地得以落实。我们必须真诚团结,真诚合作,真诚信任,真诚互助。唯有这样,我们每个人才能放心做事,开心做事,才能把学校事业发展好。

以上指出来的这些问题,尽管我们的班子里不太会出现,但是,我们还是要防患未然,相互提醒。

垂范意识。这个问题我还是要反复强调。我们的干部作风是"身正身先,向善向上",这个意思很明白,就是要一身正气,身先士卒,真诚善良,积极向上。这几年,我还要求班子队伍做到"三个不":不怕吃苦,不怕吃亏,不怕得罪人。新提拔的干部,提拔前我找其谈话,都谈过这"三个不"。这是我对我们干部素质的希望。

我为什么强调这一点,因为我始终认为,垂范是最好的教育,也是最好的引领。喊破嗓子,不如做出样子。我们要在工作干劲、工作能力、工作方法、工作作风等方面,为我们的普通老师做出榜样来。我们要求老师们不要太计较,不要怕辛苦,要有点拼搏精神,要讲点奉献意识,那我们自己就要先做到,还要做得更好。这样,人家才会心服口服。

管理就是一级做给一级看。我们校级领导做给中层看,中层干部做给老师们看。无论我们年纪多大,在这个岗位干了多少时间,我们在岗一天,这个责任和使命,这个素养和作风,就不能丢。

我们这些年,受过许多委屈,吃了许多苦头,付出许多努力,所以学校发展得好,我们也有成就感。但是,我们时刻不能放松对自我的要求,尤其不能随着在岗年资的增加,失去激情,失去对自我的严格要求。

我们是学校的中流砥柱,必须勇于担当,敢于垂范。在所有人都绝望的时候,我们得怀抱希望,并且给人希望。我们做的是给人压力的事情,但更是给人动力的事情。我们是学校发展的发动机,我们自己没有动力怎么行?我们要带领学校创造辉煌,走向光明大道,我们自己内心没有阳光怎么行?

我们在工作中会很辛苦,会得罪人,会受委屈,但是,我说过,我们如果明白当初为何而来,明白现在为何还坚守在这个岗位,就会知道自己该如何调整心态,如何永葆初心,如何以积极而健康的方式,面对大大小小的许多困难。

今天讲的一些话不一定好听。我讲这些问题,是有针对性的,但是不针对任何具体的个人。这些话是我本人对我们整个管理团队的希望和要求,也是对我个人的自我提醒和要求。可能大家会觉得我的要求比较多、比较严、比较高,这很正常,我们这支队伍的高度决定了学校的高度,我们怎么样,教师和学生就怎么样,学校就怎么样。我们如果要求低了,学校还能发展得好吗?

我讲得不对的地方,请大家多多包涵,也给我多提批评意见。

让我们一起共勉,一起努力,争取把立人中学办得更好。

> **感 悟**

管理队伍建设,最重要的是思想建设。让每个干部端正岗位动机,明白岗位性质,明确岗位使命,就可以激发出源源不断的动力来。这其中,对岗位动机和岗位性质的分析,有我本人的独特思考,入情入理,真诚坦率,有一定的深度,也有一定的说服力和感染力。团队成员在会上和会后都表示认同。

永葆学科带头人的先进本色

在教研组长工作务虚会上的讲话

2016 年 12 月 10 日

各位组长：

临近期末，大家很忙，但这个会还是要开。这是个务虚会，也是个务实会。说务虚，是因为不布置具体工作。说务实，是因为这段时间来，甚至近几年来，教研组工作中存在一些问题，这些问题主要是思想认识上的问题。这些问题不解决好，会影响今后的实际工作。我们需要坐下来，好好审视、讨论一下，也表明一下学校的立场和态度，统一思想，提高认识，明确方向。这项工作做好了，对我们各组的工作，乃至整个学校的教育教学工作，都会有积极的推动作用。

大家都是学校的业务骨干和思想骨干，无论业务能力还是思想作风，都是过硬的。我们八个组长相当于国家的封疆大吏，各自负责着八分之一左右的教职工群体的管理和建设工作。

总体而言，我们的组长队伍是不错的，我概括为"四个气"：

正气，我们的组长都是为人正派，心地正气，务正业，干正事的人。

朝气，我们的组长都是有积极向上的进取之心，有热情、有活力的人。

底气，大家都是业务骨干，在本学科都是拿得起、硬得起的人。

地气，大家平时工作都踏踏实实的，能够虚心听取老师们的意见和建议，总体作风都是很务实的。

这几年,学校各方面事业在不断改善,各位组长功不可没。

接下来,我主要讲两个问题:教研组的定位和我们对教研组工作的要求、组长的角色定位和学校对组长的基本要求。

一、学校对教研组的定位和工作要求

首先,我想谈谈学校对教研组的定位问题。

教研组是学校教师群体的基本组织单位。教研组是落实学校办学理念的主阵地,是师资队伍建设的主阵地,是教改课改的主阵地。教研组是学科学术研究的基地,是教师专业发展的基地,是教学质量建设和研究的基地,也是学校优秀文化生产、传承和传播的基地。

对教师而言,教研组既是教师业务成长的基地,也是教师精神生长的基地,是教师职业生活的精神家园。教研组有活力了,教师队伍就有活力了;教研组强大了,师资队伍就强大了。教研组建设直接关系到一个学校教师队伍的思想状况和教育教学质量。所以,学校的教育工作,特别是教学工作,归根结底要依靠教研组。

其次,当前,我们教研组要重点做好以下几项工作。

第一,要认真建设好团结合作、积极向上的教研组文化。我们的目标是在成事中成人,在成就学校和学生中成就教师。要重视组内先进文化的建设,特别是正气文化、合作文化、奉献文化、学习文化的建设。

一个教研组,倡导的文化是比谁更好学,谁更负责,谁更正气,谁更顾大局,谁更能挑担,谁更讲奉献;一个教研组,倡导的文化是比谁更精明,谁更计较,谁更爱抱怨,谁更能推卸责任,谁更自私自利。两种文化,哪种更好?哪种更利于组长开展工作和学校事业的发展?

当然是前者。

正气是第一位的。

我们学校的文化,从开学到现在,大家能够感受到变化。过去以发牢骚为荣,现在以讲实干为荣;过去以骂学校为荣,现在以爱学校为荣。"崇德崇能"的正气,正在形成风气。正气,是最好的风气。

当然,正气的主要标志,是把教研组的利益和学校整体利益统一起来,而不是对立。如果你的教研组内,老师们只重视事关自己切身利益的那点东西,对学校的整体利益漠不关心,甚至经常持对立的思想,那么这个组肯定是有问题的。

如果你的组流行空谈,空谈国家大事,空谈学校闲事,空谈生活琐事,然后,发发牢骚,小题大做,煽风点火,那么,你这个组的人一定是太闲了。忙的人哪里有那么多时间和力气空谈?

空谈误国,实干兴邦,对学校和教研组也是如此。

我们组里有的人,自己的事不好好干,或者不见得干得怎么好,却好议论,好去管别人,"指点江山,激扬文字",总是一副壮志未酬、怀才不遇的样子。现在这社会,你有才能,一般都是会被发现的,我们"崇德崇能,惟实惟新"的立人中学,更不会埋没任何一个优秀人才。一个组里,如果老师普遍有牢骚心态和怀才不遇心态,好像自己都很好,别人和领导都不好,学校和社会都不好,那么这个组肯定是有问题的。

那么,文化是什么?

文化,说到底就是一个人的整体素养和气质。这往往可以从很小的地方看出来。

开教职工会议或者举行教研活动的时候,你组内的老师们在做什么?有没有做笔记的习惯?是各自批改作业?是拿着手机刷屏?是窃窃私语?还是上面主持人说一句,他们在下面说一句?

还有,升旗仪式的时候,你的组员是不是都肃立了?还是在那里谈论衣服发饰、度假计划,甚至议论他人是非?

如果我们的组风不好,我们的组长也是有问题的。可能你自己做得很好,但是你没有起到应有的引领作用。

第二,要精心打造善于学习、富有成效的学科教研活动。每月一次的教研组活动和两周一次的备课组活动，一定要开好、开实、开新、开正。不要总是事务性地布置工作，要多点思想性的引领和学术性的指导，还要有点创造性的启发。比如，多学习几篇关于师德师风和教育教学方面的好文章，多研读几本富有时代性和针对性的与学科教育相关的书籍，多研究几个本学科领域的知名专家的经验和思想，多跟踪一些全国性的富有前瞻性的改革和探索经验。组长要善于抛出一些新思想、新视角、新观点，来让大家讨论，提出一些新思路、新措施、新方法，带领大家尝试和探究。在这个信息便捷的时代，只要你愿意，总是可以做的。

我们要让教研组真正成为教师成长和发展的根据地，成为教师的精神充电站和知识加油站。每一次教研活动，都要让每个老师感到有收获。当然，关键是我们组长自己要有新东西，要善思考，会学习，勤钻研。

特别要警惕的是，不要把教研组简单变成谈话聊天室，甚至变成牢骚发泄室，而应该变成充电站和加油站。我们组长就是这个充电站和加油站的专家与服务员。

第三，要全面做好教研组教师的日常管理工作。你的管理，包括对本组教师的出勤、安全、备课、改作业、上课、教科研、宣传和学习活动及办公纪律等管理，同时也包括不折不扣落实好学校各部门，特别是教务处布置的各项工作。

这一块，总体是做得好的，但也有些问题。比如，有的组，老师出勤和办公纪律就不好，经常出现迟到早退又不按照规定请假或登记的情况。学校检查的时候呢，组长还要给个别教师打掩护，临时找理由。有的组，对学校布置的工作，理解不够深刻，认识不够到位，所以经常出现打折扣、走形式的情况，有的甚至连形式都没做过，没做好。

所以，组长要敢于管理、善于管理。尤其是敢于管理这一点，我要重点说说。

我们有的组长在管理中认为，自己是做好人的，恶人都让上面的领导做。这是不对的。既然搞管理，我们就不可能只做教师欢迎的事情，有时候肯定要做教师不欢迎但必须做的事情，还要制止教师做他自己想做，但从学校角度来看不能做或暂时不能做的事情,这就难免要暂时得罪人。

我们做管理的,想要一点都不得罪人,是做不到的。得罪人,也是管理者的基本勇气和担当,是一份正气和底气,更是对学校教育事业的一份贡献。

有的组长在教研组里动辄就说"领导说""我也没办法"之类的话。

请问,你是谁?你不是组里的领导吗?不是让你来领导这个组的吗?

你经常说这种话,说明你不敢管理,也不想管理。而且,这本身就是一种很不好的负面示范,表明你对学校的意图没有真正理解和认同,还带着对立的立场和抵触的情绪。我们不能在组里面营造和助长这种对立的思想与作风。

学校和教研组、老师们,乃至和学生、家长,在根本利益上都是一致的,绝对没有根本性的利益冲突。上级领导或者学校领导来检查和监督一些工作,是为了帮助我们把教研组建设得更好,让每个老师发展得更好,这也是对我们组长工作的支持,不是对我们不信任,更不是和我们过不去。

有的组长没认识到这点。本来很多事情是该你去说、你去做的,应该你去做好、去管好的。你做好了,"功"就算自己的,做不好、做不了的,"账"就算学校的;爱做的,就算自己的,不爱做的,就算学校的;容易做的,就算自己的,难做的,就算学校的。哪能这样呢?

学校领导、中层主任、各个组长都在一个管理系统,一级有一级的责任担当和应尽义务。我们大家需要相互支持、相互帮助,绝不能养成责任缺位、角色错位、揽功诿过、矛盾转移或制造对立的习惯和作风。这不是管理者应该有的担当和素养。

第四,要重点加强教师队伍的课堂执教能力建设。课堂教学是教师执教能力的集中体现,也是教研组工作的研究重点。事实早已证明,一个人会多听课,敢多上课,把自己的课上好了,学生欢迎了,效果也好了,他就一定发展得更快更好。一定要重视组里每位教师的课堂教学能力的提升和改善。要特别重视每位教师的公开课,一定要多去听课,帮助他们多磨课。绝大多数优秀教师都有过一些磨课的经历和感悟,公开课的作用是不容忽视的。

但是，一定更要倡导常态课的互听互学活动。组长一定要倡导组员们相互听常态课，要带头邀请他们来听课，多听课，随时欢迎别人来听你的常态课，并给你提意见。我们学校里，凡是教师成长得快、教学质量好的教研组，这方面工作往往做得更好。这点，大家都是看得到的。

第五，要认真抓好学科品牌建设和精品课程开发。各组一定要有自己的教研活动品牌、学生学科活动特色和课程开发特色。当然，不在于多，而在于有针对性、实效性，适合教师和学生，同时，符合时代特点，有新意，有生活感，突出教师和学生的获得感。要让教师和学生内心更加热爱这门学科的教学活动。组长，就是这门学科的代言人、形象大使。

第六，要牢牢把住学科教学质量建设这个中心。作为组长，要重视加强本学科的教改方向、学科质量检测方式、学生学科素养的培养路径等研究。要密切关注本学科各年级的教学质量和每位教师的教学质量，认真做好学科教学质量分析和教学工作诊断等，及时找到学科教学中和学科教师身上的问题与缺陷，切实拿出具体措施，改进教学，提升质量。要始终强化课标研究、课堂研究、作业研究、试题研究等意识，让教学既能帮助学生赢得人生，又能帮助他们赢得考试。

二、学校对教研组长的定位和要求

首先，我们对教研组长的定位：教研组长是学科思想的引路人，是学科质量的建设者，是学科文化的引领者，是学科素养的垂范者，是学科改革的先行者，是学科发展的带头人。

教研组长是学科教师队伍中的领头羊，是全校教师队伍中的佼佼者。你们既是业务骨干，又是师德标兵；既是业务引领者，又是精神引领者。你们应该是教研组的核心和灵魂人物。

总之，教研组长理当成为教师中良好的职业精神、职业道德、职业心态和职业能力的引领者和垂范者。教研组长队伍心态良好，业务精湛，勇于担当了,教师队伍就一定正气了,卓越了。教研组长对于教师队伍,对于教学质量,起着关键作用。

所以,这些年,大家应该可以感受到,学校对大家一直是高度重视、充分肯定的。我们在绩效奖励、职称评审、岗位聘任、校长优质激励基金等各方面,都对你们予以倾斜和保障。

其次,我们对组长是有着较高的要求和期望的。大家在开展各项工作的时候,一定要把握好以下几点要求。

第一,方向性。必须始终明确教研组工作的正确方向,始终和学校根本利益、大局利益以及努力方向保持高度一致。不以教研组或个人的小利益损害学校和学生发展的大利益。必须始终对那些与学校根本利益和大局利益对立的思想与行为,保持警惕,并敢于及时制止。这是原则、立场问题,立场出了问题,我们组长就失去了自己的责任和作用。

第二,垂范性。其身正,不一定人人都能够不令而行,但其身不正,往往是虽令不从。组长一定要在专业精神、专业素养、专业作风、专业能力以及专业贡献等方面发挥好表率作用,要在方方面面为全组教师做好榜样、带好头。

我们谈什么问题,都要把自己摆进去,不要总是当评论员,不当运动员。你对学校各部门和各条线工作有意见和建议,可以直接找部门领导沟通,不要擅自在组内议论,更不要因为你和组里老师们的意见没得到满足,就强化利益冲突和立场对立的思维与情绪。时刻不能忘记,我们就是一面旗帜,时时处处为组内老师们做垂范,充分发挥领导带头作用。

第三,建设性。一定要养成建设性地看待问题和做事情的思维与习惯,凡事要多往好的方向去思考、努力和行动。一定要有研究精神,要主动发现问题,敢于承认问题,乐于探索解决问题之道。不要碰到困难就害怕,就退缩,甚至找借口,推责任。

我们有的教研组为什么教学质量一直不好?为什么生本课堂没有真正落实好?你不能说学生不好,班风不好,班主任不配合,家长不重视,甚至动辄说学校领导不重视。你要带领全组老师主动去研究如何提高学生学习的积极性，提高课堂教学、课外训练或课外作业的实效性，实实在在把问题解决好，把学生教育好。你要带领组里的老师们贡献良好的教学质量，还要贡献先进的教学经验。

在平时工作中，一定要多思考，少发牢骚。做评论员是最容易的，当运动员才是最难的。一百个牢骚，不如一个切实的行动。希望我们在工作中，少做破坏性的事情，多做建设性的贡献。这就需要我们勇于担当，善于学习，勤于钻研，乐于反思，这样才能不断提高自身的发展力和贡献力。

第四，原则性。我们要人本管理，要尊重人、关心人、理解人、帮助人。但是，我们也不能放弃制度管理和刚性管理，更不能放弃学校大局利益，以换取一时的和谐与太平。该坚持的原则，一定要敢于坚持。对组里的各种思想、行为、声音以及作风，不能坐视不管，不能无所作为，必须立场鲜明，敢于作为。该管的要管，该说的要说，该支持的要支持，该监督的要监督，该制止的要制止，该批评的要批评，该奖励的要奖励，该考核的要考核，该向上级反映的要反映。比如，评先进不能够搞轮流"坐庄"；比如，对组里一些老师上班纪律涣散的情况不能视而不见；比如，对一些老师批改作业敷衍了事的现象不能坐视不管；比如，对组里一些破坏团结，损坏教研组或学校集体利益的行为也绝对不能熟视无睹。

要坚持原则，就要不怕担当责任，有时候为了大局而得罪人，也是一种贡献，而且是必不可少的贡献。这个我在刚刚讲教研组管理工作的时候，已经讲过了，但我还是要再提醒一下，不要做小好人，要做大好人；不要做老好人，要做真好人。我具体解释一下。

小好人和大好人：只是做身边人的好人，只关注身边人的利益、小团体的利益，却不关心更大范围的他人和集体的利益，只关心船舱里的几个位置的好坏，不关心整艘船的航向和安全，这就是小好人；大好人会把小利益和大利益、当前利益和长远利益统一起来考虑，不因小害大，不因私害公，不因近害远，这就是大好人。

老好人和真好人：老好人，就是总说好好好，只说眼前的人好，只会迎合人,做不到的说好,不可以做的也说好,其实是假好人,逢人说人话,逢鬼说鬼话。在你面前,迎合你;在领导面前,迎合领导;你对的时候迎合你,你错的时候也迎合你。他其实并不是真正为你好,也不是真正为别人好,他只是为自己好。真好人,是真诚为你好,而不是为他自己好,所以他会在你冲动的时候提醒你,在你抱怨的时候鼓励你,在你不正确的时候不迎合或支持你,在你犯错误走弯路的时候甚至会直言不讳地提醒和批评你。孔子和孟子为什么那么讨厌"乡愿"?就是因为老好人不是真正的好人,而是假好人,是有损社会道德风气、混淆人们是非观念的人。

各位组长都是学校任命的,是各个教研组的领头羊。教研组长不是官,但对学校和老师来说,却有着举足轻重的作用。你们在组里的一言一行,都会引起一些积极或消极的连锁反应。你们不能小看自己的岗位角色和岗位责任。

当然,你们在工作中也会有各种困难,也会遇到各种不被理解、无人配合的情况。碰到各种暂时无法解决的难题,没关系,只要我们一心为公,学校一定会提供各种支持,老师们最终也一定会理解和支持。

学校把这个重要而辛苦的岗位交给你们,是基于对你们的作风和能力的信任,也是基于学校整体事业发展的需要。希望大家恪尽职守,真诚团结,拼搏进取,胸怀大局,始终当好领头羊的角色,不改带头人的本色。

感 悟

教研组和教研组长的作用,无须多言。适当给组长们开一个务虚会,针对性地做做思想工作,提高认识,明确责任,增强岗位角色和岗位使命意识,也是非常有必要的。

学困生是教师成长的催化剂

在初二年级班主任工作专题诊断会上的讲话

2016 年 12 月 30 日

各位老师：

这段时间，是初二年级的"多事之秋"。打架、抽烟、喝酒、厌学、逃学，还有跑到 KTV 去唱歌等违纪行为，此起彼伏。

这是最近三四年中，违纪行为比较多且比较集中的时期。

前段时间，政教处和各位班主任都想了许多办法，也采取了一些措施，但是效果不是很明显。我们班主任和一些任课教师因为比较着急和焦虑，又备感无助，所以出现了较多的消极思想。有的老师怪学校支持力度不够，有的怪学生无可救药，有的怪家长撒手不管，还有的则怪以前的老师没有教好。

我们初二年级学生的这种状况再也不能继续下去了。班主任必须要提高认识，统一思想，采取更有力的措施，及时制止这种现象。

今天这个会议，就是班主任工作专题诊断会，班主任、政教主任和分管校长都先后分析了原因，表明了态度，也提出了一些对策和改进措施。希望这些措施能够好好落实到行动中，抓出实效来。

我想和大家在思想认识上再做一些交流，在方向方法上再做一些探讨。

一、初二年级,本身就是问题多发的阶段

我一直说,初中和高中都存在一个"二"现象。就是初二和高二年级往往最容易发生纪律涣散等情形,因为学生对学校和班级失去了神秘感和敬畏感,又尚未面临中考和高考等重任,所以相对来说心理上比较容易放松,行为上比较容易放纵。我们初二年级,问题相对多一些,也是正常的。

但是,如果我们不加重视,不想办法,放任自流,这些问题不仅不会自动消失,而且往往还会进一步扩散、恶化。

这些问题的产生,当然有许多客观方面的因素,比如家长、社会和学生自身的因素,以及以前的教育不够有效等。但是,我始终相信,我们当下的教师,特别是班主任,在主观上是可以大有作为的。

我们不能总是强调无能为力、不可改变,我请大家看看,我们在座的各位,是不是每个班级都问题特别多?我们中有几位是初二年级中途接班的,为什么接班后,班风学风明显改善?初一的时候,有的老师不就认为自己的学生乱糟糟,无法改变吗?

我们不要过分焦虑。要相信,我们始终可以大有作为,也始终要更多地靠我们老师,特别是在座的班主任们自己来解决这些问题。

这里,我请有的班主任在放弃和绝望之前,不妨问问自己:

在思想层面 —— 我是否有畏难情绪?是否有逃避的成分?我的学生真的生来就是这样的吗?我现在是不是已经无法控制局面?什么时候开始感到无法控制的?是初一刚入学的时候吗?如果不是,后来为何会无法控制?

在做法层面 —— 我对每个学困生的关爱和帮助,真的做到火候了吗?我究竟为每一个学生想过多少办法,尝试过多少新的方法?我真的了解他吗?我做过多少真正走入他内心的努力?我争取过他亲近和信任的人的共同努力吗?我利用了一切可以利用的资源了吗?

我相信,问过自己后,我们会更加确信:我们每个人一定还可以大有所为,大有作为。我们并非真的山穷水尽了。我们在竭尽全力之前,无权给学

生下结论,也无权给自己下结论,更无权说放弃。

二、班主任是班级管理工作的第一责任人

这段时间大家过得不太好,特别是学生问题相对集中的班主任。各位都非常辛苦,有些情绪和抱怨,也很正常。但是,班主任工作的伟大正在于此,我们再辛苦,再无奈,内心再失望,我们依然不能放弃,我们依然要千方百计,竭尽全力,去面对一切问题、一切学生。无论什么时候,班主任始终是学生的依靠。

在这里,我提几点希望和建议,和大家交流,也供大家参考。

第一,要勇于担当,不要急于推脱。

教育部于 2009 年 8 月颁布的《中小学班主任工作规定》明确指出,班主任是中小学日常思想道德教育和学生管理工作的主要实施者,是中小学生健康成长的引领者,班主任要努力成为中小学生的人生导师。

班主任是班级的核心人物,是班集体建设的灵魂人物,从某种角度而言,班主任还是全班同学的精神支柱,甚至是精神导师。我们任何时候都不能倒下,更不能放弃自己的责任。

班级里,一些极为特殊和困难的情况,需要支持的,学校一定会全力支持。但是,一些常规性的教育问题,你不要指望政教处。政教处的主要作用,在于营造整体良好的学校氛围,建设优良的德育工作队伍。对个别学生来说,政教处谈话和处分,是最后一道屏障,不可轻易用,也绝不可多用,最多只是暂时发挥一些辅助性作用。我们有的班主任总是指望依靠这些外力来彻底解决问题,无异于指望隔靴搔痒。学生的思想和品行问题,关键还是要靠班集体建设来解决,靠班主任在日常教育管理过程中慢慢解决。

我们也不要总指望依靠家长来帮助解决。家长不配合或没发挥作用,就说"家长都没办法,让我们怎么办"。这话不完全正确。我们教师是教育的专业人士,经过多年教育,再经过国家专业资格认证才持证上岗,我们这份工作也是来之不易的,而且国家每年资助我们不少经费。家长呢?当家长是不需要考证的,你们知道。

解决班级学生的问题,班主任始终是关键人物,也是主要责任人。这个角色定位,始终不会变,不能变,也无法变。

所以,班级问题层出不穷,学困生越来越多,班主任肯定是有责任的,而且是有主要责任的。这说明我们的专业能力还需要提高,专业智慧还需要锻炼,甚至我们的专业情怀和专业态度都要再提升。我在这里,理直气壮地表明这个态度。我们如果一贯重视扎扎实实地做好日常的班级思想教育工作,我想,问题一定会少一些。事实上,我们一些班级问题少,并不是运气好,就是因为重视这项工作。

为此,我要特别提醒班主任,不要把责任轻易往上推,推给领导;也不要往外推,推给家长。同时,一定要在班级组营造勇于担当的积极氛围。你如果急于推脱,忙于抱怨,任课教师还有信心和兴趣吗?一旦班级组教师形成群体性的无助和无奈心态,将会导致集体不作为。这非常可怕。

我们无法选择学生,只能选择办法,选择和寻找改善教育的方法。

第二,要潜心研究,不要妄下结论。

大家都读过《庖丁解牛》这篇文章,为什么庖丁可以从容不迫、游刃有余,就是因为他懂得研究,对牛的全身筋骨的天然结构了然于胸。所以,他说,他追求的是超越技术的道。这个道,就是规律。

学生的身心发展有一定的规律可循,教育自身也有规律,我们必须去研究学生的思想品行背后的原因、经历,找到每个孩子背后的一些规律性的东西、关键性的因素,就可以找到相应的办法了。你天天和学生在一起,不去研究,只想用一种办法去对付不同的学生,怎么可以呢?你还想指望其他老师或领导来解决?他们比你更不了解情况,和学生的距离更远,自然更不可能提供真正有效的帮助了。

有人说,每个学生,都是一座山、一个世界。我们问问自己:你了解他吗?真的了解吗?他的痛处是什么?他内心最柔软的地方是什么?他最害怕的是什么?他最担忧的是什么?他最渴望的是什么?他最深的牵挂是什么?他最善良的举动是什么?他最可爱的地方是什么?他最不幸的地方是什么?他最信任的人是谁?他最开心的事是什么?他经受过什么打击?有过哪些成功经历?交过哪些朋友?有过哪些追求和梦想?

这些,你都了解过吗?

了解,才会理解。理解,才能沟通。沟通,才能影响。影响,才有教育。

中医看病,望闻问切,然后一人一方。而药方的内容和剂量通常都因人而异,并且,往往在你服用一个疗程后,根据病情进展,进行更换或调整,确保对症下药。我们只有对症下药,因材施教,才能慢慢把工作做好,把班集体建设好,把学生问题解决好。

第三,要耐心守望,不要轻易放弃。

孩子是成长中的人,成长之路很少是直线延伸的,更多是曲曲折折的。可是,我们老师总希望学生按照我们自己预设的笔直的路线来走,希望他们不走任何弯路。

弯路自有其价值,更何况,学生是处于快速成长中的人,走弯路、犯错误,更是他们的权利。这个年龄不犯错误,什么时候犯错误?到老了,再犯错误,还有时间挽回吗?

张爱玲有篇短文非常著名,叫作《非走不可的弯路》,结尾有这么两句话:"在人生的路上,有一条路每个人非走不可,那就是年轻时候的弯路。不摔跟头,不碰壁,不碰个头破血流,怎能炼出钢筋铁骨,怎能长大呢?"

这两句话,真的很有道理。

青春期,是狂妄的年龄,是不知天高地厚的年龄,是"指点江山,激扬文字,粪土当年万户侯"的年龄,也是大胆用亲身实践去探索世界的年龄。当然,这也是最容易自我、最容易不切实际的年龄,犯错误自然是难免的。我们年轻的时候,不也这样吗?中规中矩,战战兢兢,如履薄冰,这样的孩子不会给人添麻烦,但是哪里还有什么活力和个性呢?

需知道,许多的人生智慧,恰恰不是别人可以告知的,而必须是自己在实践中感知和体悟的。这样,才会刻骨铭心,才能真正转化为内心的准则。

从另一个角度来说,不同学生的生命自觉的程度、发展和成熟的速度与模式,是有差异的。有的是齐头并进的全才型,有的是独长一技的偏才型,也有的是惊世骇俗的怪才型。有的少年成名,有的大器晚成,有的迟钝,有的敏捷,有的胆怯乖顺,有的狂傲叛逆。每个人都会走一些弯路,有的走得多一些,远一些,固执一些,有的走得少一些,近一些,温和一些。但绝大多数人,最终都会走上正轨,且能够走出一条属于自己的道路来。

教育工作的特点,就是长期性、复杂性和反复性。学生一个个都不一样,犯的错误和方式以及时机、机制都不一样。而最大的特点,还是反复性。反复性,是因为错误思想和坏习惯不是一两天养成的,同样也不是用一两次努力就可以克服的;正确思想和好习惯也不是一两天可以养成的,所以同样不是用一两次努力就可以实现的。

我们最缺乏的就是耐心。很多时候,就如同那幅挖井的漫画所示,就差那么一铲土,就差那么一口气了,但我们认为没水,又放弃了。我们去家访,去关心,去辅导,学生看似没感动,其实他心里正想着要感恩和改变呢。结果,过了几天,他犯了错误,你就认为他没良心,用尖刻的话刺激他,接着又对他不理不睬。他又把心扉关上了,从此更加抗拒你的教育。你下次用同样的方法、角度和力量,就更难再触动他,打动他了。

很多学生不是不想学好,不想改变。他们内心也知道美丑,也知道自责,很多时候,只是由于长期的习惯使然,使他们控制不住自己。

《孟子·滕文公》里有个故事《攘鸡者》:"今有人,日攘邻之鸡者。或告之曰:'是非君子之道。'曰:'请损之,月攘一鸡,以待来年,然后已。'如知其非义,斯速已矣,何待来年?"

这个笑话,本意是嘲笑那些迁善改过态度不够坚决的人的,但从心理学的角度来分析,倒也并不全是笑话。一个人的行为习惯的养成,的确是需要一个漫长的过程的。善的东西和恶的东西都是慢慢形成的,变化同样需要一个渐进的过程。我们一定要学会等待,守望学生的成长。任何时候都不要放弃,我们放弃了,学生也就彻底放弃了。

第四,要真诚相待,不要取巧虚假。

《庄子·渔父》中说:"真者,精诚之至也,不精不诚,不能动人。故强哭者,虽悲不哀;强怒者,虽严不威;强亲者,虽笑不和。"什么意思,大家应该听得明白,就是要真诚,真诚才能感人,才能动人。

一定要抱着真诚的态度去对待学生,无条件地去接纳他,关爱他,让他由衷地感到你对他好,你为他好。记住,你对他好,他才会感到你为他好;你真对他好,他才会感到你真为他好。

我说的这个"真"字,最重要。我们很多时候,自己感觉是为学生好,也经常强调"我是为你好",可是,你对他不真诚,他感受不到你对他好,所以就不相信你真的为他好。很多时候,他会认为,你只是怕他给你制造麻烦,你其实只是为自己好,并不是为他好。

你任何时候都带着明确的目的去,会让他感到你的好只是一种计谋。当他意识到你希望他变好,只是实现你自身目的的一种手段,或者说,他意识到你对他好,是为了让他回报你,只是一场交易,他就不会变好,他对你的一些伎俩也不会感兴趣。

有位老师告诉我,她对学生很好。某个学生经常不交作业,不好好学,但他经常会在教室里说自己饿了,没力气学习,她就多次带学生到自己的办公室,给他东西吃。吃完东西,学生内心充满感动,说"谢谢老师"。这位老师就说:"不用谢老师,下次作业不要拖拉了就好。"然后,又赤裸裸地补上一句:"我给你吃东西,以后我的学科要好好学啊。以后你饿了,就尽管来找我。"

你看,这样子,会有效果吗? 我想,效果肯定大打折扣。

那么这时候,老师应该怎么说更好呢?

应该说:"谢什么? 我是你老师,你下次别这样了,把自己饿出病来,多不好。老师以前不懂事,现在有胃病,你以后千万不要像老师一样,知道了吗?"

第二次,学生来,还是谢。老师还可以说:"不用谢,又把自己饿坏了? 身体最重要啊,学习很辛苦的,我知道你心里很想学好,想赶上来,但是,身体不好,肚子不吃饱,学习怎么有精力呢?记住,不要饿肚子。实在饿了,就来找我。"

你说,学生会不被渐渐感动吗?

学生会满怀感动。他想,老师真好,真的对我好,真的为我好,而且没有条件,没有目的。接下来,你不用说,他自己内心就会思考:老师对我这么好,我该怎样对老师好呢?他这样想,就会努力去变好。

对许多学困生来说,他们最不喜欢的就是被利用、被操纵、被哄骗,而不是被人发自内心地信任、尊重和关爱。他们最缺乏、最渴望的恰恰就是后者。

我们一定要让学生感到:老师是真正对我好、为我好,无条件对我好、为我好的人。如果能够如此,就容易打动学生了。

学困生的问题一般都是长期养成的。我们必须要有持久打动和感动他们的意识、决心、能力和方法,这就要求老师必须做到真诚。精诚所至,必能金石为开。

第五,要接纳关爱,不要厌恶嫌弃。

这一点,和上面是有交集的,但是侧重点有所不同。所以,我还是要在此强调一下。

教育是什么?是爱的艺术,是爱的智慧。

近代教育家夏丏尊说:"教育之没有情感,没有爱,如同池塘没有水一样。没有水,就不成其为池塘,没有爱,就没有教育。"

这个爱和情感,首先就是对学生无条件的接纳,包括接纳他的优点和缺点,幼稚和冲动。

我们不仅要接纳学生,更要建设一个温暖、包容、有爱心的班集体,包括建设好班级小组文化。除了用老师的关爱,还要用同学的关爱,用集体的温暖,唤醒他们,把离家的孩子喊回来。

人是需要一个情感支持系统的,需要来自同伴、异性、长辈和集体的情感支持,需要一个精神家园。有些孩子原生家庭出现问题,导致他们精神孤独、性格孤僻或行为放纵。我们任何时候都不要对他们抱有偏见、成见,任何时候都不要有嫌恶和排斥之情。我们要让全班同学都做到如此。我们有的老师喜欢在办公室或其他学生面前评论或议论一些学困生，带着嫌恶的语气和表情，一旦学生发现你内心对他的厌恶，他就再也不会回头了。

相反，我们大家对这些学困生越是关爱，越是关心，越是包容，他们就越是无法割舍，越感到愧疚，就越不好意思放任自己。我们越是排斥他们，批判他们，贬低他们，他们就越是无所牵挂，越是无所顾忌，越是放纵自己。

这一点，我们要多向培训班的一些老师学习。我发现，那些培训班的老师特别善于找孩子的优点，给他信心。我儿子的小提琴老师就是个很好的例子。我看孩子平时几乎不拉小提琴，偶尔拉几下，咿咿呀呀地响，不熟练，挺难听的，以至于我打击他说："既然平时在家里不肯练，拉成这个样子，还不如不学，这个钱也没必要浪费。"孩子就大怒，坚持要学，还说："怎么难听啦，老师都说我拉得挺好的，你自己不懂音乐。"

孩子还是坚持去老师家里学，考出十级后，又去学了一年。儿子非常喜欢那位老师，因为在那里，没有打击和讽刺，只有鼓励和期许。你们知道，培训班老师如果喜欢打击人，就一定会把自己的生意都"打"掉。

所以，老师悦纳学生，学生才会悦纳老师，从而喜欢学习。

第六，要扬长避短，不要补短扬长。

我们帮助学生进步的方式通常有两种：改正错误，补短板，或者发扬优点，培优势。

我们要先扬长，再补短。要发现学生的兴趣点、兴奋点和优势、特长。当学生意识到自己可以在某方面做得很好，他就会慢慢建立自信，建立一个令人期待的、更好的自我形象。那时候他就有了追求，就会努力自觉地去补短板。

人是靠优点建立自信的，也是靠优势生存生活的。

从扬长开始，容易找到自信，容易获得他人的承认，容易增强效能感。所以，成功教育的倡导者刘京海说"成功更是成功之母"。

这一点对学困生来说，非常重要。

我们的许多学生，其实是被补短板的教育搞坏了。他们整天被老师盯着短处看，天天被打击，被打蔫了，哪里还有信心补短板？哪里还能补得上？

现在都在倡导优势教育，也有叫扬长教育的。这方面的研究非常多，你们应该去看看，了解一下，然后好好实施，效果肯定比盯着学生的缺点要好。

这方面的例子很多，不需要多举。你看看国内外那些知名的影视明星，那些艺术家，绝大多数都不是全才，而是偏才。他们多数学习成绩并不出色，甚至比较差，因为某方面有兴趣爱好，稍有擅长，就努力往这方面去发展，结果就成功了。成功之后，就有更多的机会登台亮相，有更多的机会和各行各业的精英交往。他们意识到了自己的短板，为了维护良好的形象，就开始补短板，于是综合素养慢慢地也就上来了。

所以，我的建议是，对多数学困生来说，还是先扬长为好。他们毕竟是孩子，而且是受打击比较多的孩子，自信和勇气都不足的孩子。对于这样的孩子，你如果整天盯牢人家的缺点，每天拿尺子量他的短处，拿刀子捅他的痛处，人家怎么会快乐呢？怎么能改好呢？

第七，要一点突破，不要全线出击。

这点和前面讲的有相似之处，但侧重点不同。

我们改造人的方式，有一种是齐头并进，还有一种是一点或多点突破。在学困生的教育策略上，我主张先一点突破。

人和人是不同的。我就无法同时做好多件事情，必须先做好一件，再做另一件。我们很多人就行，可以同时做许多事情，一心二用，甚至三用四用，我就很佩服。

我们那些学困生，本来就在某方面落后，后来在家长和老师的打击下，很多方面，甚至各方面都落后了，所以看起来变得毫无优点、不讨人喜欢了。

这些孩子，各方面都落后了，你都让他补，他补得上吗？

他小学的东西都没学好，你让他各门学科而且还要德、智、体、美等各方面都一齐跟上来，他跟得上吗？他哪来的时间？哪来的精力？哪来的信心？

动机理论认为，任务难度太高，无法实现，动机就会很弱；任务难度太低，动机同样会很弱；任务难度恰到好处，跳一跳，摘得到的桃子，最有利于激发和保持较强的动机。

对于学困生的转化，要确立一个基本的原则：先不做别的过多的要求，从一点入手，抓住一点，力求突破，忽略其他，不及其余。

方法很多，比如，可以从他最差的学科入手，从提高一名或一分做起；可以从他最感兴趣的地方入手，比如从每天读十页书做起；也可以从他自认为最需要的地方入手，比如从每天练一页书法做起；还可以从最容易做的地方入手，比如从每天坚持不迟到做起，或者从每天写一两句话的日记做起，甚至从每天把课桌整理好做起。当然，还可以从他最擅长的地方入手，就如我刚刚讲的那样。

其他的东西，可以少做要求，甚至暂时不做要求。这样，学生就有信心、有精力来专注地追求某一方面的进步和改变。

这样做也让教师自己得到适当的解放，有精力去密切跟踪学困生某个方面的变化，不必全面盯着他，让自己疲于应付，心力交瘁。

而且，你对学生其他方面的关注和"挑剔"少了，学生就会感到舒服，对你也会有更多的理解和认同。学生舒服了，你也就舒服了，大家关系和谐了，学生进步就会有希望了。

总之，我们必须找到突破点，或者支点，用这个支点，撬动学生整个人生的发展。这个点，就是转折点、增长点、激发点。

当然，这个点需要你和学生一起找，大家商量着确定下来。只有学生内心认同或需要的，才能使其发挥充分的热情和勇气来实现自我超越的目标。

东北师范大学的一个教授给我们讲课。他说自己以前不爱读书，一次在沈阳车展，看到马路这么干净，比自己家里的桌子还干净，再看看城市里的女孩那么漂亮，就突然下定决心，以后一定要到城里去，一定要讨个好看的城里老婆。最后，他发奋读书，一个学期里成绩突飞猛进。

你看，人就是需要一个激发点的。

有时候，对那些谈恋爱的学生，你将恋爱作为激发点，也是可以的，只要你把握得当。

第八,相信自己,创造经验。

最后,我们一定要有信心,对学生有信心,更要对自己有信心。

我们班主任是离学生最近的教师,是和学生关系最紧密的教师,也理当是最抵近学生灵魂的教师,所以,我们应该是最一线的专家。

作为学校领导,我们只能更多地从宏观层面做一些政策性的支持和方向性的指引,具体的路径和方法、深刻新颖的经验,需要我们班主任去发现和创造。

家庭联产承包责任制是从安徽凤阳的小岗村出来的。我们国家的许多改革经验都是靠基层的单位和一线的工作人员创造出来,然后上升为国家战略和政府政策的。我们学校许多好的经验,也都是从广大老师身上总结提炼出来的。所以你们一定要相信自己,转变理念,大胆尝试,勇于创新,把最好的经验提炼出来,造福更多的学生。

当然,我也建议大家多学习。多读读《班主任》《班主任之友》《中小学班主任》《中小学德育》《中国德育》《德育报》等刊物,看看一线教师的经验和一些专家的书籍,多向身边的老教师讨教。

我始终相信,我们所碰到的问题,别人一定已经碰到过了,而且,在某个地方,一定已经有了更好的经验和方法了。

所以,我们需要加强学习。学习才能帮助我们找到这些更好的经验,才能增长我们的智慧,增强我们的定力。

最后,我还是要强调一点。班级里那些难解决的问题,一般都是学困生的问题,我们有的人因此就想,要是没有这些学困生多好啊。

一方面,学困生不是天生就落后于人的。很多时候,是我们的教育造成的,教育的单调、评价的单一,再加上一些别的原因,导致他们在某些方面暂时落后。另一方面,从积极的心态来审视,学困生恰恰是我们教师成长的催化剂。正是他们,让我们意识到,教育原来不是那么简单的,教育原来真的是一门专业,教育原来真的大有可为。正是学困生,促使我们教师不敢懈怠,不敢粗暴，不敢放松学习。正是学困生，让我们发现自己教育理念和智慧的不足，让我们有机会来改进自己，完善自我，不断提升教育专业水平，从而享有更多的教育尊严和教育乐趣。

感 悟

学困生的管理和教育，始终是教师工作中的一块硬骨头。在教师队伍中，对学困生的认识还是存在一些问题的。特别是部分班主任，一旦班级里出现一些"屡教不改"的学生，就容易产生畏难情绪、逃避心理，甚至放弃的思想。有的希望学校统一"收留""改造"这些学生，还有的希望尽可能多地劝退学困生或使其转学。而在一些学校，这种做法的确已经成为惯例。

作为校长，需要在班主任普遍感到无助和困惑的时候，予以思想、理念、方向和方法上的一些正确的指点和支持。事后，有多位班主任说我的讲话给了他们许多新思路。

而今迈步从头越

在 2017 年教师节庆祝会上的讲话

2017 年 9 月 8 日

尊敬的各位老师：

下午好！

今天召开这个会议，目的是总结工作，表彰先进，弘扬"崇德崇能、惟实惟新"的立人精神，发扬"过不重复的教育"的教风。

首先，是祝贺。我代表领导班子，向刚才获奖的教研组、班级组和任课教师、班主任个人等，表示热烈的祝贺。每个先进个人和集体的背后，都有一种动人的力量，一种感人的精神。看到这些先进老师的身影，想到他们在人群背后勤恳努力的样子，我的心中就涌出满满的感动。他们每个人都是一面旗帜，在某方面引领着我们。但他们也是我们中的一员，是我们广大教师的代表和缩影。我们教师就是这样一群人，在平凡的岗位上，做着不平凡的事。

其次，是感谢。我要向全体教职工表示真诚的敬意和由衷的感谢。这几天，不少老师和我说，群里都在刷我登上教育部新闻发布会的新闻。这不是我个人的荣誉，是我们全体老师的荣誉。在我们每个人的努力下，在我们实实在在地办成一所有特色、有品位学校的基础上，才有了这样一个让我去教育部登台亮相的机会。我只是代表学校和全体师生的一个形象符号。这次能够在教育部新闻发布会上发言，标志着我们这些年所做的一些努力，包括我们所选的道路，不仅得到了家长、社会和同行朋友的认同，也得到了各级教育行政部门和领导的肯定。

近年来,许多人想来立人中学读书,可是没法来;有许多学校想来立人中学考察交流,我们也没法一一满足。尤其是最近,我们接到许多电话,都只能一一婉言拒绝。因为我们太忙,只能适当限制一下时间和批次。

我们镇海区立人中学,短短六年,从一所地图上、网络上都找不到名字的学校,崛起为省内外乃至全国有一定影响的学校。这其中的曲折和艰难,可想而知。

我们来自原炼化中学和外语实验学校的教师,克服了交通、身体和家庭等多重困难,来到这个新环境,适应新的学生、新的管理、新的同事和新的要求。这几年进入立人中学的老师,同样如此。大家在生活上、心理上、业务上克服了许多困难,同心协力,创造了这个崭新的立人中学。

大家不会忘记,六年前,我们许多人对立人中学的未来满怀忧虑;不会忘记,三四年前,还有人对立人中学的办学道路心存疑虑。

现在,大家都很确信,我们走的路,虽然有些曲折,但它的方向始终是正确无疑的,而且有着一定的前瞻性。现在,我们一些老师从外面学习考察回来,时常会发些感慨,说看来看去才发现,立人中学在许多方面是走在前面的。我们对立人中学的未来,开始满怀自信和底气。这就是道路自信和文化自信,这也是我们教师的队伍自信和专业自信。

我们已经不需要通过重复一连串数字来证明我们的成就。我们每个人都能够感受到,立人中学是一所充满希望,有奔头、有干劲,有品位、有品质,值得留恋、促人成长的好学校,是一所值得学生引以为豪,值得同行尊重,值得家长放心,也值得群众和领导肯定、赞誉的好学校。

所有这一切的变化,最关键的一个因素,就是我们有一支善于思考、敢于拼搏、乐于合作的教师队伍。

我常常会看以前拍的立人中学校园和活动的照片,看看以前写的办学日记,回忆这几年来我们一起走过的路,然后再看看现在,我会由衷地为我们全体老师的努力,为我们大家付出的艰辛和取得的进步,感到欣慰和自豪。

雄关漫道真如铁，而今迈步从头越。努力一旦取得成绩，就意味着已经成为历史。今后，我们还有更长的路要走，更多的山要登，更险的河要渡。希望我们大家继续发扬三种精神。

一、坚持独立的精神

立人中学为何能在短短几年内，学校和师生成长迅速，各方面都表现出色？为何能够迅速成为一所让人关注、受人尊重的学校？为什么各级领导来宁波和镇海考察教育，许多领导都会推荐立人中学？为什么那么多省内外的兄弟学校要来一所生源质量并不好的初中考察交流？

首先，就是因为有一种独立的精神。

爱因斯坦说："教育的首要目标永远是独立思考和判断，而非特定的知识。"我们做教育的，也是如此，首先要有独立思考的精神。

我们敢于坚持自己的路，绝不盲目跟风随俗。我们"以德立校，以德促教，以德树人"的办学理念和办学特色，曾经遭遇过许多误解、非议，我们在课改路上更是遭受过许多委屈和挫折。但最终，我们都坚持下来了，而且更重要的是，时间和事实最终一一证明了我们的正确性。

我们要继续坚持这种独立的精神。

首先就是独立思考，相信自己。在慎重而全面的思考基础上，相信自己的独立判断和独立选择，绝不盲从，追随大流；我们要坚持做自己，不怕和别人不同，也不怕来自别人的暂时的质疑和误解；我们要和而不同，求同存异，做一些能够体现我们立人中学独特的办学历史、办学理念和办学追求的事。

具体到教学中，就是每个教师都要有自己的教学个性，有自己独特的人格魅力。扬长避短，每个人都要做最好的自己，而不是第二个、第三个别人。世界因为不同而精彩，教育同样如此。我们理应在教育的精彩世界中散发出立人中学的光芒和教师个人的光彩。

其次就是要独立办学，依靠自己。我们需要上级领导和兄弟学校的支持,需要社会各部门的支持,但是,我们要坚持以我为主,依靠自己,不畏艰难困苦,也不畏浮云遮望眼。我们每个人在具体的工作中,都要有一种独立精神。自觉自律,自立自强,自己的事情,努力依靠自己做完、做好。不用别人管,不用别人提醒,守护良心,守土尽责,让自己成为一个不给他人和集体添麻烦,努力给集体和他人创造价值、多做贡献的人。

独立,才有尊严;独立,才有底气;独立,才能出彩。

二、坚持变革的精神

不要害怕和过去不同。苟日新,日日新。教育是常为新的,因为教育就是让人学会不会的事,让人今天超过昨天,让人的知识和精神不断成长。

学校建校之初,就被区政府定位为改革先行学校。这些年,我们在课堂教学、校本培训、校园文化、干部聘任、班组管理等方面推陈出新,做了许多改革和创新。正是这种变革实践和变革精神,让立人中学的综合办学质量不断提高,办学特色不断彰显。现在,我们的许多做法已经为区域内外甚至省内外众多学校所借鉴。但我们没有停下脚步,也不该停下脚步,因为我们必须继续探索,不断变革和创新,才能做到"一直被模仿,从未被超越"。

这就要求我们必须不断和过去告别,更好地践行"过不重复的教育生活"的教风。我们必须有一种勇于变革和自新的精神。我办公室的水桶里总是装着水,有一次,我出差一周回来,办公室一股臭味。为什么?这水不流动啊,一桶死水,不更新,当然就发臭了。

我们都是"喜新厌旧"的人。想象一下,我们的学校,十年,二十年,什么都没变,我们还有什么激情?住同样的房子,做着同样的事,说着同样的话,什么都没变,我们会厌倦啊。我们为何喜欢旅游?旅游一定是为了看看不同的风景和民俗风情,增长见识,开阔视野,探索未知。你天天到同一个地方,就不叫旅游了,那叫闲逛游荡。

我们老师如此"喜新厌旧",学生也是如此。这是人类的本能和本性。

问渠那得清如许？为有源头活水来。我们不断自我更新，才能陪伴学生成长，并让自己不断增值，避免贬值。我们不能在后面指指点点、评头论足，我们必须和学生一路同行，一起游山玩水，一起跋山涉水，一起看山读水。我们也必须不断"开天辟地"，拓展新的知识和能力领域，探索新的思想和精神天地。否则，学生天天跟着你，游览同一个地方，听同样的故事，还能不厌学？

别的不说，这些年，我们为何对学校充满希望和自豪？一个原因，就是我们的学校始终充满着变革的空气，充满着创新的阳光。那个前来"蹲点"的贵州女校长覃波临走前，坐在这里和大家做告别讲话。她说，在立人中学，感受最大的是，许多方面都在不断改进，精益求精，仅在短短一个多月里，甚至有一次她中途回去了一星期，回来后就看到学校在许多方面，特别是校园环境方面有了明显变化。

老师们，在校园里，每年春天，那些经冬凋谢的老树和枝条会焕发出新枝和新叶来。如果一棵树，春天来临，迟迟都不发新芽抽新枝，我们就明白，这棵树基本上是枯死了。

我们学校和老师也一样，当我们不再有变革求新精神，就意味着我们已经没有了生命力和生长力。

"君子之学必日新，日新者日进也。不日新者必日退。"我们不要害怕变革，要习惯变革，要以积极的心态和姿态主动拥抱变革，自觉投身变革。每个人都要努力想想，我这个人，对学校的发展，可以创造和提供什么新思想、新方法、新经验、新成就。这样，我们的学校才会日新月异，呈现出欣欣向荣的面貌和蓬蓬勃勃的生机。

三、坚持合作的精神

今天下午，周宏芳、陈爱珍、周副校长、吴副校长，还有几位老教师和我一起，在立行园里种下了一棵合欢树。合欢，就是合作快乐，阖家欢乐，就是希望大家精诚合作，亲如家人。只有懂得合作，才能快乐相处，快乐生活，学校才会成为我们的家，校园才会成为我们自己的家园。

合作也是一门学问，一门艺术。合作的本质是，你想好，就要让别人也好，让大家也好，即你好我好大家好。只想着自己好，不希望别人好，不考虑大家好，就是不善于合作。

我们学校是合并而来的，这些年走过许多曲折的路，有过许多教训，大家一定深有体会。希望我们大家始终带着真诚和善意，真诚看待工作，真诚对待工作；善意看待他人，善意对待他人。如此，则学校拧成一股绳，心往一处想，力往一处使，什么困难都能克服，什么目标都能完成。

今后，我们这棵合欢树，会开出梦幻、漂亮的花朵来，这花不仅好看，还有淡淡的芳香，可以持续数月之久。我希望这不是一棵树，更是一种意识和精神，深深植根于我们每个人的内心世界。

老师们，新学期已经开始，学校各方面工作都有了良好的开端。

抚今追昔，心潮澎湃；展望明朝，信心百倍。让我们继续保持心齐、气顺、劲足、实干的精神状态，恪守校训，坚守校风，同心同德，齐心协力，开拓进取，发奋拼搏，为把我校建成一所环境优美、师资雄厚、管理科学、优质高效的现代化学校而不懈努力！

最后，祝全体教师节日快乐！

祝各位在新的学年中身体健康，工作顺利，学业有成，家庭幸福！

感 悟

教师节，不仅仅是用来庆祝的，更是一个促进思考的时机，一个促进反思的时机。校长唯有真诚地信任老师，真诚地谋求学校的发展，真诚地思考教育的方向，才能做到突出重点，不及其余，以情动人，以理服人。

谈谈教师的心态、思维和作风问题

在教职工师德师风建设专题会议上的讲话

2017 年 11 月 2 日

老师们：

刚才吴校长和周校长分别就近期教学工作和师德师风等方面的问题，给大家做了提醒，提出了一些具体的要求，强调了一些应该遵守的纪律。

大家都知道，最近这段时期，出现了较多的家长投诉、教师矛盾、师生冲突等问题，也出现了个别拒绝接受有关部门布置工作的情况。

这些问题，不是多么严重的大问题，但也不是可以忽视的小问题。我看，绝大多数问题，不是我们老师责任心不强、师德不良造成的，而是我们在看待问题的角度和方式上存在一些偏差，导致我们在处理师生关系、同事关系、家校关系以及个人与集体之间的关系时出现了一些本可以避免的摩擦。

当然，这也需要我们认真反思，努力克服，积极改进。今天，我就来谈谈教师的心态、思维和作风问题。

一、把握好三对关系

一是个人要求和学校公平的关系。

每个人，站在自己的立场，都会有个人的利益诉求，特别是在面临岗位聘任、考核评价、奖金分配以及职务晋升等方面时。但是，我们一方面要客观地审视自己的能力、贡献、长处和短处、优点和不足,以免对自己的判断过高或过低,另一方面也要客观评价学校的制度,从多个角度来看待学校制度。不要简单以个人利益和个人视角来评判学校制度,有些事情,站在你单一的角度看,永远是不合理的,因为学校是由许许多多个体组成的。公平的管理,就是努力兼顾各方立场和利益,进行合理的调整。

所以,如果不能理性地认识到这一点,即便最公平的方案,你都不会感到满意。因为,如果每个人都只站在自己的立场,从不考虑别人的立场和学校整体的立场,那么,就会出现这样的情况:你满意了,人家就不满意了,人家满意了,你就不满意了;数学组满意了,语文组不满意,体育组满意了,科学组不满意。学校的一些资源,总量上是固定的,各方之间必然是此消彼长的关系,我们要努力寻求一个相对合理的平衡状态。

二是个别事件和整体事实方面的关系。

我们学校和领导,在工作中,可能由于考虑不周等原因,存在一些缺失,让个别老师暂时受了点委屈,吃了些亏;或者,甚至只是因为工作方法问题,没有充分顾及你的感受,让你心里不痛快。但是,希望你不要因此否定学校或某个管理者,希望你能够多想想别人,想想学校在平时,在更多的时候,还是非常友善的,而且给予过许多关心、支持和帮助,想想自己这么多年来从这个团队、这个集体、这个大家庭中,得到了不少尊重、肯定、包容,包括获得的许多物质保障和精神尊严,以及真诚的同事感情。想想这些,是否就会少些偏激,少些片面,少些愤愤不平,也会少些不公平、不宽容、不合理的结论和判断呢?

举个例子,我们学校每年在奖励的力度上,在总体的收入上,都比区域内一般学校要多一些,但是,我们不能因为某一个节日,人家某个学校比我们多发了五百元,就说我们收入不高,不如人家某个学校好。这样下结论,就不科学,不客观。再举个例子,我们一些学生,父母辛辛苦苦养育了他们,老师兢兢业业教导他们,结果,就因为父母和老师冲动时说出的一两句不妥当的话,或者在某件事情上未能满足他们的要求,就全盘否定父母和老师的努力与善意,甚至怨恨和仇视父母与老师,你们觉得学生这样的想法和做法是否妥当?你们一定会觉得他们忘了根本,忘了良心,是不是?

同样,学校对我们教职工个人的评价也不可以如此。我们有的老师在某件事情的处理上出现失误或者过激行为,虽然这不是好事情,但是,我们不会,也不应该因此就全盘否定他平时的努力和贡献,更不能因此在其他方面对他进行打压和报复。否则,学校就不厚道,不公平,不正气。

我们每个人,对学校管理人员、对学校整体工作,以及对其他同事的评价,都应该这样,要注意整体事实,要看整体,看主体,看大体,不能只看一两个细节。不仅在日常评价中,在具体工作中,我们也应该始终把握好这个关系,不能因噎废食,不能以偏概全,不能一叶障目。

三是一时心情和一贯作风的关系。

我们难免会因为身体、家庭、工作压力、人际关系等方面的原因,产生各种不良情绪。比如,因为觉得某个同事、领导或家长对我们的努力不够肯定或理解,我们很容易心情郁闷,有些沮丧或不满。但是,我们不能因此丧失自己一贯以来对别人的善良之心、仁爱之心,也不能因此放弃一贯以来对工作的责任心和感恩心。不能像小孩那样,意气用事,撂担子,放狠话,摔东西,以此来换取某种条件,或者发泄自己的不满,以寻求心理上的平衡。

这种方式不妥当,也不成熟,冲动,幼稚,不符合我们"守护良心"的校风。一个成熟的人,内心始终明白自己为谁而工作,明白自己为什么而做人,为什么而做事,始终坚守自己做人做事的比较稳定的内心准则,包括美好的价值观。我们要学会就事论事,一码归一码,不能迁怒,不能撒气,不能任性,不可因为一时心情不佳,而违背自己多年来坚守的原则和秉承的良好作风,不可因此损坏自己多年来用扎扎实实的行动塑造起来的在大家心中的美好形象。

以上三对关系,我们如果能够把握好,处理好,就能避免许多不良心态,在面对学生、同事、领导、家长,以及日常工作时,就能更加理性而平和。

二、克服几种思维

一是对立思维。

对立思维,就是认为世界本身就是对立的,就是二元的,非此即彼,非黑即白,非友即敌。有了这种思维,就容易把领导和群众,把自己和他人,把个人利益和集体利益,把教师立场和学生立场,把暂时利益和长远利益等对立起来。看问题,就很难换位思考,也很难产生共赢思维与合作意识。

习惯对立思维的人,在工作中,在生活中,在人际交往中,极容易排斥别人,否定别人,也极容易人为地树立假想敌,并对他人产生敌意,也更容易形成拉帮结派的思想和作风,喜欢找同盟军,来对付自己的假想敌,因此围绕他的矛盾和冲突往往就比较多。

我历来认为,世界是丰富多彩的,也是复杂多元的。即便是色彩,也不是非黑即白的,还有灰色,还有红橙黄绿蓝靛紫等颜色。一个人,不是非善即恶的;一件事,不是非对即错的;人和人之间,也不是非友即敌的。世界之精彩,恰在于其丰富多样;世界之和谐,也恰在于其丰富多样。

因此,这个世界需要我们的包容心、仁爱心和发现美、欣赏美的眼睛。我始终相信"心中有敌,处处树敌;心中无敌,天下无敌"。这个"无敌",是指自己没有私心,没有任何一个私敌,即对任何人都不怀有敌意,这样,就不容易真正树立敌人,也不容易有真正敌视自己的人。因为没有人愿意,也没有人真正有能力与公众和公心为敌。

我们一旦放下私心、私利、私念、私怨、私情,我们的心胸就会开阔起来,更加包容大气,格局会更高,胸怀会更大,朋友会更多,世界会更美,心情和生活也会更好。

二是割裂思维。

有割裂思维的人,喜欢把一两件事和整体事件,把此刻和过去与未来都割裂开来,把局部事件无限放大,从而失去了一颗冷静而公正的心,失去了包容而慈悲的情怀,容易变得狭隘和极端。现在,网络上的很多愤青,很多喷子，都是这样的。很多时候，并不是别人有多么坏，世界有多么糟，而是我们的思维习惯问题。我们带着偏见看待世界，我们就一定看不到世界的真实面貌。

比如，我多次讲过我们的岗位聘任问题。有的老师说，为什么别的学校的老师退休前都有机会晋升一级，为什么别的学校的老师三十年教龄到后都上了六级和五级岗位，我到退休了，都轮不到六级？

我多次解释过，这是因为我们老教师众多，高级教师众多，而且年龄段相当集中，我们五年内退休的教师就有 26 个。而根据岗位聘任的规定，越到六级和五级，岗位比例就越小，岗位本身就是呈金字塔形结构的。所以，我们多数老教师无法在退休前顺利获聘六级或五级。那为什么别的学校的教师可以呢？因为那些学校老教师和高级教师少，甚至奇缺，所以一到教龄，就上了。你看，这样讲，就可以理解了——我们要从对方学校和我们学校的整体情况来看。

同时，我们要看到，我们的岗位聘任本身是一个完整的系统，有着多方面的聘任原则，兼顾资历只是其中一个方面，突出贡献、强调业绩、注重能力，都是我们的聘任方案考虑的内容。岗位聘任绝对不是给我们每个人退休前加工资这样简单，它不纯粹是福利性的政策，它更是激励性的手段。它强调的就是竞争性，就是差异性，就是为了更好地激发我们每一个教师勇于挑担，勤于学习，多做贡献的精神。所以，我们不能就年资这一项来看问题。

同时，我们还要跳开岗位聘任这件事来看问题，对老同志而言，我们学校有许许多多方面的照顾性政策，比如午休房、退休前五年值周减免、退休前三年绩效加分，等等。就是聘任方案中，我们也已经对老同志给予了充分的倾斜。

从整体看，我们做得是比较充分到位的。我们看看在岗位聘任中晋级的人就知道，这些都是大家公认的贡献突出的人，这个方案本身也是我们大家表决通过的。

可是，尽管我们解释过多次，我们有的同志依然执着一点。即使学校在其他许多方面都对他照顾有加,他还是觉得在这一点上吃亏了,就是学校亏待他,对不起他。其实,这也是因为缺乏整体思维,习惯了割裂思维的缘故。

我们许多不良情绪、不正确的观念,都源自这种思维。

我们都看过盲人摸象的故事,育人只是摸到了一只耳朵,或者抱到一条腿,就以为是整头大象了。其实,他们心中的大象,已经被异化,被碎片化了,哪里还能做出正确的判断和行动呢?

三是静止思维。

静止思维就是把人、事、物等都看成是静止不变的,以前对他的印象如何,现在依然如何。世界上的万事万物都在运动变化之中,但是,有的人就是不愿意去发现事物的变化,就是喜欢用刻板的印象、用陈见来看待别人和世界。

刻舟求剑的寓言故事,反映的就是这种静止思维。

我们过去两校合并,的确出现过各种文化冲突。坦率地说,短期内有一些矛盾摩擦,其实很正常。在这样的背景下,出现暂时的帮派现象,也可以理解,因为大家都希望抱团取暖,寻求安全感和归属感,同时,也是怀旧情结使然。

但是,现在,已经过去多年了,我们如果还抱着原来的习惯,抱着原来的成见,对以前不是同个学校的就怎么也看不顺眼,持一种排斥心理,这就属于一种静止思维。

我们一些同志,由于工作中方法不够注意,性格比较急躁,结果一言不妥,给你带来不快。但是,他在许多方面对你都很友好,给予你信任、支持、肯定、帮助,而你依然对往事耿耿于怀,对他的某句话久久难以释怀。这就是一种静止思维。

抱着这种思维,我们就很难发现别人的努力和善意,很难发现世界的进步和发展,很难看到未来的希望和美好,因此也很难处理好同事关系、师生关系乃至所有的工作关系和人际关系,自然,在工作和生活中也就更容易给别人带来伤害,给自己造成困扰。

我们要学会用发展的眼光看待别人。比如说我们校领导吧,大家也知道,我们过去受过多少委屈。为了学校的发展,我们做过一些改革,狠抓教风、学风和校风,因此,有的人曾经用很不客观,也很不友好的话,甚至用很尖刻的话骂过学校,骂过我们。我们有没有去计较?没有。我们依然信任他,善待他,该表扬的表扬,该支持的支持,该帮助的帮助。为什么?因为我们相信他只是一时不满说出了偏激之词,相信他只是对学校工作暂时不理解和不支持,随着时间的推移,他一定会逐渐理解学校、理解我们的工作。果然,他后来对学校工作越来越理解和认同。

所以,我们要学会向前看。现在不理解,没关系,以后会理解;现在制度不完善,没关系,一步步在完善;现在有困难,没关系,努力了,困难会一个个被克服;过去有过不友好,没关系,时间久了,大家可以学会相互谅解和放下。这些年,我们学校走过一些弯路,工作中有过一些失误。而我们每个人也同样都走过弯路,犯过错误,有过不妥当或不友好的言行,也有过对学校、对他人不理解的时候。可是,你看,这些年来,学校发展不是越来越好了吗?同事之间不是越来越和谐友好了吗?社会舆论对我们学校的评价不是越来越高了吗?我们自己不是越来越喜欢学校并为学校感到自信和自豪了吗?

曼德拉坐了二十多年监狱后,别人问他,是否有许多仇恨。他说:"当我离开监狱的那一刻,就告诉自己,假如不能放下仇恨,我就一辈子生活在监狱里了。"

我们只有学会用发展的眼光看待人和事,放下成见和偏见,放下怨恨和不满,多看看变化的方向,多着眼未来,才能像曼德拉那样,乐观、豁达,让自己快乐,让别人舒坦。

四是消极思维。

广义上说,导致消极结果的都可以称为消极思维。刚刚讲的也可以算。但是,我这里说的消极思维,主要指任何事情,都喜欢往坏的方向去思考,而且往往喜欢怀疑和担忧。把别人、集体、学校、国家都想得很糟糕,尽管它们都有许多优点,因为任何人、事、物都是优点和缺点的综合体,是利和弊的综合体,但是,消极思维的人,就喜欢看到不好的一面。

这种思维很普遍,尤其在网络上,那些喷子,很多都是有这种思维的人。你怎么做,都是错的。教师给学生的负担轻一点,说教师不负责任,不该拿这么多钱;教师给学生的负担重一点,说教师增加学生负担,水平低,素质差,只会搞题海战术,把学生害惨了。

总之,你怎么做,都要被指责。因为有些人总在寻找世界的阴暗面,找不到就去想象,依靠猜想来下结论,然后,就担忧,就排斥,就怀疑,就反对。这种思维,习惯把世界想得很坏,把别人想得很恶,把事情想得很糟。一些悲观厌世的人,往往就是如此。一些反社会人格的人,走上极端的道路,大多也是因为这种思维。

这样的思维,容易让人陷入仇恨、忧虑、愤怒和绝望之中,因此容易导致严重的心态和心理问题。他不仅会对别人不公平,对自己更是不爱惜,常常使自己陷于莫名的恐惧之中,所以,他对自己其实是最残酷的。

我们常说的半杯水的故事就如此。这种思维,喜欢寻找阴暗、消极面,因而让自己常年处在缺乏阳光的地方,时日一久,就会出现人格、心理等问题。

所以,我们一定要多一些健康的心理、阳光的心态,凡事多往好的方面去想。把事情想得好一些,把别人想得善一些,把世界想得美一些,我们的内心就会快乐一些,我们的家庭和事业就会灿烂一些、辉煌一些。

三、警惕几种作风

一是未老先衰。

我们学校有许多作风优良、精神可嘉的老教师。他们是我们学校的一笔财富。但是,我也要提醒,我们一些中青年老师,年纪不大,心态却老得很快,对自己的要求降低的速度也很快。这就值得引起注意。

其实,无论年纪多大,我们在学校一天,就应该尽心尽力工作,不要降低工作标准。我们不能因为教龄长了,年纪大了,就觉得有理由放松对自己的要求了。

相反，要随着年龄的增长，更加严格地要求自己，更加勤勉地修炼自己，像孔子那样，把人生当作一场修炼：三十而立，四十不惑，五十知天命，六十耳顺，七十从心所欲，不逾矩。

对一个有心人来说，身体可以衰老，德行和学问却不能减少，必须不断丰富和完善，精神生命要持续走向更高阶段的成熟水平。所以，一年又一年，随着年龄的增长，伴随着教龄、皱纹和白发的增加，我们每个人也要思考，自己的学问和人格修养是否也在不断增长。我们干活可以慢一点，少一点，但是，我们的内心要越来越慈悲、和善、柔软，越来越善解人意，越来越懂得包容、理解和欣赏。你们看我，这些年，满头白发了，老师们都说，校长挺可怜的，这几年老得真快。其实，我人虽然老了，但是，我觉得在性格修养上，我比过去进步多了，这点，不是我自己说的，大家都能够感受到，我比过去少了许多急躁和偏激，多了一些理性和平和。这点，不是自我表扬，是你们中的一些老师表扬我的。我听了，感到特别高兴，觉得自己如果真的在往这个方向发展，那是正确的。

大家都知道，我每天都会写反思日记。我希望，随着岁月的增长，自己能够变得越来越成熟、理性、平和、温柔。希望我们大家一起修行，一起修养。

二是居功自傲。

老子说过，圣人"生而不有，为而不恃，功成而弗居"。意思是，天地生养了万物，却从来不占有，不傲慢，不居功。毫无疑问，凡是一个合格的老师，一个责任心强的老师，在一生的工作中，一定会对学校、对社会做出有益的贡献。这样的老师，年龄越大，能力越强，贡献就越多。但是，不能因此就认为，这些老师应该拥有一些特权，学校在许多方面应该给予特殊照顾。这种心态不大合理。因为，一方面，老师在提高能力、做出贡献的时候，通常不仅是自己在努力，学校和同事也在许多方面予以支持，包括人、财、物和其他各种资源和政策支持，甚至包括身边同事和团队的理解与包容。另一方面，老师做出贡献的同时，学校和同事们也往往依据公平公正的原则，给予一些物质上和精神上的激励与肯定。另外,我们做出业绩,提升能力,最大的受益者一定是我们自己,我们的内心世界一定会感受到成功和幸福。所以,我们越是成功,越应当对世界、对生活心怀感恩,越应当提高自我要求,在各方面做好表率。这样,才能让自己的贡献和能力,成为一种可持续的正贡献,让自己成为更加令同事和学生敬重的优秀教师和功勋教师。

三是恃才傲物。

就是说,不要因为自己有点能力、有点才华、有点名声,而放松对自我的要求和对工作的追求。

这点,我觉得,同之前讲的道理本质上是一样的。

但是,我想说的是,"吾生也有涯,而知也无涯"。我们每个人已知的知识,就是一个小圆圈,未知的就是圆圈外的无限大的部分。一个人的未知程度往往和他的已知程度成正比。而一个人的无知程度往往和他的已知程度成反比。比如,你已知的圆圈越大,你就越能觉察到未知的东西原来这么多。你已知的圆圈越小,你往往就以为未知的东西其实很少。这个和井底之蛙的寓言是高度相似的。井口越大,越觉得外面的天空大,井口越小,越觉得外面的世界小。

所以,我们说,当一个人恃才傲物的时候,恰恰是因为自己太过无知和肤浅,没有意识到世界的博大、真理的伟大和知识的丰富。

同样的例子,有点小钱的人往往更容易炫富。一个真正的大富豪,像马云、比尔·盖茨,是从来不需要炫耀自己身上穿的是什么样的品牌,住的是什么样的豪宅的。所以,智慧博学的苏格拉底就说:"我所唯一知道的,就是我一无所知。"

另外,我想说的是,任何名优教师,如果只是出名,只是有才华,却不肯给学校做贡献,他的才华对学校、对社会而言,就是毫无价值的。能力不代表业绩,实力也不代表贡献。只有脚踏实地,始终老老实实地为学生和学校做工作的人,才是真正令人敬重的名优教师。

以上这些,不全是因为近期的事情引发我思考的,也是因为长时间来,我一直在思考这些问题。以上的这些思维和作风，正常人都容易犯。我们都是普通人，都是正常人，由于经历的局限，知识的局限，以及我们自身认知能力的局限，我们都会本能地犯上述错误。这不是丢脸的事情，也不是不道德的事情。但是，人的行动是由思维方式决定的。我们都是当老师的，是学生之师，是成人之范。我们要对学生言传身教，做值得学生敬重和家长、社会信任的教师，要不断改善自己的思维方式，提升自己的思维层次，从而不断地提高我们的人格修养和专业素养。

另外，这学期，我们大事多，要事多，客人多。不久之后，我们就要举行校庆纪念活动，承办全国性会议，还要迎来上海、金华、嘉兴、内蒙古和河北等地的"蹲点"校长。

目前，我校的发展形势良好，学校的综合办学质量、全面办学特色、先进办学理念，得到了各级领导的肯定。我们近期组织了三批老教师返校参加座谈会。老教师们看到学校今年又有新变化，看到校园文化氛围渐渐浓厚，看到以前一起工作过的老同事，分外开心。他们对我们全校师生在短短六年内的工作成效、办学成就，予以高度评价。他们都在微信群里转发学校的一些信息和新闻，为我们大家共同取得的成就感到自豪。

一位老教师说，合并新建，本来非常艰难，但是，我们用六年时间，达到这个水平，在省内外有知名度和影响力，而且学校里师生精神面貌非常良好，这非常不容易。一位从未来这里上过班的老教师说，来了三次，第一次，找不到感觉，心里别扭，甚至拒绝；第二次，感觉好些了；第三次，就觉得这就是自己的家。她说，过去看到炼化中学拆掉，心里非常失落和心疼，特别难过。现在，看到立人中学这么好，觉得这就是自己的家，感觉越来越好，内心越来越认同，越来越骄傲。

林澄奋老师在这个校园工作过一年。她这次来了，说如果身体允许，她还是想工作。她说，大家能够一起工作，是非常幸福的，而且也是缘分。她还说："厉校长，我当年给学校留言的内容，都验证了吧？现在立人中学真的全国闻名了，我当年就看好我们的办学理念。"她的留言挂在退休教师留言墙上，写的是："我坚信，中国未来初中教育的新诗卷中，一定会有'立人'绘就的绚丽一笔。"虽然我们还远未做到这一点，但是短短几年，我们学校的确在全国教育同行中有了一定的影响力，而且，全国性教育刊物《人民教育》已经多次刊登有关我们办学经验的文章了，其中多篇还是封面推荐文章。这对我们这样一所地处城郊接合部、底子薄弱的学校而言，的确不是很容易的事情。

大家看看，这些退休教师，哪怕没有在这里工作过，只是来过几次，就对这里深有感情啊。人的一生大都短暂而渺小，我们都是生命中的匆匆过客，有幸一起成为立人中学的匆匆过客。二十年，三十年，大家一起工作，也只是弹指一挥间，却是极为珍贵的缘分。我们何必斤斤计较、耿耿于怀于一时、一事呢？

我一直认为，大家工作累了，心不能再累。心简单了，世界就简单了。心善良了，世界就善良了。

感 悟

从思维方式和心态、心理入手谈问题，探讨问题，而不是直接从道德、作风等入手，容易让人接受。作为校长，我把自己纳入其中，真诚地做自我反思，又引用退休教师的感受和体会与大家分享，就更容易让人接受。

不为失败找理由　多为成功找方法
在学校体育工作专题反思会议上的讲话

2018 年 1 月 15 日

各位老师：

听了组长、各位老师、教务处张主任以及吴校长的讲话，我更觉得这个会很有必要，也一定会有效果。

大家知道，我们从来没有这么认真而勇敢、系统而全面地反思过体育工作问题。许多问题，是第一次真正去面对；许多措施，也是第一次认真去思考。刚才大家的分析和解剖，都很诚恳，很勇敢，很实在，也很到位。我很认同，也很欣慰，更为大家感到高兴。

天下无难事，只怕有心人。人就怕认真，就怕反思，我们只要认真对待，只要勇于反思，我们学校的体育工作就一定会好起来。

一、今天这个会议，目的要明确

我们这个会议的目的就是：扬优势，找问题，补短板，实现学校体育工作及其质量的实质性改观和提高。

我们首先要找准自己的优势。

一是大家总体作风好。我们的体育组老师自己也说，体育老师都是很有个性的。而且，和许多学校相比，我们的组风还是不错的，比较团结，积极向上。大家都希望学校体育工作好起来。这些年，体育组各个方面也在不断进步，更主要的是，一般学校老同志作风有所弱化，我们学校三位老同志不仅水平高，工作作风也绝对都是好的。这点，毫无疑问，是我们体育工作的最大财富。

二是师资总体水平不错。我们三位老同志，实力强大，其中两位担任过组长。三位都有丰富的教学经验，都曾创造过体育教学的辉煌。而年轻的几位也都不错，尤其是陈勇磊，是年轻人的榜样；当然，小姜和小桑都有一技之长。说实话，如果每个人都竭尽全力，我们的实力是绝对不输任何一所学校的。

三是学校现有条件较好。在区里，在招生方面，虽然我们不能和蛟川书院比，仁爱中学可能也比我们稍有优势。但是，相比其他学校，我们还是有优势的，而且，学校对体育工作是支持的，专门出台了系列措施。在招生上，如果大家有什么办法，看到某个好苗子，学校都是支持的。更主要的是我们自己，如果希望把体育工作抓好，我们教务处和政教处，甚至全校都会尽力支持。

当然，今天为了学校发展，我们更要找出问题所在，补齐短板。

我们要努力明确一点：短板在哪，措施就在哪；短板在谁那里，谁就要负起责任来。我们每个人都毫无例外，身处其中，必须负起责任来。

经过调查，我们发现主要存在这几个问题：

首先，教学质量不佳。中考成绩不佳，田径比赛和其他单项比赛成绩不佳，还有体质健康测试成绩也不佳，近几年一直居于后三分之一，最好的成绩也就排在第五名或第六名。教育局多位局长都找我谈话，批评我说，你们的体育工作和学校整体质量名列前茅的地位极不相称，也很不应该。这的确是事实。

其次，课堂效果参差不齐。有的老师，课堂非常严谨、科学、高效、紧张有序，也有必要的放松，张弛有度，有效果；有的老师，课堂闲散，没有好好盯牢学生，只顾熬时间，一节课下来，活动量跟不上，科学性和严谨性不强，效率自然不高；还有的老师，始终缺乏对课堂的教学目标和教学质量的明确追求，缺乏对每个学生的研究和指导，一节课放羊似的，随学生自由活动，低效，甚至无效。

第三，竞赛项目日常训练强度不够。应该说，带集训队本身是辛苦的，但这也是体育老师的本职工作。尤其是中青年教师，这是义务，是必须要做的。我们必须保证一周三次的训练密度，甚至要更多。寒暑假也需要训练。而且，不是教师在运动场陪着就好，而是要看着学生一个个训练，对其进行管理和指导，态度不好、动作不到位的，就要一个个去督促纠正，去给他们做示范。

第四，敬业合作意识有待加强。总体上，大家都希望自己的教研组工作好，希望学校体育工作好，希望学校整体发展好。许多同志都能够相互配合。但是，也有人敬业合作意识不够，认为学校好不好和自己关系不大，做事情都依照自己的感觉和情绪来，没有多替学校想想，多替整个组想想；还有的请假频繁，甚至不请假就离开学校，请假的理由很多，但大都是家里有事，不能正确处理家庭私事和工作公事的关系。

我想强调一点：要处理好家庭和工作的关系，不要总是以家庭来影响学校工作。处理好两者的关系，是一种基本的智慧和能力。不要讲什么"家庭第一、工作第二"的话，两者不可比较。没有家庭，你有工作，可能也不会太幸福。但没有工作，只有家庭，你同样不会幸福。我们的工作是让你增值的，是让你在家里有地位有尊严的，也是让你可以有能力组建和建设更幸福的家庭的。工作是你人生幸福的根本保障。没有工作，你的家庭不可能很幸福，你在家里也不会有太多的尊严和自信。我们不能有了家庭，就忘了根本。

二、几点想法说一说，不系统，但都是经过认真思考的，必须说一说

第一，振兴学校体育，需要我们每个人的努力。学校体育不够好，我有责任，学校各管理部门有责任。我们可能监督不够严，要求不够高，提醒不够勤。接下来，我们就要提要求，明目标，划出底线。短板在哪里，就从哪里找

对策；短板在谁那里，谁就要负起责任来。这个原则，必须从制度上和各种措施上得到保障和落实。

第二，学校历来是重视和支持体育工作的。从人员配备、资金支持、政策扶持上，你们都可以感受到。不要过多地找学校的问题，主要是靠体育组的各位去想办法，尤其是每个人去想办法，去做实在的努力。刚才，你们提出给训练学生和获奖学生以服装和鞋子等做奖励，制度上没问题，学校经费上也没问题。

第三，教研组和个人的地位以及待遇，是奋斗和拼搏出来的。"怕吃苦莫入此门，图轻松另寻他处"，这个话，对我们每个人都适合。既然选择当教师，就不要怕吃苦，就要任劳任怨。如果我们中有人实在不想当老师，或者说觉得在立人中学当老师太辛苦、太委屈，你就坦率地提出来，辞职或调动，都没关系，我们都会答应你。

第四，教育质量事在人为。我看了你们下发的资料，杨峰副校长带的初三（2）班和初三（12）班为什么成绩遥遥领先？如果你说初三（2）班基础本来就好一些的话，那么初三（12）班呢？原来什么样的？他接手之后又是什么样的？

你们总说生源不一样，他的两个班级体育基础可以说截然相反，为何最终中考成绩都领先？学生的智商都是差不多的，只要我们教师努力，督促和指导他们去努力，绝大多数学生是可以取得进步的。

我们可以寻找客观理由，但是不能寻找太多借口，不能失去了面对自身问题、担当责任的勇气和能力。

这些年，我们体育组的借口是多了一些。前三年，我们耐心等大家慢慢整顿好；第二个三年，学校尊重大家的意见，在过去的基础上，再加大激励力度，结果呢？现在还是位于后列，没有明显起色。而且，借口还是一大堆。

大家想想看，我们其他组呢？我们的科学组、英语组、社会组等，为什么可以始终名列前茅？我们刚才有老师说了，有的兄弟学校，就是一两位教师在负责全校的竞技训练和日常教学，质量却比我们好。这又该如何解释？

这次，每个人都在努力思考如何改进自己的教育理念、态度和方法，这是一个好现象，希望是一个好开端。我相信，这会带来体育工作的质的变化。

第五，价值观和责任感是一个人安身立命、事业发展的基础。杭州的最美司机吴斌为何打动人？是他的责任感！他临死前一分钟都不忘自己的责任，不忘保障旅客安全。我们每个人的价值观是不同的，所以责任感强弱也很不同。比如，常见的就有四种类型。一种，认为"反正我在公立学校，工作不会丢的，能轻松就轻松，能少干就少干，人要聪明点"；一种，认为"反正领导不知道，领导看不见，能装过去、蒙过去就装过去、蒙过去"；一种，认为"反正努力努力就好，每天做一点是一点，结果如何随它去"；一种，认为"反正我不管是否有人监督，不管别人如何看待和对待我，我自己干一天，就竭尽全力，就要力求最好，对得起每个学生，对得起每天的那份工资，对得起学校，对得起自己的良心"。

这四种人，价值观和责任感的层次，一目了然。

责任感强的老师，在对待每一堂课、每一个学生、每一项工作上，都力求最认真、最投入，力求最好的方法和最好的效果。

比如，我发现，我们有的体育老师上体育课，预定的教学任务完成后，让学生放松休息期间，就有目的地找学生谈心，或者找个别学生，辅导其跳绳，做引体向上或俯卧撑。他的心中有每个学生的学情，有每个学生的辅导计划，不是盲目地上课，不是随随便便糊里糊涂地上一节是一节，过一天是一天。

我强调一下，有责任感的人，到哪里都受人欢迎。不负责任的人，到哪里都难以生存，更难以有尊严。现在，每所学校都管理严格，追求质量，不要奢望有轻轻松松、毫无压力的天堂。

第六，要善于学习。我们有的同志总是说"我不会""我做不好"，我想，并不是谁都天生会做什么事、擅长做什么事的。你不会，你做不好，你就去学，去用心做啊。你不是来学校养生养老的，你是来工作的，是来学习如何工作的，学习如何帮助学生获得成长，同时让自己获得发展的。你这不会、那不会，可能最终什么都不用做了，你还以为自己活少了、轻松了、占便宜了，殊不知,这种小聪明会让你变得一文不值,让你失去自身的价值。试问,你这也不会,那也不会,这也做不好,那也做不好,那学校还要你干什么?

有的人不会,其实说白了,就是不想干;有的人做不好,其实说白了,就是不肯做好,因此也就不想好好去学习,花时间去研究。说实话,如果你搞个训练也不会,上好课也不会,管几个学生也不会,组织个活动也不会,那么,你怎么办?学校给你发工资,学生跟着你学习,你却什么作用都没有。你在这个学校没有了价值,你还待得下去吗?

我们要珍惜这份工作啊,老师们。如果你提出辞职,很快就会有人来应聘的。而且,现在一些本科生、研究生,即便没编制都会来。宁波有一些学校就花了聘请编制教师的三分之一的薪酬,招了几个很好的编外教师,结果,教学态度和教学质量都很不错。他们比一些不用心的在编老师好多了。

我们有些老师至今还没有一点危机感,认为自己有铁饭碗,责任心不强。现在是岗位聘任时代了,接下来,很快又要区管校聘了。你是在逼着自己丢工作啊。你到人才市场去看看,人家大学毕业的人,找份正式编制的工作多么难啊。我们要对得起自己的这份待遇,对得起国家和政府给的这个编制、这个身份啊。

第七,团结合作,服务大局。我们这次采用的奖惩方案是"奖众罚单",就是奖励的时候,除了奖励本人,还奖励教研组成员,目的就是希望大家相互支持和配合。我们每个人都要为组争光,为校争光,做出自己应有的贡献。在组里,大家要多比贡献,多比勤奋,多比阳光,多比正气,少比偷懒,少比懈怠,少比消极,少比邪气。当然,还有"罚单",指的是,你本人任教的质量低于一定的底线,给学校体育工作造成较大的损害,你本人就要承担一定的奖金待遇和职称评聘等方面的损失。

第八,明白工作的价值,为自己工作。工作首先是你自己的,最终也是你自己的。你对工作负责,就是对自己负责;对自己负责,就要对工作负责。你以工作为乐事,你就天天享受快乐;你以工作为负担,你就天天忍受煎熬。不要以为工作上耍点小聪明,占了便宜了。你工作上阳奉阴违、敷衍了事,最终会害了你自己。学生、家长和学校都不会答应你这种缺乏良知、不负责任的行为的。

我们要想想,如果没有这份工作,我们哪来做人的自信和底气?哪有资格、哪有时间来抱怨和发牢骚?谁又会来听一个不负责任的失败者的抱怨和牢骚?一个人如果依靠监督才能好好工作,最终会碰壁,会撞得头破血流。

我不希望这样的情形发生。老师们,有些代价我们是付不起的。为了自己,为了家庭,为了学生,我们都要珍惜这份工作,努力干好这份工作。我们大家都是同事,难得在一起工作几年,大家都希望把自己的工作做好。自己的工作做好了,就是把学生和学校工作做好了,我们大家在一起就和谐快乐了,这就是共赢的思维。

第九,牢固树立底线意识。一定要有底线意识,你做这个工作,起码的底线是什么?底线的质量标准是什么?我们为何过去体育成绩不佳?就是因为没有底线。田径、篮球和足球等赛事,随便弄个什么名次,无论学生体质健康测试和中考成绩如何,学校都没有惩罚,大不了不要奖金或者奖金少一点。有的人,教的班级成绩很不理想,把整个学校的层次都拉低了,结果呢,待遇还照样享受,还照样不知道内疚和反思。

这次,我们设立了惩罚条款、扣罚奖金的条款,就是说明要有底线。这是我们对学生负责、对学校负责,也是对自己负责的最基本的要求。

今天这个会,我们严肃地指出了一些问题,而且,都是有针对性的,欢迎对号入座。但是,我们对事不对人。希望大家有则改之,无则加勉。

这次,我们从体育组内部和学校层面出台了一些比较严格的措施。这都是为了帮助我们每个人提高专业修养和专业水平,为了促进我们学校体育工作水平和质量的提升。我们的目标始终是一致的。学校的体育工作好了,我们教研组、我们每个人就有尊严和地位了,学校也就有尊严和地位了。

我相信,只要我们大家一起努力,知耻而后勇,发奋而有为,就一定可以改善我们体育工作落后的局面。

> **感 悟**

我校体育组由于多种原因,的确存在许多迫切需要解决的问题。由于事先做过多次调研,找过每个体育教师谈话,体育组内部开过多次反思会,学校层面也开过多次闭门研究会,因此这次会议开得比较顺利。

我的发言严肃犀利,坦率尖锐,都有明确的针对性。加上学校配套措施到位,对体育组起到了极大的触动作用。

半年后,我校体育工作质量明显上升,一年半后,学校体育工作质量就从区域初中学校后三分之一飞跃为前三分之一。体育组也多次得到学校内部表扬和奖励。

体育组长在全体教职工会议上介绍的时候,幽默地说:"那一次,厉校长和吴校长提着'刀子'走进体育组,给我们'动了手术',从此,体育组痛下决心进行自我改变。"体育组老师们在一年多的亲身实践中得出了"事在人为"的结论。

永远保持重新出发的能力

在教职工区管校聘工作动员大会上的讲话

2018 年 5 月 10 日

老师们：

今天，主要讲讲区管校聘的事情。

首先，我对区管校聘做一个必要的解释。

区管校聘，包含两部分内容：

一是区管，教师从学校人变成系统人，区里有权对教师进行调动和调配。所以，就一定会出现教师的流动，并且教师流动更多地具有强制性的政策成分。这部分虽然面向每个教师，但真正流动的还是少数。

二是校聘，是校内开展岗位竞聘工作。这是针对绝大多数教师的。即便学校里缺教师，你同样需要经过竞聘上岗，因为这个岗位，比如图书管理员或教务员等，理论上讲，如果别人感兴趣，符合条件，也可以来竞聘。

这项工作，对我们是全新的工作，我们接下来要开展一系列具体工作。但是，在过去，其实一直都是县市区教育局统一调配教师的，哪里需要就调到哪里。只不过，现在，目的和意图有所不同，而且方式有所不同。我们现在要实施的是具有一定竞争性的双向选择原则。

前段时间，大家对这个工作不大了解，所以一些同志有误解，也有担忧，还有的甚至有些情绪，这是可以理解的。

今天，我们就在这里做解释和动员工作。

一、充分了解区管校聘工作的历史背景和现实意义

2012年11月8日召开的中国共产党第十八次全国代表大会,把"立德树人"作为教育的根本任务,并提出了"加强社会主义核心价值体系建设""全面提高公民道德素养""办好人民满意的教育""建设人才强国和人力资源强国"等任务和目标。

2013年教师节的时候,正在乌兹别克斯坦进行国事访问的习总书记向全国广大教师致慰问信,在信中指出,全社会要大力弘扬尊师重教的良好风尚,使教师成为最受社会尊重的职业。

2017年9月24日,中共中央办公厅、国务院办公厅印发《关于深化教育体制机制改革的意见》,指出要完善义务教育均衡优质发展的体制机制,要着力解决义务教育城乡发展不协调问题,加快义务教育学校标准化建设,加强教师资源的统筹安排,实现县域优质资源共享。

2017年10月18日,中国共产党第十九次全国代表大会召开,习总书记在十九大报告中指出,建设教育强国是中华民族伟大复兴的基础工程,必须把教育事业放在优先位置,并强调要推进教育公平,推动城乡义务教育一体化发展,高度重视农村义务教育。

今年年初,中共中央、国务院出台了《关于全面深化新时代教师队伍建设改革的意见》,这是中华人民共和国成立以来第一个由中央出台的关于教师队伍建设的文件。

文件开篇写道:百年大计,教育为本;教育大计,教师为本。

这个文件出台的目的写得很明白:为深入贯彻落实党的十九大精神,造就党和人民满意的高素质专业化创新型教师队伍,落实立德树人根本任务,培养德智体美全面发展的社会主义建设者和接班人,全面提升国民素质和人力资源质量,加快教育现代化,建设教育强国,办好人民满意的教育,为决胜全面建成小康社会、夺取新时代中国特色社会主义伟大胜利、实现中华民族伟大复兴的中国梦奠定坚实基础。

为此,其中第15条强调指出,优化义务教育教师资源配置。实行义务教育教师"县管校聘"。深入推进县域内义务教育学校教师、校长交流轮岗,实行教师聘期制、校长任期制管理,推动城镇优秀教师、校长向乡村学校、薄弱学校流动。

第20条又强调,明确教师的特别重要地位。突显教师职业的公共属性,强化教师承担的国家使命和公共教育服务的职责,确立公办中小学教师作为国家公职人员特殊的法律地位,明确中小学教师的权利和义务,强化保障和管理。并指出,公办中小学教师要切实履行作为国家公职人员的义务,强化国家责任、政治责任、社会责任和教育责任。

十八大以来,党和国家之所以比过去更加重视教育问题和教师问题,有其深刻而复杂的国内国际背景。

国内,我们面临着实现两个百年目标,特别是实现中华民族伟大复兴和中国社会主义现代化的重任。但因为我国地域广大,差异悬殊,民族众多,国情复杂,加上历史原因,又同时面临着党风、民风、社会风气等整顿革新的课题,还面临着西藏和新疆一些分裂势力的挑战,更面临着祖国的统一问题。全国全社会需要凝聚共识,增强合力,这里面有许多实际困难要克服。国际方面,因为我们目前综合国力大大加强,美国天天忧虑地位不保,担心我们抢了它的地盘和风头,加上我们和它制度、理念不同,到处给我们制造困难,遏制我们发展;与此同时,我们在领土等方面与周边国家还有许多历史遗留问题没有解决,一些国家亡我之心依然不死。

总之,在我们实现伟大的中国梦的道路上,无论内部还是外部,都面临着众多复杂的困难和艰巨的挑战。

所以,全国全社会需要凝聚共识,统一思想,顾全大局,增强合力,把内部的事情办好,把自己的事情做好,在此基础上,抓住百年不遇的历史机遇,一鼓作气,攻坚克难,实现中华民族的伟大复兴。

那么,在整个过程中,让人民团结起来,让国家强大起来,凝心聚力,培养人才,加速发展,至关重要的一项工作是什么?

是教育。

教育主要依靠谁？

依靠教师。

依靠教育和教师，从塑造国民灵魂开始，从提振民族精神开始，从提升公民素养开始，从培养建设人才开始，然后，全方位振兴社会、科技、经济、军事和文化，壮大综合国力，顺利实现宏伟目标。

所以，党中央以从未有过的态度重视教师队伍建设，并始终把教育放在优先发展的战略高度，这是高瞻远瞩，且无比正确的举动。

就此机会，我还是要讲讲《关于全面深化新时代教师队伍建设改革的意见》。这个重要文件，全文分为六个部分。一是坚持兴国必先强师，深刻认识教师队伍建设的重要意义和总体要求。二是着力提升思想政治素质，全面加强师德师风建设。三是大力振兴教师教育，不断提升教师专业素质能力。四是深化教师管理综合改革，切实理顺体制机制。五是不断提高地位待遇，真正让教师成为令人羡慕的职业。六是切实加强党的领导，全力确保政策举措落地见效。

文件第一部分指出，教师肩负着塑造灵魂、塑造生命、塑造人的时代重任，是教育发展的第一资源，是国家富强、民族振兴、人民幸福的重要基石。

第一部分同时也指出，有的教师素质能力难以适应新时代人才培养需要，思想政治素质和师德水平需要提升，专业化水平需要提高；教师，特别是中小学教师职业吸引力不足，地位待遇有待提高；教师城乡结构、学科结构分布不尽合理，准入、招聘、交流、退出等机制还不够完善，管理体制机制亟须理顺。

从中可以看到，中央一方面要努力提高教师队伍的待遇，增强吸引力，让教师成为令人羡慕的职业，创造和改善尊师重教的外部环境。另一方面，也要改进教师队伍建设和管理机制，大力提高教师队伍师德修养和专业素养。

这里面，涉及提高各种待遇，更涉及交流、职称评聘和退出机制等。目的是激活教师队伍，提升教师队伍整体水平，从而提高国家教育事业水平和质量。

客观上讲,全国教师队伍总体是好的,但也存在一些问题需要解决,特别是近年来不断发生的一些教师队伍积极性不高、教育理念和能力滞后、敬业爱生意识不强等问题。

所以,我们要有一个明确的认识,区管校聘首先是党中央和国务院高屋建瓴、深思熟虑、高瞻远瞩的决策,是实现国家和民族伟大战略的一部分,它具有深刻的历史背景和现实意义,绝不是我们一些人认为的那样,是某个部门或某个领导脑袋一热就拍定的馊主意。它必将逐步在全国各地普遍推开、全面实施,绝不是只在我们浙江几个地方实施。我们镇海是宁波市先行试点地区之一,未来三年,浙江省将全面实施。

就教育而言,我认为,区管校聘或县管校聘,主要有以下几个方面的积极意义。

一是有利于缩小不同地区、不同学校之间的教育资源配置的差异和不平等,为教师队伍在区域内、系统内的流动或交流提供机制支持,以更好地促进教育均衡和教育平等,办人民满意的教育。

二是有利于解决教师专业发展瓶颈问题。特别是一些学校高级教师富余、天花板效应显现,不利于教师发展和提升。通过区管校聘,可以有效促进教师的自主流动,让教师流到那些高级岗位评聘有空间的学校去。这一点,对我们学校的许多教师而言,是非常好的。我们有近二十位教师评上了中高级职称,但无法获得聘任,还有更多的教师则等在那里,无法评更高级的职称。

三是有利于激活教师队伍积极性,防止和减少职业倦怠。客观而言,长期以来,我们许多人认为,工作和单位就是"一旦拥有,天长地久"。到了最后,有的人会厌倦、厌恶甚至仇恨这份工作,一边拿着工资,一边抱怨、痛恨这份工作;一边享受待遇,一边不愿或消极履行责任和义务。这就是长期稳定、缺乏变化的机制和体制带来的危害,让人失去了危机感和责任感,失去了成就感和幸福感,当然,也失去了专业发展力和专业生命力。

怎么办？树挪死，人挪活，换个学校或换个岗位，保持初心，重新出发。当然，即便在同单位、同岗位，通过实施真正意义上的竞聘，也可以提高认识，找回初心，激发激情和活力。

这几年，我们一些老师，原本非常害怕校际交流，现在看看，交流的老师，不都好好的？他们比过去干得好了。这证明，在陌生的环境中，人是可以生存下来，甚至生存得更好的。所以，从某种角度来说，区管校聘，也是对教师个人是否能够继续保持谋生能力，或者说是专业重生能力的一种检验和测试。

当然，适当变更环境和岗位，可以改变原先单位或人们对你的刻板印象，让你可以重新出发，塑造全新的自己，甚至挑战过去的自己。

我本人经历过多次的异地调动和异校岗位调整，每次变化，都会给我带来一次压力，但是，更多的是带来巨大的促进作用，让自己发展得更好。

我们知道，校园里的植物，每年都在长出新叶子，这代表它们还有活力。如果一年四季，甚至两三年，都不长新叶子了，那么，这些植物肯定出了问题。

我们人呢，也是这样，需要不断生长。移动，或适当流动和变化，有利于你成长，重新发芽，在精神和业务上不断走向完善与成熟。

四是有利于淘汰部分教师，保持教师队伍的整体形象和尊严。要想让国家重视教育，让社会尊重教师，我们教师自己要自立自强，做出应有贡献，创造应有价值，做值得人敬重的、具有专业修养和专业水平的合格或优秀教师。

客观而言，如同其他任何职业一样，在教师队伍中，也总有一小部分理念、作风、能力等不尽如人意甚至不合格的教师存在。所以，实施退出机制，让一小部分不符合时代需要的人员，依照程序，退出教师队伍，也是必要的。如同杭州西湖之水，定期进行及时和适量的补充与排放，以确保水质健康。

当然，退出的毕竟只是一小部分，而且，竞聘不成功的，局里会给一次待岗培训的机会，培训结束再竞聘上岗，如果仍然无法成功，再另谋出路。一般来说，这种情况是极少发生的，在任何一个顾全大局、为人师表、敬业爱岗，又愿意改进工作、提升自我的人身上，是不大可能发生的。

五是有利于赢得政府和社会的支持与认同，为教师地位的不断提高和待遇的持续改善创造良好的舆论环境与政策环境。有好作风，才有好作为；有好作为，才有好地位。教师队伍的作风好了，水平高了，贡献大了，自然会赢得人们更多的认同和支持，赢得党和政府更多的重视和支持。我们教师在社会上也就更有地位和尊严，可以得到更好的待遇，享受更好的生活，教师职业会真正成为令人羡慕的职业。

这点，我们镇海区就是一个例子。区委书记和区长多次说，要给镇海老师全宁波最好的待遇，因为镇海的教育是最好的。实事求是地讲，镇海教师的待遇，不仅在宁波、在浙江，甚至在全国都是名列前茅的。这当然是和我们镇海区广大教师乐于奉献、勤于学习与善于作为等优良作风和突出贡献分不开的。

有了上述的了解、理解和认识，我们就明白为什么要开展区管校聘工作了，我们就会更理性地对待这个工作了。

二、自信自强，积极主动参与区管校聘工作

一是提高认识，充分重视。

尽管刚刚从国家和制度层面做了许多说明，这里，我还是提醒大家，应该同时从自己切身利益的角度对此予以充分重视。

这项工作事关每个人的岗位聘任和专业尊严问题，也事关每个人的生活保障和家庭幸福。这意味着打破铁饭碗，如同我们校长经过任期考核，再重新上岗一样，我们每个人都将重新开始选择。你将重新尝试依靠你的专业能力、专业素养和专业贡献，来赢得他人的专业尊重和专业认同，最终重新赢得一个属于自己的岗位，赢得一份工作，开始一段新的旅程。

这意味着，你获得这份工作后，并非一劳永逸了，而要持续不断地努力才能保住这份工作。这就如同你登上跑步机，只有不断奔跑，才能待在原地，保持应有的位置，否则就会出局。

当然，这也同时意味着，学校聘用你，将是单位和同事们对你的最好的肯定。这是你实现自我价值的最好证明,也是你对自己、对家庭负责的最好方式。北京十一中校长李希贵很早就说过:"聘任是最好的评价。"的确是这样的。

工作是什么?《你在为谁工作》一书引用戴尔公司总裁迈克尔·戴尔的话:"能够从日复一日的工作中发现机遇是非常重要的,尽管机遇所带来的近期回报可能很少,甚至微不足道,但是,我们不能把眼光局限在自己得到了什么,而应当看到'我们能够得到这个机遇'本身的价值。"

这就是一次检验我们每个人是否还可以继续获得岗位、为学校做贡献的机会,更是一次促进自我反思和自我完善的机遇。

看过《动物世界》的人都知道,动物一生都需要保持捕猎食物和防止自己被猎食的能力,否则,就无法生存。我们人呢,在尚未退休的时候,也需要保持这种能力,保持自己被单位需要、被社会尊重的能力。

区管校聘,就是用来检验和磨炼我们的这种社会生存能力与专业发展能力的。

对我们个人而言,这是参与区管校聘的最大意义和价值所在。

为此,对我们日常的这份工作,我们也需要重新审视。这里,有一些名言,供大家参考:

> 在公司里,员工与员工之间在竞争智慧和能力的同时,也在竞争态度。一个人的态度直接决定了他的行为,决定了他对待工作是尽心尽力还是敷衍了事,是安于现状还是积极进取。
> ——NTL 公司总裁罗伯特·威尔兹

> 在工作中,每个人都应该发挥自己最大的潜能,努力地工作而不是浪费时间寻找借口。要知道,公司安排你这个职位,是为了解决问题,而不是听你关于困难的长篇累牍的分析。
> ——GE 公司前 CEO 杰克·韦尔奇

> 如果只把工作当作一件差事,或者只将目光停留在工作本身,那么即使是从事你最喜欢的工作,你依然无法持久地保持对工作的

激情。但如果把工作当作一项事业来看待,情况就会完全不同。

—— 微软公司前董事长比尔·盖茨

我相信,当我们经过努力,重新获得聘任,重新回到工作岗位之后,我们对工作的认识,一定会更加全面而深刻。

我也相信,区管校聘是帮助我们每个人找回初心、永葆热情的一种仪式、一种途径。

二是充分准备,积极参与。

首先,想明白自己需要的岗位。比如,你如果要到校外参与区里的统一竞聘,你必须了解清楚,哪些学校推出了哪些岗位,有没有你适合和需要的。校内竞聘也是如此,我们非常欢迎大家积极参与班主任岗位竞聘和中层岗位竞聘。总之,要考虑与自己的能力、志趣等各方面的匹配度。相信学校和同事们会给你一个公正公平的机会。

其次,要认真准备演讲。演讲要重点反思和展示个人专业理念、能力、作风、贡献,以及对岗位工作的认识和态度等。必须庄重诚恳,中心突出,以你的认真态度、良好作风,促进学校积极向上之风气。

三是实事求是,客观公正。

我们既是应聘者,也是评价者。我们人人被评价,人人在评价。既要评价自己的适合度,也要评价别人对某个岗位的胜任情况。所以,无论是评价自己的态度、能力和贡献,还是评价别人的态度、能力和贡献,都要力求实事求是、客观公正。我们每个人都会参与班主任人选、中层人选的评价,而且会直接影响他们是否能够获聘。我们还有机会被抽中参加其他岗位的聘任评选工作。我们要明白,"唯仁者能好人,能恶人"。什么意思?有大爱和公正之心的人,才能突破个人私利和私情,正确地评价别人。所以我希望,大家要以公心对待他人。人人讲公心,人人讲良心,那么,人人都会得到应有的公正的对待。

四是放下包袱,勇敢面对。

要相信学校和全体评委以及教职工的良知和公正。要就事论事,以单纯之心看待问题。学校不会公开总的成绩排名,但会给每人一个小信封,告知个人得分和排名。但是,学校会公布业绩考核分数,让你们自己去核对。所以,希望你们能够坦然地面对和接受结果,更要有勇气正视和克服自身的不足,实现自我突破、超越和完善。

同时,对那些在区管校聘工作中的各种落聘者,比如班主任或中层岗位落聘者等,都抱着欣赏和理解的态度。不要嘲讽和打击,更不要因此小题大做,胡乱猜测。这背后没有江湖恩怨,更没有宫廷内斗。我们所有人首先都是自愿的,自愿参与竞聘,或者自愿放弃竞聘某个岗位。学校也不会预设任何人选和结果。当然,结果出来了,我们就要服从分配,接受学校的安排。

一切工作,都是基于尊重教职工个人的基本愿望,也出于学校整体利益和事业发展的考虑,绝对不要不负责任地解读为某某和某某的人际关系。这纯粹就是工作,和人际关系没有关系。无论是谁,都应该这么去看待,这么去对待。

另外,我还想说的一点是,我们镇海区范围小,教育均衡度比较高,各校之间的差异,尤其在办学条件和待遇方面几乎没什么大的差别,可以说已经基本实现了全域城镇化。我们无论到哪所学校去,自驾都不会超过半小时。所以,在实际生活和收入等方面,都不会产生什么大的变化。只要我们努力工作,到哪里,都会得到善待,这一点,大家尽可以放下心来。

总之,只要我们每个人认真对待,并努力从中获得些思想认识、态度作风和专业能力的进步与改善,我们就不需要有过重的心理负担。

五是强化反思,改进行动。

这次竞聘的成绩将作为今后两年内区管校聘的基本依据,即每三年开展一次全面的区管校聘活动。也就是说,无论是区域内部还是学校内部,竞聘都不是一劳永逸的。所以,我们要对本次竞聘进行认真的反思和总结,无论成败得失,都要好好总结一下,并做好下一步的规划,确定自己今后在哪些方面需要多做努力和改进,也思考自己今后该往哪方面发展,包括今后可能或应该到哪所学校或哪个片区去。比如,有的学校高级教师少,如果你希望尽快参评或获聘高级职称,你就可以及早做准备,今年没成功,就争取明后年去。无论如何,最好的办法就是提升自己的综合素养和能力,提升专业贡献力和公信力,让自己成为不可替代的人和受人欢迎的人。

六是永葆初心,珍惜岗位。

这点,对我们每位同志都适合。说到底,这样的竞聘活动,最主要的目的,就是让我们找回平凡的美好和平淡的幸福,找回初心,珍惜岗位。这里,我要特意对那些直聘的教师再说一说。我们一部分同志是由于年龄、荣誉、疾病或处于哺乳期等多种原因直聘的。直聘,既是国家与学校对你们的照顾和爱护,更是对你们的信任和期待。这不应该被视为一种特权。所以,我们同样要思考,今后三年或者退休前的最后一段时间,我们该如何善始善终,不愧对这份认认真真干了几十年的工作,不愧对这份为我们家庭和人生幸福提供了几十年的物质保障和精神支持的工作。我们同样需要永葆初心,甚至,要加倍珍惜这份工作和这个岗位,努力为学校多做贡献,继续为社会创造价值。我们学校甚至整个镇海区,有越来越多的教师选择延迟退休,这本身就说明教师地位和待遇都在提高,同时,教师对工作的认识和感情也在提升。

最后,我想再举两个例子。山东济宁市市长梅永红 2015 年 9 月宣布辞去公职。辞职之前,他说过一句话:"体制内的最好的状态是,永远保持随时可以离开而且离开之后能比现在过得更好的能力。"2016 年 12 月,湖北省巴东县委书记陈行甲也宣布辞去公职,辞职后,他同样用这句话表明心志。他们辞职的时候,都身居要职,前呼后拥,而且他们已经四五十岁。

尽管辞职并不是值得倡导的事情,但是拥有这种底气的能力,是我们每个人都应该学习的。我们的校园价值观中有一条,就是"最可贵的是自强",说的就是这种精神。我们每个人对自己的这份工作,都要有这种自强不息的意识、追求、自信和底气。这样,我们才能从容面对今后人生中的各种意外变故和艰难时光。

> **感 悟**

区管校聘是一项极其敏感、富有挑战的工作,在实施过程中,许多学校都发生了一些矛盾和冲突,甚至发生教师和学校对立的现象。这就需要校长在推行的时候,充分做好思想动员和调查摸底工作,充分预见各种困难和矛盾,充分理解和尊重教师的心理与感受,加强正面引导,提高认识,扩充心量,打消疑虑,积极参与,不折不扣地把党和国家的政策落实好。

本次动员有两个特点:一是高屋建瓴,从国家战略和国家制度设计的层面出发来看待这个问题,这就容易激发教师的崇高感和庄严感,以及使命感和责任感。这需要校长自己吃透、吃准每一项政策出台的背景、目的和意义,然后结合地区和学校实际进行解读。这样,就既有高度,又有深度,既接天气,又接地气,能更好地增强教师们的政策意识、大局意识,减少或消除不必要的误解和抵触心理。二是能够设身处地地从教师的角度来思考问题,挖掘区管校聘对于教师本人的积极意义,打消教师的恐惧心理和思想负担。

校长自身对区管校聘的目的和意义,要有充分的、较高的认识。区管校聘,不是简单地为了弄几个教师出去,尤其是把校长认为不好的教师弄到别的学校去,而是应该激发或唤醒每位教师的危机意识、学习意识和使命意识。因此,对这项工作的定位也要有高度,不要将其简单定义为一项普通的任务甚至是麻烦的工作,而要将其定位为一种加强对教师的教育和激励的契机与途径。

因此,尽管我校老教师特别集中,多位已经有三十年教龄的老师都和中青年教师一起登台演讲,积极参与竞聘。整项工作推进顺利,而且,教师的工作积极性被有效激发,愿意或者主动申请担任班主任的老师明显增加。

毕业班教师应有的四种意识

在初三教师会议上的讲话

2019 年 11 月 4 日

各位老师：

我们是初三教师，是毕业班教师。尽管我们大家教学水平较高，实力强大，作风也良好，但是，以下四种意识，我们时刻不能忘记，我们也时刻不能松懈。

一、全面质量意识

初三的全面质量，一定是指包含安全、文明、纪律、卫生、学习、特色等各方面的质量。要始终抓紧常规，抓实常规，用常规来促进学习。让学生跑操中拥有激情、路队中学会合作、就餐中学会宁静、值日中学会负责、问好中学会友善、微笑中学会自信、如厕中学会自律，把所有这些看起来和学习无关的东西，都挖掘出独有的教育价值来。

这些品质的培养，可以最大程度促进学生成长，包括促进学生更好地学习。这些东西，恰恰是良好的学习成绩的根基和来源，为学风的优化、成绩的提升提供动力支持和氛围支持。

此外，如何抓路队、如何管就餐、如何做好值日，本身就和如何抓课堂教学、如何抓学科质量、如何科学高效学习，在方法和智慧上相通，在学生自身的态度和作风上也是一致的。而且，做好这些，可以让学生张弛结合，调节身心,从而提高效率。更何况这些本身就是我们教育质量的一部分,我们教学生如何做人、如何做事、如何一以贯之、如何善始善终,这不是质量是什么?

我多年来一直坚持一个想法:什么时候,我们的班级走路也不整齐了,吃饭也不安静了,扫地也不干净了,那么,这个班级的学习也一定好不到哪里去了。这几年的事实证明,我们哪个班级平时的常规管理松了,常规考核成绩差了,最终的教学质量都是不理想的。

当然,还有安全质量,非常重要。学生到了初三年级,学习压力特别大,焦虑心态比较普遍,平时的一根稻草,到了这时候,可能就会变成一根柱子,一下子就把人压垮了。我们一定要重视并做好各种安全教育,更要重视学生的心理状况,做好心理疏导和安全防范工作。没有任何东西比生命安全更重要,这点,大家一定要时刻牢记。

每位教师一定要充分认识到继续做好这些常规教育的意义和价值,并通过你的教育,让学生也意识到这些的重要性,使做好日常行为规范和抓好初三教学质量这两件事,无缝对接,自然融合,相互促进。千万不要有对立冲突的意思和意识。我相信,我们每位教师有了这种正确的认识,学生一定可以做好,做得更好。

这是第一点。

第二点,就抓学习方面而言。在上述全面质量的基础上,成绩自然是重中之重。对初三学生而言,学习成绩当然是最主要的质量,我们要理直气壮地抓成绩。

但是,这个成绩,也有个全面质量意识的问题。这里,同样有几个意思。一个是从学科角度而言,每门课都要讲质量。我们要扎扎实实抓好初三学生各门学科的教学质量,无论是否中考,都要认真对待每一门课,认真抓好每一节课。比如音乐和艺术,不仅上级各部门会抽测,影响学校考核,还会直接影响学生的初三学习生活的品质。这些课,上得好,可以让学生陶冶情操,放松心灵,在紧张的学习之余,获得精神上的愉悦和提升,多好。我们一些班级,一些老师,过去不够重视这些学科,这些课被占用的现象虽不多,但上课敷衍、质量不佳的情况还是存在的。希望教务部门加强对这些课的监督和检查，丝毫不能放松。体育课，因为要中考，所以不会放松。但是，在体育中考后，也同样丝毫不能放松。总之，毕业班质量，不是只看中考成绩的，每一天都有个质量问题，每门课都有个质量问题。

另一个是从学生角度而言，我们要有面向全体学生的教学质量的意识。我们要紧紧盯牢优秀率、平均分、合格率和后20%这几个关键数据。这几个数据代表的就是面向全体初三学生的教学质量。在这个基础上，要突出临界生的培养和提升，列出重点高中、普高和职高等临界生名单，一个一个抓落实，关键时候拉他们一把，他们可能就上去了。

我们也不能放弃任何一个学困生。一个学困生会拉低班级和年级的整体质量水平，这当然会影响上级部门对我们的考核。但最关键的问题是，任何一个学困生都是一个活生生的孩子，大好的青春时光不能就这么在我们学校里煎熬和虚度过去。而且，这是一个活人啊，会熬出问题来的，学习上放弃了，无所事事了，别的事情比如安全问题、纪律问题等，就会出来了。即便他们一门学科都跟不上，我们也要努力帮助他们找到一些有意义的事情，比如，即便天天在课堂上看点好书、练几个字，也好啊。当然，最好的办法就是帮助他们找到合适的目标，让他们继续为理想而奋斗。达不到没关系，至少可以在过程中让他们学会凡事懂得坚持，不轻易放弃。

我要特别提醒各位任课教师，你的课堂一定要面向每名学生，关注每名学生。对那些跟不上的学生，你要给他一些个性化的任务，让他每节课有事做、有收获。我们倡导课堂"无闲人""无放弃"，就是这个道理。

我还要提醒一下，我们每年的初三质量考核，本身就是对刚刚讲的全面质量的考核。而且，这个考核是对每一位初三教师的考核，不是仅仅考核那些担任中考学科教师的。

初三是全面检验我们学校教育教学质量的关键一年。树立这个全面质量意识，就是为了提醒大家，一定不能有一种"只讲成绩""只抓优生"的思想和作风。

二、全员责任意识

初三的质量,关键依靠谁?

依靠在座的全体老师。

无论哪个班级、哪门学科、哪个老师,都事关学生的前途和学校的声誉。这几年,每次教育局考核成绩出来之后,我们都会发现一些遗憾。我们一些学生,本来应该上重点高中或者普高的,结果因为某门课成绩比较弱,就差一两分,导致上不了更好的学校。一些班级因为个别学科的问题,导致多名学生受到上述类似的影响。我们一些学科,仅仅因为个别老师、个别班级的成绩不理想,一下子就落后于其他兄弟学校了。说得不好听一些,有些同志,因为教学质量不理想,导致一些学生的命运受到影响,导致班级组和教研组的老师的共同努力和成果受到影响,也导致学校的集体声誉受到影响。

所以,就对学生、对学校、对同事负责而言,或者就对自己负责而言,不讲成绩是做不到的,回避竞争也是不现实的。

我们学校在社会上有着良好的声誉。如果成绩差了,我们的全面质量和整体声誉一定会受到影响,最终一定会让学生和家长失去对我们的信任。

所以,每个人都很重要,你就是质量,你就是初三的质量,就是整个学校的质量。每个人必须时刻有这么一种意识:我的学科好,学生才会好,班级才会好,教研组才会好,年级组才会好,学校才会好。必须人人讲责任,人人做出贡献,才能让学校不断向前发展。所以说,没有一个人是可有可无的,没有一门课是无关紧要的,没有一项成绩是无足轻重的。这一点一定要人人都明白。

我们这一届开始,将进一步加大对班级组、教研组和年级组的考核力度。初三结束后,我们还要继续实施班主任和任课教师的双向选择制度。一些老师如果不得力、不得法,那么,今后,就不会有人选择你们。

所以,每个人都应该明白:责任不能缺位,努力不能缺位,贡献不能缺位。每个人都要发奋拼搏,创造自己应有的价值,成为学生成长路上的贵人,也成为学校发展史上的功臣。

为此,我们对自身的要求要再高一些。你对自己、班级和学生要求越高,你的工作就会越努力,你的拼劲就越足;你对学校和自己的定位越高,你对每天的教育工作投入就会越多,你就越肯花时间、花脑筋去思考和研究,你解决问题、破解难题的能力就会越高,你的教育教学质量就会越好。

三、全力以赴意识

初三这一年,相当于1500米长跑的最后一圈。这一圈,必须争分夺秒,科学筹划,不能有一丝一毫的懈怠和浪费。每一天、每一小时、每一分钟都很重要。

因此,无论学生还是老师,都必须全力以赴。

上届学生考出了让社会没有想到的好成绩,这是好事,但也是挑战。我们这一届如果不能继续保持这个良好的状况,或者与上届学生落差太大,社会和家长就会对我们失望。

我们如何继续保持良好的战绩,给师生和家长们充分的信心?

只有靠加倍的努力。

因此,现在开始,就要全力以赴,不要抱着"来得及、等一等"的思想。该辅导的,该家访的,该谈话的,该分层走班的,该分类开家长会的,马上都做起来,不要等,不要拖。一些措施,如果还不十分成熟,但又是必要的,就先做起来,在做的过程中,慢慢调整和完善,不要想着万分周全了再做。

我们不能三心二意,对工作之外的东西有着太多的牵挂和羁绊。

全力以赴,就要做到全程陪伴,坚守岗位,坚守学校,讲究奉献精神。人在学校,多进班级,才能有时间研究学生、了解学生、辅导学生;学生需要你的时候,才能找到你。陪伴本身就是一种教育、一种激励。

要全力以赴,就要及早妥善安排家庭生活和个人事务,要以学校大局为重。任教毕业班,是一种荣誉,是一份尊严,是一份责任,更是一种检验和挑战。希望我们每个人都能处理好个人和学校、生活和工作的关系,排除不必要的干扰,心无旁骛地去战斗。

毕业班教师理当是全校教师中最有拼搏精神、最有奉献精神的。教育是良心活,而任教初三是良心活中的良心活。你多花一点心思备课,你的课堂效果就会多一些学生受益;你多花一些精力布置和批阅作业,学生就会少一些作业负担和低效劳动;你多找一个学生谈话,就多一个学生心怀希望;你多给学生一点鼓励,学生就会多一份自信;你多关心一下学生其他学科的学习情况,学生就会多一点全面发展的可能。所以,我们必须全力以赴,人人全力以赴,始终全力以赴。

四、全程合作意识

始终讲究真诚团结,始终讲究科学合作,始终追求无缝对接和荣辱与共。

我们一定要记住:一个,就是全部;你,就是团队。

我们是团队,不是团伙。团队是一群人在一起认真有序地朝着共同的目标去努力,一起干正事,努力干成事;团伙是一群人在一起,不断地发牢骚,煽风点火,做消极的事。团队以义相交,周而不比;团伙以利相交,比而不周。团队讲实干,讲正气;团伙讲利益,讲义气。团队讲合作,讲互助;团伙讲算计,讲利用。

我们现在个别班级组和教研组,虽然很拼,但总体氛围还是不够积极。我们有的人牢骚抱怨还是多了一些。牢骚抱怨越多,越说明你对学生不够有爱心,对学生不够有耐心,对教育工作不够有热心。有爱心、耐心和热心,你就一定会认真关心、关注和研究每个学生,一定不会对他们只有指责和不满。当然,对学校、对同事和对家长的牢骚多了,也说明你不够包容和大气。

我想请大家在遇到困难的时候,多问问自己:我在组里,在办公室里,是经常多想办法,还是习惯抱怨?我是勇于担当,还是善于指责他人?我是经常给人希望,还是常常让人丧气?我是在离散人心,还是在凝心聚力?

到了初三，抱怨是毫无意义的。学生不好，学生难管，所以，需要我们动脑筋想办法啊。我们不是当裁判的，我们是当教练的，是让学生学好变好的。

我们一定要有这个意识：我们班级组的任何事情，都是我的事情，宁可多做一点，不可逃避推托。我们还要注意，无论是在班级组里还是在备课组里，一定都要大气互助，不能斤斤计较，更不能打小算盘，拈轻怕重，逃避责任。一定要困难同担、资源共享、优势互补、智慧合作。比如，你有好的信息和资料，一定要在备课组内分享，不要担心别人比你好。班级组之间，同样如此。不要担心别的班级组比你好，大家好才是真的好。我们学校虽然也有个人和学科考核，但最关键的是团队考核。整个年级好、学校好，我们每个人才会好。我们初三老师一定要有这种胸怀和格局。

因此，如果哪个老师有事情，备课组的其他老师一定要主动代课，承担起相应的工作。哪个班主任请假或外出，班级组内的其他老师一定要主动接过班主任工作，早出晚归，全程关注班级情况，做好各项工作。任课教师有困难，班主任一定要全力支持。哪个老师工作出了差错，一定要多补台，以免造成更大的损失。

这是从日常工作而言的。我还想特别强调一点，班级组内部的合作问题，一直是个问题。近年来，几乎每一届毕业班都会出现这样的情况：班级组教师个个都很拼，也个个都有水平，但最终结果很不理想，反而给学校拖了后腿。这是为什么？

因为每个人的方向不一致，各自为政，导致学生作业量过多，精力浪费，教学上形不成合力，质量上形不成效益。这几乎就等于劳民伤财，劳的是自己和学生，伤的是教学质量、学生命运和学校声誉。

所以，我一直强调，合作不仅是一种格局，还是一种智慧。

一个人，可以走得更快，但一群人，可以走得更远。这个话，大家都很熟悉。我希望，我们大家一起，同心同德，同甘共苦，同舟共济，共同创造属于我们自己，也属于学校的新业绩、新辉煌。

以上讲的这些，都是有一定针对性的。我讲的一些负面的现象，请大家对照一下,有则改之,无则加勉。一些好的想法,希望大家能够予以参考,并积极落实。

> **感 悟**

　　这个年级的教师总体上非常出色,但是,也出现了一些值得提醒的问题。因此,有必要让每位老师都意识到毕业班教师应该肩负的使命,应该牢固树立的几种意识。这四种意识,都是有着明确的针对性的,和教师们日常工作中存在的问题密切相关,而且,对初三教师来说,也是至关重要的。

3

给学生终身有用的教育

校长理念篇

依依惜别的深情

在德国施威尔特市政厅的告别演讲

2011 年 7 月 9 日

尊敬的市长先生、尤根校长、老师们、同学们和各位家长朋友：

大家下午好！

今天这个会，是市长接见会，也是学校欢送会。我的内心既感到高兴，又有一丝伤感。

虽然相处只有短短一星期，但我们大家已经结下了深刻的友谊。其间，有两件事情，我记忆深刻。第一件是我们来德国的第一天，发现这里天气较为寒冷，大家衣服准备不足，我们德国的莫妮卡老师从家里取了几件衣服给我们，让我们的心一下子就暖和了。第二件是星期三那天，我们到科隆参观大教堂，我们的一个同学生病了，爱娃老师以及翻译小鲍老师给她找了医生，而且在医院精心照顾，回家后，还有德国家长的悉心关照，使得这个同学很快就恢复了健康。

这些天，我们中国学生的包里，每天都塞了许多好吃的东西，都是他们德国的爸爸妈妈们为他们精心准备的。我们的学生在德国感受到了家的温暖，他们在这里有了可亲可敬可爱的德国爸爸和妈妈，他们备感幸福。

所以，我在这里，要向百忙中抽出时间来接待我们的市长先生，向施威尔特市综合中学的老师、同学和家长们表示衷心的感谢。感谢你们对我们的盛情款待！

此番德国之行，对我们而言，收获太多。

来德国之前，德国对我们而言，是一个既熟悉又神秘的国家。

我们中国的大街上，经常可以看到奔驰、宝马、奥迪还有高尔夫等车辆。中国人说，德国制造的东西美观大方、坚固耐用。

但是，我不明白，为什么德国人能够制造出坚固耐用的东西。

这些天，我们参观了一些博物馆，了解到一根针要经过100多道工序；一块煤炭，从地下三十多米甚至更深的地方被安全地挖掘、运送到地上的过程。

我惊叹之余，依然不知道这个答案。

但是，在大街上，我找到了答案。

我看到每家每户都有一个美丽的花园，里面种满了各种鲜花，草坪被修剪得整整齐齐，每家每户的门前、窗台上都摆满了鲜花。许多家庭的楼梯角、桌子上、柜子上，甚至家里的各个角落，也都摆放着美丽的鲜花和各种可爱的小东西。

我在这里找到了答案。

一个热爱鲜花的民族，必然是一个热爱生命、热爱生活的民族。一个能够把房子的各个角落都精心装点的民族，必然是一个勇于负责，能够严谨认真地对待工作的民族。

我因此得出一个未必成熟的结论，我以为，"德国制造"之所以闻名世界，很可能就是从对窗台上的一盆鲜花的精心照料开始的。

不知道市长先生是不是认同我的这个观点。

德国值得我们学习的地方还有许多，比如，街上车辆来来往往，但秩序井然；比如，这里的大多数人都很友好地对别人微笑和问好；比如，街头的每一个角落都被打理得干干净净。

这里的人，这里的街道，这里的许多东西，都给我们留下了深刻的印象。

记得德国诗人海涅曾经写过一首诗——《德国，一个冬天的童话》。我们这次来到这里，是在夏天，这些天，我们看到，夏天的德国更是一个美丽的童话。

如果说德国是一个美丽的童话,那么,我们中国就是一首古老的长诗。

中国有许多不同的民族,有许多不同的地区,还有许多不同的美丽的自然风光。

所以,我们这次到德国来,许多德国小朋友表现出对中国的特别的好奇。

他们问我中国人为什么喜欢用筷子,问我中国的学校为什么不允许学生公开接吻,问我中国写字的笔画为什么非要从左边到右边,从上边到下边。

当然,他们关于中国的印象并非完全正确。

比如,他们认为中国人都比较瘦,而且都戴着眼镜。

我很抱歉地说,我本人既瘦又戴着眼镜的形象并不能代表所有中国人。而我身边的这位美丽的翻译小鲍老师,她也瘦且戴着眼镜,也不能代表所有中国人。

你们看看,我们两位同样来自中国的美丽的女教师,她们就既不瘦,也不戴眼镜。

所以,学校和学校之间,国家和国家之间需要交流,交流和理解非常重要。

行将告别之际,我想起了去年尤根校长带着学生离开我校的那个场景。明天早晨我们离开的时候,我想,这种伤感的离别场景一定会再次出现,我们一定也会有泪水,也会依依不舍。

记得去年校长先生带着学生离开我们学校的时候,校长先生、嘎比老师、德国的孩子们和我校的师生以及家长们都哭了,他们一个个都泪眼模糊,难舍难分。

他们深情拥抱,依依不舍,擦着伤感的眼泪。去年我校师生离开德国的时候,也是如此难舍难分。

明天早晨,我们将面临分别,我想,我们一定也会依依不舍,一定也会留下伤感的眼泪。你们看,我已经准备好了纸巾,准备擦拭这离别的伤感的泪水。

这是离别的泪水,也是伤感的泪水。

这是伤感的泪水,也是友谊的泪水。

明年，施威尔特市综合中学的师生们将再次来到中国，请市长先生和校长先生放心，你们的孩子来到中国，也一定会感受到回家般的温暖；在中国，他们也一定能够拥有可亲、可敬、可爱的中国爸爸和妈妈。

再次感谢市长先生、校长先生和各位家长、同学们。

也非常欢迎市长先生和各位家长来美丽的中国，来美丽的宁波。

记得两天前，一个德国学生在问了我一些问题之后，要求和我合影，并对我说："我喜欢中国和中国人。"

我希望大家也能够喜欢中国和中国人。

我也代表我校全体师生说一声：我们也喜欢德国，喜欢德国人。

Ich mag dich!（德语，中文意思是"我喜欢你们"）

感悟

2011年暑假，我带着30多名学生去德国施威尔特市综合中学进行为期一周的交流访问。行程最后一天，我们访问了市政厅，在那里受到了市长的接见和德方教师、学生与家长的欢送。我在那里做了告别演讲。像那位市长那样，我没有讲话稿，而是依据自己的观察和体会，以生动幽默的方式，和他们做告别。我的演讲受到欢迎，讲话过程中，多次被掌声打断。据翻译说，他们没想到中国的校长也如此幽默。

不让老实人吃亏

在全体教职工会议上的第一次亮相发言

2011年10月23日

老师们：

大家好！

虽然我从8月底接手立人中学筹建小组工作以来，和许多老师有过一些短暂的接触和交流，9月份三个校区开学以来，和老师们也都见过几次面，但那时候，我还不是立人中学的校长，立人中学也没有正式成立。

今天，是我被任命为校长后第一次正式和大家见面，同时也是我们两所学校三个校区的教职工第一次真正实现"大团圆"，坐在一起开一个会。

我先特别说明一下，我们为什么特别邀请了薛洪寿、沈惠玲、范维胜三位教师坐上主席台，跟大家见面。

薛老师和沈老师过几个月就要退休了，他们至今还坚守着讲台，坚守着自己从事了一辈子的专业，坚守着对教育教学工作的那份热爱和忠诚，也坚守着自己作为教师的使命和尊严。我认为，一个教师的职业使命和尊严乃至价值，主要就体现在日常的教育教学工作中。他们到了这么大的年纪，还没有放弃课堂，没有放弃工作，也没有放松对自己的要求，依然一丝不苟地上好每一堂课，关爱每一个学生，做好每一项工作。这种精神，非常值得我们学习。

范维胜老师是镇海区义务段引进的唯一的省特级教师。特级教师代表着专业发展的最高水平。我们每个人不一定要追求成为特级教师，更不可能人人成为特级教师，但是，我们要有对专业提升的孜孜以求、永不止步的精神。

我们这届领导班子想借此在全校明确倡导一种理念，那就是尊重长者，敬重贤者，倚重能者，看重勤者。我们的事业就是要依靠这些教职工来发展的。我们也一定要努力让这些老师获得最大的尊重、最高的地位、最好的待遇。

作为校长，我想表明的也是这样一个态度：在立人中学，绝不能让有能力的人、勤奋的人、善良的人、老实的人吃亏。当然，也不能让偷懒的人、不好好干的人得到好处。

现在，我结合前段时间的一些工作感受和自己对今后立人中学办学方向的一些思考，谈几点想法。如果有什么不当，请大家会后和我交流，多多批评指正。

一、始终心怀感恩

我从来没有想过要到立人中学来工作。我自2003年从老家来到宁波镇海，一心只想安安静静当个语文老师和班主任。没想到，领导让我当了龙赛中学副校长，现在，又让我来担任这个新建学校的校长。

前几天，我们下发了佛山小悦悦事件的有关材料，供大家思考、讨论立人中学今后的办学方向问题。小悦悦多么不幸啊，这么小的一个孩子被多次碾压，但那么多大人选择了冷漠。她如果及早遇到一个好人，就不至于如此了。

和她不同，我在镇海遇到的基本都是好人。在龙赛中学，我遇到了一群好同事和好领导；今年8月开始，我又遇到一群新同事新朋友，就是在座的各位同事朋友们。教育局领导的支持和关爱不用说，我们外语实验和炼化中学的领导们对我都非常支持。还有许多老师主动给我发短信，说如果有工作需要，尽管安排。我遇见了一群可敬可爱的同事，真的非常感谢。无论今后工作多么困难，我始终会提醒自己心怀感恩。

二、相信一切都是最好的安排

这段时间，我也了解到一些情况。两校合并，其实，不仅许多家长反对，一些老师心里也不十分支持,甚至还有不少怨言。有老师不理解政府的教育布局调整,说为什么要合并呢,我们以前工作很方便,现在要到这里来,路远了,生活也不方便了,有什么好的呢?

老师们特别担心在新环境中和一批新同事、新领导一起,会有更大的压力。两校合并,的确带来许许多多的问题和麻烦。今后,我们可能还会遭遇更多的困难和矛盾。

大家的困惑,我也有。我原本是在这里当高中副校长的,两年前,高中搬迁到庄市街道,我又到那边去了,在那边买了房子。哪里想到,组织又让我回到这里,担任一所初中学校校长。我离家远了,而且我知道,当这个学校的校长,也一定会面临艰难的挑战。所以,当局领导找我谈话的时候,我是拒绝的,我要求继续留在高中。但是,经过局领导的劝导,我接受了。

我是这么想明白的:上级领导要让我来当这个校长,一定是有理由的。如同我们两所学校的合并,也一定是有着充分的理由的。

既然这样,我想,这就是最好的安排。

老师们,不要问为什么合并之类的话了,也不要因为合并而郁郁寡欢了。让我们来这里,一起工作,一起拼搏,一起度过几年,好好珍惜这段时光吧。

我在高中任教时有个要好的同事,我们一起搬迁到新校区,可是,不久他被发现患了肝癌,三个月后,就离开了我们,留下美丽贤惠的妻子和幼小可爱的儿子,还有一群要好的同事朋友。

人生短促,我们都是匆匆过客。大家都难得在茫茫人海中相遇,真的就是一种缘分。既来之,则安之,希望我们大家都安下心来,相互信任,相互珍惜,互帮互助,共同把立人中学建设好。

三、立人中学是我们每个人的

过去,我常听到一些老师爱说"这是你们领导的事情""你们领导如何如何"这样一些话。好像学校的事情,说起来都是领导的。这其实是一种误解。学校始终是我们每个人安身立命的地方。学校对我们而言,非常重要。同样,对学校而言,我们每个人也都很重要。尤其是立人中学,两校合并新建,几乎像一张白纸。我们每个人在这所新学校都不带成见,不带偏见。我们每个人都重新开始,以踏踏实实的行动勾画一所新学校,也勾画一个新的自己。我们做得怎样,立人中学就会发展得怎样。我希望,我们大家一起努力,建设一所令人羡慕和敬佩的学校。

四、这里是一个干事业的地方

立人中学的发展,需要一大批敢于拼搏、勇于担当、有想法、有干劲的优秀教师。在座的同事中,任何一个壮志未酬的人,任何一个壮志未消的人,包括认为自己怀才不遇或大材小用的人,都可以在这里充分施展才华。只要你想干事情,我们一定会给你提供舞台、创造机会。只要我们每个人都想干事情,大家又齐心协力,我们就一定可以干成事情,干成大事情。前面我已经强调过,我和班子成员都会敬重和善待每一个有能力、肯实干的人。

五、立人中学是大有希望的

很多人不愿意合并,除了离家远,不熟悉了,还有一个原因,就是认为立人中学生源弱了,且两校合并,矛盾会比较多,今后很难有好的前途。这个观点并不正确。恰恰相反,我认为,立人中学是大有希望的。理由如下:

一是拥有更好的办学条件。立人中学校园面积近60亩,虽然不算大,但比原先两所学校明显要大,而且,区政府花了3000多万元来改造校园,增添设施设备。目前我们的办学条件在全市初中学校里都是名列前茅的。有一个例子可以证明,我们学校每个教室都有电子白板,但是,在宁波,目前许多区县连一所学校有一块电子白板都未必能做到。

二是拥有小班化的政策优势。立人中学是镇海区第一所小班化教学的试点学校。小班化,意味着教师重复性劳动的减少,拥有更多的教育教学的自主性,意味着我们用同样的精力可以让每个学生享有更多的教育资源,获得更好的发展。因而,也意味着更有利于抓教育教学质量。这是我们学校发展的重要优势和增长点。

三是拥有外语教学的特色。这是区政府对我们学校的定位之一。外语实验,本身就是有外语教学特色的学校,在这方面积累了一些经验。我们今后还要聘请外教，和国外的学校开展结对交流，进一步强化外语教学特色，让我们的学生可以学好一门外语，走向更广阔的天地。这是非常符合当今世界和我国的教育国际化潮流的。

四是拥有人力资源优势。树挪死，人挪活。我相信，来到一个新环境，我们每个人都希望给同事留下好印象，都希望在新单位中能够有尊严地工作和生活，创造和贡献自己的价值。和个别老师交流后，我能够感知到，部分老师在原来学校工作这几年，对自己是不够满意的，希望在新环境中能够施展才华和抱负。所以，我相信，每个老师都会努力展示自己最美好的一面、最积极的一面，这对我们每个人来说，就是一次潜能的再开发、激情的再焕发。这相当于一次凤凰涅槃。这种状态，显然是一所教师长期不流动的老学校所缺乏的。

五是拥有良好的文化传统。我们合并前的两所学校，各有一支优秀的教师队伍，都有优秀的业绩，而且都有着优秀的办学传统和教育传统。我们现在是强强联合，更是强强合体，只要做到相互学习，相互借鉴，同心同德，群策群力，那么，我们将达到一加一大于二甚至大于三或四的效果。

六是拥有较少的历史包袱。有时候，历史包袱太多太重，也会导致学校很难快速发展。我们是合并新建学校，可以借鉴过去的好经验，但是绝对不能照搬任何一种现成模式。所以，我们可以少一些历史包袱，可以甩开膀子干，干净利索地干，学校运转可以更加科学高效，从而获得更好更快的发展。

七是拥有领导的大力支持。过几天，镇海区四套班子领导将来我校参加开学仪式，我们大家都在准备这个事情。区委区政府领导和教育局领导对我们学校真的是高度重视、非常支持而且寄予厚望。这是一个压力，但在我看来，更是一个动力。我们最怕的是领导对我们不关心，对我们没信心，对我们没要求。只要领导关心、重视、支持了，事情就一定可以办好，学校就一定大有希望。

在这一点上我说得比较多。其实，或许我没必要说这么多。为什么？因为这次两校合并，成立新学校，虽然许多老师主观上不是很乐意，甚至也有不少情绪,但是,最终没有一个教师因此调走或者提出调动。这说明了什么?说明大家内心对立人中学是抱有信心和希望的。是不是?

六、立人中学的天空是天朗气清的

有的人担心立人中学会是哪帮人、哪派人的天下,担心今后会有太多的冲突。这种担忧是必要的,今后可能难免会有一些文化冲突。但是,我相信,心好,一切都好。只要我们大家彼此真诚相待,善良相待,我们的校园里,天空就会是洁净的,而且是天朗气清的,是阳光明媚的,是充满草木的香味的。

七、做一个不太像校长的校长

这段时间来,我接触了一些学生和老师,有老师说我不太像校长,也有学生得知我是校长后,惊讶地说:"啊,他是校长啊。"这就对了,我就是不愿意做那种一看就像校长的校长。我的目标也是当一个不太像校长的校长,做一个真实、真诚、真性情、有思想、有个性、有缺点的校长。我宁可因为多做事情而暴露缺点,也不想为了保持完美形象而不敢做事或少做事。

只要有利于立人中学的长远发展,只要有利于教职工的根本利益,只要有利于学生的健康成长,我都会毫不犹豫、无所畏惧地和我们的班子,和我们的老师们一起去努力。如果我当校长没有尽到责任,也无法尽到责任,或者大家对我不满意,我对自己也不满意,那么我准备随时回到高中讲台去当一名语文老师、当一名班主任,我丝毫不会留恋校长这个岗位。

所以今后,大家不用看我脸色,我要多看大家脸色。在立人中学,只要你把事情做好了,把工作做好了,你就大胆、自信、开心地生活,不用看我们任何一个领导的脸色。你脸色不好了,我倒要向你问候,看看你是不是有什么不顺心的事了,有什么困难了。当然,我会带着善意对待每一个人,带着真心做每一件事,怀着虚心接受每一个批评。希望大家今后能够多多支持、多多批评,也多多包涵。

八、变化,不可避免

上级领导把我们定位为改革先行学校。我们学校特殊的组建方式,决定了必须走第三条路。立人中学的使命,就是在变化中谋发展。今后,我们学校在管理方面、制度方面都会面临许多变化或者变革,大家不用感到惊讶。只要我们抱着善意和包容之心,本着对学校负责的态度,我们的变化就一定会换来学校更好的发展。

九、让我们风雨同舟

我们大家有缘走到一起。我希望大家彼此既是同事,又是朋友。希望大家能够成为人生旅途中的"驴友",事业发展上的挚友,风雨同舟,患难与共。

感 悟

因为我校情况极为特殊,我在被正式任命前,已经任筹建组负责人,与相关老师有过一两个月的接触,而且两校合并带来的文化冲突,在这一两个月中已经有所体现。加上学校老弱病教师多,一些教师的心态不是很好,所以,首次亮相讲话的重点就是:表明立场,树立信心,凝聚人心,明确方向,含蓄提醒。

我真诚坦率且朴实的讲话赢得了老师们的认同。多年后,一位老师还告诉我说,她清楚地记得我说的那句话:"不让老实人吃亏。"她觉得,听了特别感动,也特别踏实。

一所教人美好的学校

在与英国班戈大学结对仪式上的致辞

2014 年 1 月 7 日

尊敬的 Karen Caufield 女士、Karen Barnes 校长和邵红松院长：

上午好！

首先，我代表宁波立人中学全体师生，对来自英国北爱尔兰的客人们——北爱尔兰教育部巡视员 Karen Caufield 女士，班戈大学校长 Karen Barnes 女士，以及陪同考察的英国奥斯特大学孔子学院中方院长邵红松先生一行来我校交流，表示热烈的欢迎。

立人中学地处中国浙江省宁波市。宁波东临东海，与中国四大佛教圣地之一的普陀山隔海相望；北与中国最繁华都市上海一桥相接；南临台州、温州；西与人间天堂杭州仅两个小时车程。

宁波属亚热带季风气候，温和湿润，四季分明，气候宜人；是世界第四大港口城市，宁波舟山港的吞吐量多年居世界第一。宁波有浙江最大的淡水湖——东钱湖；有世界最长的跨海大桥——杭州湾跨海大桥；有我国现存最古老的私人藏书楼，也是世界上现存历史最悠久的私人藏书楼之一——天一阁。这里也是香港影视大王邵逸夫、世界船王包玉刚的家乡。

宁波最大的特点是交通便捷，尤其是桥多，有众多的小桥流水，更有气势宏伟的跨海大桥。

今天，英国的客人来到宁波立人中学，我深信，我们又多了一座美丽的跨海大桥,一座美丽的中英友谊之桥、教育交流之桥。

立人中学是一所年轻的老学校。说它老,是因为它是由原先的镇海应行久外语实验学校初中部和炼化中学合并而成的,两所学校分别创建于20世纪50年代和70年代,都是当时最优秀的初中学校之一。说它年轻,是因为立人中学是上述两所学校在2011年10月底合并,并在这个校址组建而成的。

这里原是一所优秀高中——龙赛中学的校址。龙赛中学,就是世界船王、曾被英国女王封为爵士的香港同胞包玉刚先生兄妹等人捐助建造的。

所以,立人中学从出生之日起,就具备了三方面的血统,如同三条河流最终汇聚到了一起。

学校建立初期,我们就确定了办学理念:办一所教人美好的学校。

我们相信,教育的使命是为了让人过上美好的生活,同时,也让世界变得更美好。

它具有两项关键的使命:一是要努力教会每个学生追求和实现美好生活的品质与能力;二是要教会每个学生对社会负责,为社会多做贡献,让世界因为他们的努力而更美好。

让每个学生发现自身发展的多种可能性,这是学生获得自信的前提,也是今后获得最好的发展的基础条件

我们开设了各种选修课程,建立了很多兴趣小组:剪纸、竹刻、木雕、航模、机器人、象棋和围棋、篮球队、文学社、小记者团等,定期开展活动,让学生在广泛的学习中,寻找适合自己的发展道路。

我们每年开展艺术节、科技节、读书节、外国文化节、体育节等活动,给学生充分展示自身才华的舞台,使其获得自我认同感和成就感。

我们还设立"最美人物"评审团,由学生和老师组成,用心观察身边的同学和老师的各种先进事迹,定期推出最美人物,进行宣传和展示。我们每个月、每学期、每年,还要举行集会活动,表彰在学习、纪律、社会服务、团队合作、帮助他人等各个方面表现优秀的学生。

这样,就把学生的"自我发现"和他人的"发现美好"结合起来,把自己的探索和他人的赏识与激励结合起来了,学生会对自己的未来拥有更多的信心。

让每个学生意识到自己对他人和团队应负的责任,这是他们能够获得他人支持和团队接纳的基本素养

大家请看,这是我们的学生在打扫卫生,这是他们在拔除运动场上的杂草,这是学生在监督全校学生的做操、就餐、纪律和卫生保持等情况,这是我们每年开展的学生军训和团队拓展活动。

我们认为学校首先是为学生服务的,但同时,也应该让学生付出劳动以回报学校。学生享受这个干净、整齐、美丽、安全、有序的校园和班级环境,他们需要为此付出应有的劳动,承担必要的责任。

在一些学校,学生被告知不需要做任何事情,除了学习,还是学习。但是,我们坚持认为,对身边的人、环境负责,是必不可少的学习。即便学生明天要考试,他们今天依然要先打扫好自己的教室、走廊和校园。他们还要定期轮流检查校园,负责监督别人做讲文明、有纪律的人。

我们始终相信,学生只有在履行责任的实践中,才能更好地理解责任的含义,并学会做一个负责的人。

让每个学生学会关心社会、了解生活,这是培养他们终身所需的探究和实践能力的前提条件

我们以社团为基本组织,让学生走向社区、走向乡村、走向社会,广泛开展社会调查、科学探究等综合实践活动。

这是学生在开展"家乡的桥梁"社会调查活动。宁波是水乡,有许多桥,桥是交通设施,也是古老的文化载体。可惜,在城市化进程中,许多古桥已经消失了。学生在老师的指导下,努力做一些调查和保护工作。

这是学生社团在社区的小河里抽样进行水质检测,这是学生到污水处理厂参观了解污水处理技术,这是学生开展水葫芦开发利用的技术研究。

我们的学生从家庭来到学校,最终要走向社会。需要让他们及早明白,他们生活的是什么样的社会,社会需要他们具备哪些能力,他们又可以做些什么来改善他们所处的世界。

让每个学生热爱自然,了解世界,培养广阔的胸怀和开放的思维,这是他们走向世界的必备通行证

我们努力把学校建设成植物园和文化公园,赋予每一棵树、每一块石头以深刻的寓意和动人的故事。让学生在观赏校园风光的同时,了解植物特性,熟悉学校发展历史,并从中获得许多有益的人生启示。

这一点,刚才在参观校园的过程中,大家应该有了初步的感受。学生每年都要到乡村、田野、海边和山林里,去观察自然、研究自然。他们渐渐明白,大自然有着无限美好和神秘的东西,值得我们用一生去发现和探索,而我们人类始终是大自然的孩子,需要用心呵护好自己的家园。

我们还聘请外教,开设英语文化课程;每年开展以英语为母语的国家的文化节,让学生了解世界上众多不同的国家和不同的文化;和国外的兄弟学校结成对子,开展互访交流。学生需要知道,这个世界上的人们息息相关,大家都是地球村的村民。不同国家、种族的人都需要相互了解,相互包容,友好相处。这样,我们的世界才会变得和平美好。

让每个学生学会反省,培养自我管理、自我教育的能力,这是他们真正长大、走向成熟的标志

中国的教师之祖、被尊称为"圣人"的孔子说过:"见贤思齐焉,见不贤而内自省也",意思是见到好的要学习,见到不好的要反思自己是否也有这样的缺陷。

他的弟子曾参还强调"吾日三省吾身",说每天至少要进行三次自我反省。他们都认为,反思是一个人学会如何做人、如何生活乃至如何学习的关键途径。

我们每天都在学生中开展"日行一善,日行一省"活动,这是我们每天让学生反思的表格。我们希望让学生明白,每天都要做一个有爱心、负责任的人,每天都要做一个善于自我批判和自我完善的人。

我们相信,经过这样的长期努力,学生会变得更优秀、更自觉、更美好。

英国著名作家萧伯纳有过这样一句名言:"倘若你有一个苹果,我也有一个苹果,而我们彼此交换这些苹果,那么你和我仍然各有一个苹果。但是,假如你有一种思想,我也有一种思想,而我们彼此交流这些思想,那么,我们每个人将会有两种思想。"

教育是一项艰难复杂但神圣美丽的工作。我们希望通过和班戈大学的交流,彼此都能获得更多更好的经验和智慧,为中英两国和两国人民的友谊做出应有的贡献。

谢谢大家。

> **感 悟**

开展国际结对交流,始终要有国际概念和交流意识,始终站在国家乃至民族尊严的高度,坚持平等、尊重、友好、互利等原则。所以,在致辞中,我把校际结对交流放在了中英两国的文化背景下来做介绍,努力彰显共同的现代教育理念,同时,也力求体现我国教育和我校教育的一些特色,并做到自信热情、亲切友好,而又不卑不亢。

此外,在介绍过程中,对办学理念和经验的介绍,要适当顾及对方,即英国的教育背景,便于他们理解和沟通,就连文字的表述方式,都尽量口语化一些,不用过于新奇的语言、深奥的词汇或过于专业化的说法。

怀抱四颗心　争做好学员

在宁波市第六期骨干校长班开班仪式上的讲话

2014年10月28日

尊敬的各位领导、同学们：

大家好。

非常荣幸能够成为宁波市第六期骨干校长班的学员，并作为学员代表在这里发言。

我之所以说荣幸，是因为宁波市骨干校长培训班是宁波市名优校长、名园长成长的摇篮和基地，它专门为一线的优秀中小学校长、园长提供学习、提升的机会，搭建交流、交往的舞台，为他们的成长加油护航。

作为担任校长仅有三年的我，今天能够进入这个班级学习，和许多资深的优秀校长同行们成为同学，真的感到非常庆幸。

为了更好地完成培训任务，确保我们每个人都能够获得最多的收获、最好的成长，我建议同学们要始终拥有四颗心，争做好学员。

一颗安静的心

安静的心，首先就是克服困难，抽时间来培训，减少请假；其次是能够保持课堂的安静，遵守纪律；最后是始终保持宁静的心境，潜心研修。

静能生慧，静能致远。我们都是校长、园长，操心着学校里几百人甚至数千人的学习、生活、安全等众多事务。但外出学习,就要有所为,有所不为。我们要学会过滤,学会放手,删繁就简,从纷扰的工作中解放出来,不要让一些琐事杂事干扰我们的学习,更不要使其干扰我们的课堂。

因为在这里,我们只有一个任务:学习。

一颗谦逊的心

我们都是工作多年的教育工作者,有的是在当地甚至宁波大市已经有一定影响力的名优教师或资深校长、园长。但学无止境,我们自己学而不厌,才能做到诲人不倦,引领师生不断成长,领导学校不断发展。

我们需要放空自己,摆正角色,以优秀学生的标准来要求自己,多看到培训的益处、老师的好处和同学的长处。在课堂里要谦逊,尊敬老师,专心听课;在课堂外同样要谦逊,欣赏同学,相互学习。

因为在这里,我们只有一个角色:学生。

一颗研究的心

我们是学生,但我们和学校的中小学生又有很大区别。我们的学习,重在解决实际问题。我们要学会在工作中研究,在学习中研究,以研究来促进学习和工作。结合学校和自己的实际需要,潜下心来,研究一个个学校管理中的现实问题。向老师讨教,向同学请教,向书本求教。我相信,只要我们在培训过程中善于思考和研究,我们一定会收获更多的成长。

所以,在这里,我们需要一种精神:钻研。

一颗感恩的心

当我们拥有越来越多的培训机会,我们通常会变得挑剔,容易厌倦,渐渐忘记了培训是一种很好的福利。

培训,在过去是一种福利;在今天,依然是一种福利。

古人说,赐子千金,不如教子一艺。这个艺,就是安身立命之本。我们能够获得一次外出学习提高的机会,不用扣工资,不用扣奖金,不用交培训费,还有生活补贴,我们对此一定要深怀感恩之心。感谢区级和市级教育局给我们这个机会,感谢宁波教育学院的精心组织,感谢每一位组班教师和上课老师的热情服务与指导。懂得感恩,就会懂得珍惜,就会懂得宽容,就会懂得知足和快乐。

所以,在这里,我们需要一种心态:感恩。

同学们,培训是一趟美妙的知识和精神之旅,让我们带着以上四颗心,在这里潜心学习,专心听课,诚心交往,热心互助。

我深信,这次为期两年的培训,将成为我们校长生涯中一个很好的加油站。

我也深信,两年后的今天,我们将变得更加睿智,更加深刻,我们的学校也必将因此更加优秀,更加出色。

最后,我代表所有学员向为我们提供这次培训机会的所有单位、部门、领导和老师表示衷心的感谢。祝大家工作顺利,身体健康!也祝我们所有学员学有所乐,学有所成!

> **感 悟**
>
> 作为学员代表讲话,重要的是回归和紧扣学员的身份及其定位。以四颗心来给自己和同学们提希望,既符合领导部门和承训单位的殷切期望,又符合学员们的自觉要求,所以朴实无华,又切中肯綮。

做孩子坚定而温暖的支持者

在寒假前初三家长会上的讲话

2016年1月28日

各位家长:

上午好!

感谢大家两年半来,对学校工作的支持和理解,也感谢大家对孩子的教育的重视。临近春节,在单位和家里都很忙的时候,能来参加家长会,这本身就说明大家对孩子教育问题的重视和对我们学校工作的支持。

感谢所有来和没来的母亲,母亲总是最关心孩子和教育的。我也要表扬今天来的父亲,因为在我们国家,家庭教育中父亲缺位的现象太普遍了。我相信,父亲和母亲都重视教育的家庭,孩子一定会更加出色。当然,这并不意味着没来的就不重视。但来的,肯定是重视的。你们说是吗?

今年,我也是初三孩子的家长,和大家的心情是一样的,忐忑不安,不免焦虑。

今天,我们一起来探讨一下,初三最后半年,我们和孩子该怎么办。

首先,我们要明白初三意味着什么。

初三意味着我们家庭教育和学校教育十多年的效果究竟如何,将得到验证;初三意味着我们的孩子能够进入什么样的高中,甚至意味着今后可能会拥有什么样的生活。

对人的一生而言,中考不能说是决定性的,但一定是影响巨大的。初中是相当关键的阶段,初中阶段落后了,成长之路通常就会落后几步。

我们在工作中发现,部分家长对孩子失去了信心,认为自己的孩子反正考不上镇海中学或者龙赛中学,最多只能读职高,所以就干脆不再管孩子了。其实,差距不仅在于能否考上好学校,更在于能否继续坚持学习。大家不能过分看重分数,认为分数就是一切,但也不能看轻分数,认为反正考不上某个好高中,分数高低都无所谓。

其实,在一定程度上,分数也是品质,就是做事情的态度和方法。你的孩子有责任心,有上进心,做事认真专注,那么,什么事都会做好。分数背后,就是这些差别。我们不能轻视分数,更不能因为孩子成绩差就放弃管理,让孩子也放弃学习,这对孩子一辈子的成长不利。

联合国教科文组织和我国有关机构的调查表明,学历水平和收入多少以及幸福感等,总体上是成正比的。我国的调查也表明,清华、北大、中科大、浙大等大学,毕业生收入水平更高,发展得更好。

现在,没有知识,一夜暴富的,比过去少多了;现在的富翁,往往不是简单依靠勤劳致富的,而是依靠科技致富、知识致富。这就是知识经济,是信息时代的一个必然趋势。

无论你的孩子目前学习成绩如何,今后能够考上什么样的学校,你对孩子是满意还是不满意,我们都要有一个意识,就是绝不能放弃希望,不能放弃对孩子的这份责任。

现在,离中考只有四个月了。除掉寒假、清明节和五一节等,只有三个月左右。如果再除掉周末,上课时间还有多少?只有两个多月。学生放假在家的时间也差不多有两个月。在校和在家,时间差不多。在校,我们为主;在家,你们为主。所以,学校教育和家庭教育,教师努力和家长努力都非常重要,一头都放松不得啊。

这个阶段的孩子,学习负担较重,心理压力较大,大脑每天都高负荷运行,疲惫不堪。所以,更需要我们给他们生活关心、情感关爱、心理疏导和精神激励。我们一定要认真做好相关工作,做孩子坚定而温暖的支持者。

一、要重视孩子的学习,而不是重视考试名次

不仅要关心孩子的成绩和名次进退,更要关心他有没有在学习,是不是在努力学习。要和老师保持联系,了解孩子最近的在校表现,更要关心孩子回家后在做什么。尤其是对作业,一定要花时间去监督,要看看老师发给你的作业短信,必要时做一些对照。

有的孩子现在并不自觉,我们家长要做的,就是帮助他们及早克服这种盲目、虚无的态度,顺利度过这个关键期。我不主张父母亲自教孩子做作业,但我倡导父母重视孩子的作业和学习情况。

二、要理解孩子的艰难,而不是让他逃避吃苦

初三学生,早出晚归,压力很大,的确非常不容易。我们内心一定非常心疼,所以一定要多理解孩子,少一些简单的训斥和指责。但是,我们也不能因此就让孩子躲避责任、逃避这个艰苦的奋斗过程,让孩子失去这个获得体验和成长的机会。

我们的孩子,物质生活上比较富足,不如我们小时候那般艰苦。多数孩子除了学习上受些苦,就没吃过其他苦。孩子今天不吃苦,明天就会多吃苦。这个时代,我们做父母的,很难一夜暴富,但如果不培养好孩子,却可以让我们很快就倾家荡产。更主要的是,孩子今天怕吃苦、图享乐,今后没有独立生活的能力,怎么办?我们要告诉孩子,初三,就是学习如何吃苦,如何在吃苦中让自己撑下去,还要努力撑出个更好的结果来,即便没有理想的结果,这个经历就是最好的体验、最好的收获。

三、要学会陪伴孩子,而不是苛责孩子

真正爱孩子,就陪伴他度过最艰难的时刻。初三最后几个月,对孩子

来说,是最重要的时刻。可是,你现在一周有多少时间耐心而温柔地陪伴着孩子?

孩子做作业的时候,你不需要多说话,只需要安静地待在家里。为了他,你在家里不看电视,不玩手机,不抽烟,甚至拒绝一些不必要的应酬。为了他,你默默地精心准备每一份晚餐和点心,让他得到良好的营养补充。为了他,你愿意忍受他一时的冲动和无礼,而不是恼羞成怒,针尖对麦芒。为了他,你要少讲大道理,多用温存的目光表示对他的关切、理解和支持。

我相信,你这样高质量的陪伴,会给孩子一种踏实感、安全感、公平感和幸福感。让他感受到,在他最艰难的时刻,父母甘愿牺牲许多日常兴趣与爱好,始终和他在一起。

陪伴就是教育,教育也是陪伴。你的陪伴,一定会给予孩子更多的勇气,使孩子加倍地努力。

四、要教孩子合理利用时间,而不是让他坚持到深夜

寒假和周末,一定是赶超的时候。学生的差距,不仅是在课堂拉开的,也是在家里拉开的。大家应该早已和孩子定好奋斗的目标了,比如考什么学校,争取各学科考到什么水平。

这里,我建议大家事先和孩子商量,制订好寒假的整体计划和每天的时间表。班主任在放假前也会对学生进行指导,还会在家长群里发一些优秀学生的假期计划和时间表。每个孩子的基础和情况都有些差异,我们要参考而不是照搬。

制订的计划,孩子不一定完全能做到。但是,可以起到提醒作用,在孩子心里树立一个标准。要特别注意,不是学到深夜,觉得越晚越好。孩子们平时比较辛苦,假期里,睡眠方面要得到一些补充。这样,开学后,他们才会更有精力去拼搏。

此外,请大家一定要控制好孩子使用电脑、电视、手机等的时间。所以,我要求家长们自己带头做好克制工作。你们就是最好的榜样,而榜样,是最有力的教育。这一点,我和我的爱人是做得比较好的。我们约好,孩子一回家,就放下手机,更不看电视。说实话,我平时很少看电视,也很少摸手机,更不玩游戏。所以,我们孩子在这方面表现还是不错的,他学习比较专注,成绩也一直名列班级和年级前茅。

五、要多关注孩子的身心健康,而不是家长自己的面子

世上没有两片相同的叶子,也没有两个相同的孩子。当然,也没有两个相同的家长和相同的家庭。有些家长,对孩子要求过多过高,总是拿别人家的孩子,特别是班级里或者身边同事家优秀的孩子来"鞭策"自己的孩子。结果,孩子压力更大,甚至不堪重负。

我们许多孩子是被家长比坏的。特别是许多孩子的心理问题,就是这么比出来的。2015年上半年,杭州就有四五名中小学生自杀。初三时期,本来就是一个心理重压期,也是心理脆弱期,我们一定要密切关注孩子的心理问题。哪个孩子不想有好成绩?哪个孩子不想被人夸?

对于那些不愿学习、不肯学习、不努力学习的孩子,我们的确需要多加鞭策。但是,许多孩子本身已经足够努力了,我们如果再盲目施加压力,就容易导致孩子出现心理问题。

其实,有时候,孩子好与不好,不是完全客观的,而是被我们比出来的。孩子们个个都努力,个个都优秀,但成绩总归是有差距的。只要孩子在努力,我们就不应当过多地为名次而懊恼,更不要以此指责和打击他们。

孩子们特别反感家长拿别人家的孩子和他们比。我小时候,父母也经常这样比,我很不高兴,我就拿别人家的父母和他们比,他们同样特别生气。

有一回,我和朋友两家人一起吃饭,吃饭期间,朋友的爱人唠叨不停,拿我的孩子和自己的孩子比较,说自己的孩子这不好那不好。结果,这孩子终于无法忍受,很不屑地回了一句:"你们自己有没有像厉伯伯他们那样爱学习?"那位家长一时间竟然沉默了。

所以,我们家长很多时候,并不是真爱孩子,只是爱自己的面子,希望自己的孩子比别人的孩子好,这样我们和别人在一起时,就好像更有尊严了。

教育,说到底是为了孩子,而不是为了我们的面子。孩子到了初三,无论如何,都有压力,都渴望进步,也渴望我们的信任、理解、支持和鼓励。

我们一定要多鼓励,少批评;多理解,少指责;多关爱,少打击;多陪伴,少唠叨。特别是要做到,再激动,都不动手打孩子。而且,一旦发现孩子有情绪和心理异常,一定要及时和老师联系,并视具体情况及早去看心理医生。没有什么比孩子的身心健康和生命安全更重要啊。

而且,我们做家长的一定要调整好心态,要为孩子营造温馨、和睦的家庭氛围。夫妻之间即便有矛盾,也不要在孩子面前流露,更不要当着孩子的面争吵不停,甚至打打骂骂。在这样的家庭,孩子怎么能够安心学习呢?

另外,也提醒家长们,在寒假期间,陪伴孩子做好体育锻炼,如跑步、俯卧撑、仰卧起坐、跳绳等,这样既可以做到张弛结合,也可以为体育中考做准备。

各位家长,我们最爱对孩子说的话是什么?

"都是为你好,一切都是为了你。"

为孩子好,就要对孩子好,让他们真正感受到你对他们好,他们才会相信你真的为他们好。

现在,到了孩子人生中最为关键的阶段,希望你们能够真正付诸行动,投入时间和精力,做好上述工作,帮助孩子走好关键一步,为他们今后的人生幸福打好基础。这才是真的为孩子好。

孩子是你们家长的,也是我们学校的,但归根结底是你们自己的。我们只能支持和帮助他们一时,你们却期望和仰赖他们一生。你们一生的希望和快乐,都寄托在他们身上。所以,希望大家从今天开始,更加重视孩子的教育问题。

最后,祝大家春节快乐,祝我们共同的孩子新年进步、心想事成。

> **感 悟**

毕业班的家长,心态往往比较复杂,有的过于焦虑,有的过早放弃,有的不知所措,有的不闻不问。如果我们只是简单进行说教,不会有多少效果。

我设身处地,从自己也是一个家长的角度出发,针对家长的心理特点,着眼于学生更好的成长,给他们提出一些建议,容易引起他们的共鸣,也容易引发他们的思考,赢得他们的支持。

"面向每一个"的课程改革实践

在浙江省教育厅义务段课改调研会上的汇报

2016 年 3 月 23 日

尊敬的各位领导、各位专家:

大家好!

镇海区立人中学于 2011 年 11 月 1 日由镇海炼化中学和镇海应行久外语实验学校初中部合并新建而成,是镇海区第一所小班化试点公办学校。

学校坚持"以生为本""因材施教"的新课程理念,提出了"为每个学生的人生幸福和成功奠基"的办学宗旨和"关注每一个,相信每一个,发展每一个,成就每一个"的教育原则,在课程设置、课堂教学、作业管理、学生教育、文化建设、机制保障等各个方面,系统开展课改工作,积极探索,大胆实践,收到了良好效果。课堂教学生态、师生精神面貌等发生了可喜的变化,学校的综合办学质量不断提升,在区域同类学校中名列前茅。

学校在家长、社会与同行中的美誉度不断提高。《人民教育》《中国教育报》《德育报》《浙江教育报》《教育时报》等报刊先后对我校的办学实践予以关注与报道。近年来,先后有 100 多批省内外同行来我校考察、交流或"蹲点"。

一、我们对义务教育课改的基本认识

（一）落实义务教育责任的需要

义务教育，是基础教育，重在培养学生的基础知识与能力，更重在培养学生可以终身受用的基本素养与品质。义务教育是普及教育，是普惠教育，必须对每一个学生的健康发展负责，必须着眼于每一个学生的成长，而不仅是部分学生的发展。

（二）实施新课程理念的需要

教育是培养人的活动，是促进人的身心发展的活动。然而长期以来，我们过分强调教师的主导作用，学生在校园里、在课堂上往往被当成知识的容器、课程和教材的奴隶。自主、合作与探究，是新课程理念倡导的学习方式，但在以知识传授为目的、以说教灌输为主要特征的课堂中，显然无法得到实施。

（三）探索小班化教学的需要

"促进每一个学生的发展"是小班化教学的核心理念，也是教育工作者的美好愿景。这就要求我们必须建立一种能够真正照顾到每一个学生的课堂教学形式、课程体系甚至学校教育体系。

（四）提高学校办学质量的需要

在传统的讲授式课堂中，学生更容易被逐个、逐渐淘汰，到了初二初三，越来越多的学生成为陪读生和旁观者，被课堂抛弃，被教师抛弃。学生在品行和学习等方面的发展呈现出日益严重的两极分化现象。出路在于"以生为本""因材施教"。努力唤醒每一个学生，激发每一个学生的潜能，让学生自主学习，学会学习，获得生动活泼的发展，成为我们的必然选择。

二、我们实施课程改革的基本做法

（一）"面向每一个"的课程体系

构建面向每一个学生的富有选择性和多样性的课程体系，让每一个学生拥有适合自己的课程表,努力改变教育的同质化现象,让教育更好地"量身定制",是时代和社会对教育提出的现实要求。因而,要努力做好四方面工作:

一是必修分层。基于优秀生"吃不饱"、学困生"吃不了"的课堂现状,在初二初三部分班级组,试点实施基于常态班的语文、英语、数学和科学等必修学科的分层走班教学。在班级组范围内,学生根据自己现有的知识基础以及学习兴趣和能力,结合班主任和任课老师的意见,自主选择C(超越班)、Z(卓越班)两个层次的动态班。每半个学期进行一次动态调整。这种授课形式缩小了层次差异,让不同学生在课堂上都能获得提高和帮助。

二是选修走班。关注学生多元发展,开展校本选修课程走班教学。本着学生个人需求和学校现有资源相结合的原则,2014学年至今,学校在初一初二学生中开设了37门形式各异、亮点突出的校本课程,如"车模、空模的制作与实践""微电影拍摄与制作""微型生态系统的创建""Flash原创动画""生活英语课堂""认识中草药""羽毛球入门""模拟城市"等,让学生学会判断、学会选择,帮助学生寻找属于自己的成功,受到学生欢迎。

三是依托学科,开展学科节活动。如,科技节系列活动,体育节、艺术节、读书节、英语文化节、社会实践系列活动,等等。学科节活动是对学科必修课的补充和延伸。

四是充分利用学校、社区和家长等资源,在校内外开设更多的教育基地,设立更多的学生社团,以社团的形式开展更多的综合实践活动。比如,利用学校附近的福利院、消防队、围垦局、中医院、环保局、法院、人武部等,开展敬老助老、消防宣传、围垦历史文化探究、中医文化弘扬、大气监测和环境保护、法治教育等各种公益性、探究性、综合性社会实践活动。

(二)"面向每一个"的课堂探索

假如说课程是原料,是菜肴的原料,是主要营养源,那么,课堂就是烹制的过程,是菜肴的成品,是真正成形的营养品。怎样烹制,直接关系到营养能否被吸收,关系到学生的健康成长。

关爱缺失、任务缺失、学习缺失、互动缺失,教材为中心、教师为中心、讲台为中心等，是灌输式课堂的共同特点。在这样的课堂里，学生的学习主体地位没有被真正尊重和确立，教师教得累而无功，学生学得累而无趣。

我们倡导基于小组合作的任务型生本要素课堂。小组合作，是指通过建立学习小组，让学生在独立学习的基础上，依靠同学之间的互帮互助来解决学习中的困难，实现兵教兵，生带生，人人都做小导师。任务型，指的是必须有学习任务单，依靠任务驱动，做到人人有任务，时时有任务，以完成任务为主要目标，避免常见的学生无所事事、游离于学习的课堂现象；生本，指的是以生为本，基于学生立场和学生视角，为了学生，相信学生，依靠学生，成就学生。要素，指的是课堂通常需包含自主学习、合作学习和探究学习的内容，以学生自主学习为基础，以生生互助学习为主体，以教师辅助学习为补充。

我校任务型生本课堂有四大基本特点：先学后教，即任务单自学在前，合作在后，最后才视必要由教师指导；以学定教，即教师要根据学生任务单学习情况，择疑点、难点、重点开展课堂学习活动；任务驱动，即将纸质化的学习任务单作为学生课前预习、课中学习和课后复习的"脚本"，让学生人人参与，有事可为，且此任务单便于学生自我检测和教师检查学习情况，不易使学生分心，不易被学生抛弃；小组学习，即小组成为新的"班集体"，化班级授课为小组学习，化个人学习为群体合作学习，让学生既当学生又当老师。

为了促使教师转变角色，让出课堂，我们倡导教师转身、变身和隐身，即走下讲台，让出讲台，走向学生，走进学生，成为学生的学习同伴。而学生则从一直面向讲台转变为面向同学，由知识的接受者变为知识的探索者，由单纯的学习者变为主动的传授者。让课堂真正变成学堂，教学真正变成教学生学习，学生真正成为课堂的主人。在我校的生本课堂中，教师不再霸占着方向盘，而是让出驾驶室，让学生成为驾驶员，主动行驶在学习之路上。

（三）"面向每一个"的作业实践

作业，是巩固和深化课堂教学的一个重要内容，也是课改工作的重要组成部分。学校认真执行"基本作业＋弹性作业""共同作业＋个性作业"制度，提倡分层作业和个性化作业。

一是强化作业布置的针对性。将作业难度分 A、B、C 三类，在学生学有余力的前提下，鼓励其完成难度更大的分类作业；大力倡导针对学生个体的个性化作业，强调在作业布置中贯彻"适合的才是最好"的理念，最大限度地让作业适合每个学生。

二是重视作业批改与学习辅导。强化面批辅导，要求教师每周必须让每一个学生至少获得一次面批机会，以了解学生的实际学习水平和学习状态，和学生面对面交流、辅导，促进学生作业质量的提高。

三是重视学生的自查自纠，引导学生养成在任务单上及时订正，并整理各学科错题集的习惯，学会在错误中进步。

四是努力保证在校自主作业时间。学校每天设立一节自主学习课，让学生有足够的时间在安静的学习氛围中进行学科的自主学习，并减少回家作业。

五是建立作业质量监控和反馈机制。定期检查了解学生对各学科作业的布置、批阅和成效的评价，并反馈给教师，让教师及时做出调整，确保作业的适切性和实效性。只有精减作业，提高作业的有效性，才能给学生以更多的自主时间，才能实现学生自由生长、自主成长的良好愿望。

（四）"面向每一个"的管理变革

课改的目的是什么？是提高学生的成绩吗？在许多人看来，就是为了提高学生的成绩。我们认为，恰恰相反，课改的主要目的并不是成绩，而是成长，实现每个学生的健康、主动成长。

而实现这个成长目的，必须实行学生管理方式的转变。在学生管理中，只有改变过去教师监管、学生听话的方式，相信每一个学生，依靠每一个学生，发动每一个学生，才能发展每一个学生，成就每一个学生。

我们通过建立学生成长合作小组的方式，在全校推行学生管理自主化实践。学生一入学，就根据本人意愿及班级需要，将学生分成若干小组，进行小组拓展训练，加强小组文化建设，让每个学生建立小组认同感和归属感。

在小组建设的基础上，一年四季的校园卫生，各绿化区域的拔草等任务，甚至全校的各个厕所卫生,全都承包给各班级,由各班级的各小组学生定期打扫清理。

校园内实行值周班制度,学校的路队管理、食堂管理、做操管理、仪表管理、车辆管理、纪律管理等,全部都由学生小组负责。

班级内则实行岗位轮值制度,每个小组按月或周轮流"经营"班级。而小组内部则注重分工,人人是组长,人人是导师,又人人是组员,人人是学生,通过相互合作,成为一个学习共同体、成长共同体、生命共同体。

学生通过丰富的自主管理实践,既增强了责任意识和自律意识,又提高了管理能力与合作能力。

(五)"面向每一个"的环境文化

环境对人的影响作用是巨大的。好的校园、好的环境能够让不同的学生获得适合自身的启悟和成长。

我们重视建设班级文化和校园文化环境,通过富有启示性和激励性、富有生长力和创造力的文化环境,陶冶学生情操,荡涤学生灵魂,提升学生精神。

首先是让学生成为环境设计和建设的主角。我们要求在学校和班级环境建设中,做到让每个学生有身影,让每个学生有舞台,让每个学生有参与、有痕迹。

其次,注意适合初中学生特点,在文化建设中少讲道理,多讲故事,重视故事化育,把教育目的寄于每个角落,让一草一木、一石一墙都拥有丰富的故事与深刻的寓意,让人回味,给人启发。比如一位父亲为纪念意外去世的儿子而种下的慈父树、一棵被台风刮倒而坚强存活下来的生命树、一个以"滴水之恩、涌泉相报"为寓意的立行园、一处形似监狱用以进行底线教育的知止墙等,都让学生印象深刻,启发良多。

此外,通过宣传栏、校园广播、电子班牌和校报等载体,设立《凡人善举》《最美人物》《感动一刻》等栏目,广泛挖掘师生身上的美好故事,让学生读别人的故事,讲自己的故事,用行动创作美好故事,争做故事的好主角。

这样，校园里就到处充满真善美的明示或暗示，校园就真正成为一种"课程"存在，一种"文化"存在，一种"气息"存在。每一个学生身处其间，就能够从中读到自己，读出自我，秀出自我，获得有益的启迪和锻炼，让学习随时随地发生，让生长随时随地成真。

（六）"面向每一个"的保障机制

如上所述，课改是一个全面系统的工程，并非只有课程而已。课改需要有一个系统的保障机制，包括人、财、物和组织、制度、政策等方面的保障，也包括学习、监督、指导、激励等方面的保障。我们认为最重要的是四个机制。

第一，教师培训机制。最关键的是教师队伍的理念转变。为此，从2012年开始，学校分层分批带领老师们到江苏、上海、大连、杭州、温州等地学习小班化经验和课改经验；先后邀请省教育厅政策法规处陈峰处长、省教研室张丰副主任、省教科院王健敏副院长、上海虹口教师进修学院常务副院长马骉、杭州十三中副校长林久杏、宁波鄞州区云龙镇中学校长李国忠、宁波国家高新区外国语学校校长林良富等众多专家学者前来学校讲学，指导教师课改；组织教师们阅读《静悄悄的革命》《面向个体的教育》《做最好的教师》《不做教书匠》《读懂课堂》《学生第一》等书籍并交流体会等。做到实践、读书、反思和专家指导等多种形式结合，在做中学，学中思，思、学、做结合，并保持连贯性和持续性。

第二，集体教研机制。重视教师之间的互助合作，共同学习，共同研讨，共同进步，着力建设发展共同体。降低管理重心，教学管理由教研组向备课组转移，教育管理从年级组向班级组转移。加强备课组和班级组建设，推行校领导"蹲点"备课组和班级组活动。每个备课组每周需要开展为期半天的课改研讨活动，学习先进的课改理念和经验，共同听一节研讨课，然后集体观课、议课，再共同研究备下一周的任务单和周末分层作业。班级组则每月开展半天的学情分析会，研究每个学生的思想、心理、学习、品行、健康、家庭等情况，共同研究教育和帮助的策略与途径。这样，就把研究"教"和研究"学"、研究"师"和研究"生"结合起来，真正提高了教、育、学的针对性。

第三，督导辅助机制。一方面，为保证教师在日常教学中体现任务型生本课堂的理念，我校实施了校领导巡课、政教处和教务处联合巡课、第三方巡课等方式，了解课堂里学生和教师的学与教的"现场"状况。另一方面，结合巡查情况和各班级学生的实际情况，定期开展会诊，帮助有关班主任和教师寻找问题，探讨方法，改进理念，改善效果。

第四，评价激励机制。学校从教师和学生两个层面，建立了一系列的评价激励机制。

教师层面。学校要求每位教师切实在课堂教学、作业批阅、课外辅导以及日常管理中，处处渗透"面向每一个"的理念，做到教育教学工作中对每个学生负责，不抛弃，不放弃。学校制定了《立人中学生本课堂标准》《立人中学好班级标准》《立人中学作业检查与批阅标准》等一系列工作标准。依据标准，学校通过巡课、师生民意测评、第三方评价、学生与家长座谈会等形式，加强检查和考核。学校在校长奖励基金分配、奖励性绩效考核、评优评先等方面都体现这一要求。总之，努力将每一个学生的发展情况，与每一个教师的个人成长挂钩。

学生层面。学校重视每一个学生的动态发展情况，实施学生成长跟踪评价机制。从学生入学以来，即在德、智、体等各方面进行初测，建立档案。为了鼓励学生全面、健康而有个性地发展，学校制定了立人中学学生综合素养评价机制。让每个学生在学习与生活中的任何一个方面的进步和成绩，都能够得到关注和肯定。此外，促进评价主体的多元化，采用学生自评、组内互评、小组互评、班级共评、教师合评、家长助评等多种方式，加强对学生的评价。努力让每个学生获得肯定、提醒、支持、激励和帮助。

学校还特意设立课改奖励基金，奖励在课程改革中涌现出来的师生先进集体和个人，比如优秀任务单设计者、任务单优质管理者、生本课堂改革先进人物、课改先进备课组、课改先进班级组、优秀学习小组等，予以奖励并及时宣传其事迹和经验。

三、我们的几点体会

(一)政策支持,是课改前提

课改需要政策引领。宏观层面,教育行政部门要鼓励那些理念先进、条件成熟的学校扎实开展课改实践,并给学校课改以大胆而实在的政策支持和舆论支持,做真心的支持者和推动者,而不是叶公好龙,更不能做旁观者和简单的评论员。没有上级部门的政策支持,学校课改将面临很大的压力。微观层面,学校要为那些课改的先行先试者提供有力又有利的政策支持,比如设立课改奖励基金等。

(二)转变理念,是课改关键

成功的课改源自学校领导和骨干教师的自我觉醒与自发转型的需求。经过多年的努力,很多教师观念渐渐转变,由原来的害怕、抵触到现在的接受和认同。但是,依然有部分教师难以抛弃过去以教师为中心、以教材为中心、以教案为中心的习惯和思想,课改要深入推进依然有不少困难。

(三)发动学生,是课改基础

课改必须发动学生,必须转化为学生的需要。一开始我们的学生害怕、担忧,后来变成了接受与喜欢。但是,发动学生,要成为一个持续的过程,而不仅仅是开头。如何在课堂学习、课程建设、文化建设、日常管理等各个方面发动每一个学生,让他们成为学习主体、发展主体,成为学习的主人、发展的主人,依然是我们每个教师面临的一个课题。

(四)科学评价,是课改保障

课改的目的是什么?课改的目标是什么?如何评价课改的成败?恐怕是难事,但也是大事。如果课改的成败标准仅仅局限于分数和成绩,那么,课改将与其初衷背道而驰。课改要健康进行,必须改革评价机制,必须破除对升学率的盲目迷信与崇拜。而这,正是当前众多有识之士不敢推进课改的顾虑所在。

> **感 悟**

　　这是一次现场调研会,发言的时间比原定的时间有所压缩,所以最后汇报时,进行了必要的调整,尽量突出我校课改的特色和亮点,以及我们对课改的一些思考和体会。我们提出的一些观点,比如"课改是一个全面系统的工程""课改不是为了成绩,而是为了成长"等,获得了厅领导和专家的肯定与认同。

给学生终身有用的教育

在深圳市基础教育系统校长"领导力提升"培训班上的发言

2016 年 8 月 20 日

尊敬的各位领导、专家、校长朋友们:

大家好!

非常荣幸,能够作为来自全国的三位校长代表之一,在这里和深圳市的广大中小学优秀校长一起,交流探讨办学思想和方略。

说实话,我担任校长的年限并不长,仅有五年。所以,我这次不是介绍经验,更多是向大家汇报我的一些做法和想法。一定有许多不成熟之处,请各位领导、专家和校长朋友们多多指正。

宁波市镇海区立人中学,于 2011 年 10 月底,由镇海应行久外语实验学校初中部和镇海炼化中学合并新建而成。

这不是一所容易办好的学校。原来的两所学校文化根基深厚,都曾有过辉煌的历史;两所学校的规模和师资队伍的实力都相当,但办学风格迥然不同,文化差异明显。而且,随着区域布局调整,生源逐渐弱化,近几年正走下坡路。

这样一所复杂的学校,显然面临着许许多多的挑战。

当时一位资深的校长公开对我说:"厉校长,你将是镇海区今后五年内日子最难过的校长。"

面对家长和教师们对学校前途的深深忧虑和怀疑,我接手后,就一直在思考：如何尽快找准办学定位？如何让学校快速崛起？如何尽早重建教师和家长对学校的信心？最好从哪里入手？办一所怎样的学校？给学生什么样的教育？

我最终聚焦于这样几个问题：教育为了谁？为了什么？除了分数，我们还能给学生什么？除了和其他学校一样的课程，我们还能给学生哪些不一样的教育？

爱因斯坦说过："教育就是一个人把学校里所学的知识全部忘记之后，剩下来的东西。"朱永新教授也说过："教给学生一生有用的东西。"而美国杰出教师雷夫则说："我更关注的是学生十年后用得着的素质。"

那么，这些东西究竟是什么呢？

我们认为，就是能促进学生终身发展和人生幸福的必备品格与能力，也就是现在所说的核心素养。

我们的教育，一定要重视这些东西的培养。我们的学校，一定要给学生终身有用的教育。

一、我们的实践路径

（一）给学生终身有用的课程履历

课程履历，就是学生在校接受课程的经历，这是学校教育的主渠道，主要包含课程和课堂两部分。课程相当于菜肴的原料，课堂相当于菜肴的制作。在我看来，课程虽重要，但课堂才是关键。课堂是学生美德和智慧生长的主阵地，学生在课外的放纵通常是从课内的放弃开始的。

增强课程的选择性和多样性。实施必修课分层教学和选修课分类教学相结合、社团活动和课程开发相结合的策略，努力探索适合学生生动、个性地发展的课程体系。

增强课堂的主体性和生动性。游泳是在水里学会的，驾驶是在驾驶室里学会的。让教师把课堂还给学生，让学生当驾驶员，让学习真正发生。倡导自主互助为特征的生本要素课堂,通过任务驱动、小组合作、以学定教、评价激励等方式,让学生不仅学会学习,还学会合作,学会探究。

增强学科的生活性和教育性。在教学中,根据实际需要,加强学科和学生、生活、社会的联系与结合,并加强情感态度价值观的引领,以道德的手段和生活的方式来教学,为学生过上有道德的幸福生活做准备。

课改是非常艰难的,但为了学生的终身发展,我们还是坚持迎难而上,不断向前。

(二)给学生终身有用的实践体验

教育贵在体验,重在体验,成在体验。丰富深刻的活动体验是学生品质培养的催化剂,也是规则内化的润滑剂。

自主化的日常管理体验。把学校、班级交给学生,让学生以个人或小组的方式去承包项目或轮值管理。学校的纪律、卫生、绿化、社团和许多大型活动等,都交给学生来管理和组织,让学生在自主管理中学会自我教育和自我提升。学生成为班级、学校的主人,就会成为学习的主人和生活的主人。

仪式化的教育活动体验。教育是科学,更是艺术,所以,一定要讲究仪式,仪式让人学会庄严,凡事认真。如同军队、宗教和婚礼一样,我们把开学典礼、毕业典礼、运动会、升旗仪式、退队仪式、军训、路队就餐、枇杷励志、小组拓展、学生常规视频训练等,都做成精品,使之成为学生最难忘的经历。终生难忘,才能终身受用。

常态化的自主反思体验。人是需要反思的,尤其是现在的孩子。我们设计表格,实施"日行一善、日行一省"活动,让学生每天反思自己学习、做人和做事的情况。家长们认为,这种反思会让学生受益无穷。

(三)给学生终身有用的文化浸润

我们特别重视校园文化环境的浸润和启悟作用,让角角落落充满明示或暗示,让人发呆,促人思考。

突出价值引领。文化的核心是价值观。紧紧围绕"守护良心"的校风、"世界因我更美好"的校训,充分体现"崇德崇能,惟实惟新"的学校精神和"己欲立而立人,己欲达而达人"的立人准则。

突出学生主体。开展"我的校园我做主""我的班级我设计"等活动,让学生成为校园文化的设计者、建设者和享用者。在参与中生发感悟,在感悟中生成品质。

突出学生立场。针对青春期孩子反感说教的特点,少讲大道理,多讲小故事。让校园处处蕴含或流动着各种美好的故事,时时给人启发。慈父树、孝子树、生命树、校训石、高压区、故事墙、电子班牌、最美立人故事栏、凡人善举、每周人物等,都蕴含着一个个动人的故事,让学生在不自觉中受到熏陶和浸润。当我们把教育目的巧妙地隐藏在校园的角角落落时,教育就会无处不在,学习就会随时随地发生。终生难忘的教育,一定要有终生难忘的校园。

(四)给学生终身有用的师表垂范

乌申斯基说过:"教师的人格就是教育工作者的一切。"第斯多惠则认为:"教师本人是学校里最重要的师表,是最直观的、最有教益的模范,是学生最活生生的榜样。"

学生不会总相信我们所说的,但他们一定相信我们所做的。他们不会轻易相信从成人这里听到的道德世界,但相信他们自己所看见的成人世界。教师理当为人师表,以身垂范。一位教师,就该是一面流动的旗帜。

严格师表规范。实施教师岗位工作标准化,制定实施《立人中学教职工办公行为标准》《立人中学师德修养标准》等一系列标准化制度,对教学、管理、教研等各项工作进行细致规范,不让良心活变成"随性活",确保教师堪做表率。

加强学习展示。通过专家讲座、师徒结对、读书修身、班组研讨等多种方式,加强师德师风师能建设。尤其是读书修身活动,从每学期共读一本书,到每学期自选一本好书,再到支持补贴教师订阅杂志、购买书籍,努力营造一支文质彬彬、为人师表、有书生气和学者味的教师队伍。我们先后阅读交流了《人性的弱点》《做最好的教师》《你在为谁工作》《不抱怨的世界》《面向个体的教育》《不做教书匠》《读懂课堂》《第56号教室的奇迹》等书籍;通过论坛、讲座、研讨课等形式,搭建平台,以讲促学,以展示促提高,增底气,树正气。

强化督导评估。谁最有资格评价教师?恐怕是学生。让学生参与教师考评,内容不仅有批阅作业、课堂行为等方面的教学常规表现,还有教师自身的思想道德修养及对学生的人格影响力方面的调查。同事之间评价则显得更专业。学校每年都开展"你在哪里""他在哪里"反思和推选活动,反思自己做人做事做学问的得失,寻找和推荐身边教师中的优秀典型。大力加强优秀党员、先进工作者、优秀班主任、最美教师、最具亲和力教师和年度人物等系列荣誉评选,在宣传栏和电子班牌推出事迹介绍。

二、取得的初步成效

师生成长迅速,综合质量不断提高,学生和家长满意度高。在最近一年省评估院的第三方评估中,我校居于本区义务段学校第一名。这在传统单纯依靠升学率的评价体系中,是不可能的。

特色和品牌初步彰显。短短五年时间,吸引了省内外150多批同行来校考察交流,经常有省市级培训班来校"蹲点"。获得20多项市级以上集体荣誉。我校的办学实践先后被《人民教育》《中国教育报》《浙江教育报》等报刊关注与报道,也赢得了广大家长和各级领导的认同与肯定。

三、获得的几点体会

第一,重视是前提。真正终身有用的教育,必须高度重视德育工作。对德育的重视程度和德育工作的实际高度,往往决定了一所学校的办学品位和办学品质。诚如赫尔巴特所言:"道德普遍地被认为是人类的最高目的,因此也是教育的最高目的。"

第二,淡泊很重要。真正终身有用的教育,需要一颗虔诚的心灵来感知。

它就在学生日常生活中,而且常躲在成绩背后或者站在成绩的光环之外,比如课堂中的学习、微笑中的自信、问好中的友善、扫地中的负责、承包中的担当、队列中的合作、就餐中的优雅、如厕中的自律、校服中的平等、拾捡中的爱心等。

第三,垂范是关键。一所学校中教师的人格修养高度,直接决定了该校学生人格修养的发展程度。学生更相信教师之所为,而不是教师之所言。教师出现的地方,就该是教育发生的地方。

给学生终身有用的教育,目的和本质就是立人,立健康美好幸福之人,立利国利民利社会之人。或许,当我们对分数背后的东西关注更多,对分数以外的东西关心更多的时候,我们就离教育的本质更近了,我们的教育也会越来越美好。

当然,以此为标准,我自己和我们学校都存在不少缺陷,恳请各位领导和同人多多批评指导。

感悟

因为发言时间不长,只能尽可能简洁地提炼出校长的办学思想和智慧,把"怎么想"和"怎么做"结合起来,并始终贯穿"为什么"的逻辑思考。我努力用精准的语言来表达,以自己的方式来表达,同时,注意点面结合,佐以生动的案例。发言受到广泛好评,多位校长表示要来我校考察交流。

开创中小学德育工作新局面

在教育部新闻发布会上的发言

2017 年 9 月 5 日

尊敬的各位领导、专家和朋友们：

大家好。

我来自浙江宁波立人中学。非常荣幸，能有机会作为中小学一线的校长代表，站在这里发言。《中小学德育工作指南》（以下简称《指南》）为我们指出了更为明确的目标和路径。我们要深刻领会，认真落实，全面开创中小学德育工作新局面。

一、提高认识是前提

党的十八大指出，要把立德树人作为教育的根本任务。《指南》就是对"立什么样的德、树什么样的人""如何立德、树人"做出明确指导的德育工作专项文件。要充分认识《指南》在落实立德树人根本任务方面的重要作用，自觉抵制那些淡化、弱化、虚化学校思想政治和道德教育的不良思想与倾向。德育，任何时候都是教育的灵魂和根本，也是中小学教育事业健康发展的方向保障和动力来源。对德育工作的重视程度和德育工作的开展深度，直接体现了一所学校能否坚守教育的本质和规律，能否履行时代和社会赋予的历史使命。

二、创新落实是关键

《指南》集现实性和长效性、规范性和指导性、传承性和创新性于一体，是当前和今后一个时期中小学德育工作必循之章法。我们要克服困难，创造条件，扎扎实实贯彻，使之逐项落地，逐条生根；同时，要结合学生、学校、地区的教育实际，不断创新内容和载体，增强德育工作的吸引力和感染力，把各项目标、内容落到学校的日常工作中去，落到学生的生活和学习中去，落到学生的头脑和心灵中去。

三、队伍垂范是根本

教师队伍的作风和能力，决定了学校育人工作的质量和高度。首先要加强师德师风建设，细化师德规范和考核，强化师德教育和宣传，引导教师牢固树立以德促教、以身立教的意识，提升教师的职业操守和人格魅力。让每个教师都成为学生活生生的榜样，教师出现的地方，就成为教育发生的地方。其次，要加强队伍建设，尤其是加大对班主任、团队干部、德育干部等"关键少数"德育人员的选拔、教育和培养力度。切实提高和保障他们在绩效工资、职称评聘、评优评先等各方面的优先地位，让他们成为学校里最受尊重、最有作为的人。

四、良知情怀是基础

学生美好德行的培养、健康品质的形成、正确价值观的确立，就在学生日常生活之中，就在学校点点滴滴的工作之中。交往中的诚信，值日中的负责，合作中的友善，乃至对生活的热爱和对大自然的尊重等，构成了影响学生终身发展并促进社会进步，乃至国家富强和民族复兴的核心素养。要始终拥有一颗宁静、淡泊、真诚乃至虔诚的教育之心，坚守教育良知，按照教育本质和规律办学。

总之，中小学要认真贯彻《指南》，更好地促进立德树人根本任务的落实，更好地推动我国教育事业的顺利发展和伟大中国梦的顺利实现。

我的讲话完了，谢谢大家。

> **感 悟**

这是在教育部新闻发布会上的发言。2017年8月中旬,接到任务,让我对教育部即将发布的《指南》做一个解读,这对我是一个不小的挑战。

对国家级文件进行解读,解读者需要有较强的政治敏感、国际视野、历史意识、时代把握等多种素质和能力,因此必须认真研读文件,充分了解背景,准确理解意图,正确把握现状,同时,又能着眼国家教育大局,放眼世界教育未来。

一周后,终于写好,上交初稿(作为专家解读文章发表在教育部网站)。不久接到通知,被确定在教育部举行的文件发布会上做发言。最初是要求讲八分钟左右。当天,由于议程临时变动,又压缩到不超过五分钟。这对我是一个考验。怎么办?在不影响原有高度与深度的情况下,我删繁就简,力求精准表达。

新时代中小学德育工作突围之路

在浙江省教育学会德育分会换届大会上的报告

2017 年 11 月 30 日

各位领导、专家、同行朋友们：

大家好！

非常荣幸，我能够作为本届德育分会第一次会员大会的代表做学术报告。当然，我也感到很大压力，因为在座的都是浙江省最优秀的德育工作者。我就自己对当下中小学德育工作的一些思考，向大家做一个汇报，请大家批评指正。

当今世界，道德滑坡，价值迷惘，真理模糊，媚俗、庸俗、低俗登堂入室，拜金主义、利己主义、享乐主义大行其道，社会道德问题极为突出。在信息化时代，这些全球性的社会问题，轻而易举地侵入校园。学校不再是一方容易抵御外在负面影响的"净土"。在电脑和手机前长大的"刷一代"或"滑一代"，由于获取信息的渠道空前便捷多样，面临着越来越多的诱惑，也遭遇越来越多的困惑，学生的人格发展乃至健康成长面临着严峻的挑战。责任心缺乏，进取心不足，感恩心缺失，自我自私，厌学、逃学、欺诈、暴力、性行为、自杀、网瘾等众多品行、心理问题多发。

在这种背景下，中小学德育工作者纷纷感慨学校德育"四面楚歌""疲于应付""举步维艰""任重道远"。

新时代，需要有新思路和新作为。我认为，中小学德育工作要提高实效性、开创新局面，需要在五个方面实现教育的自我突围。

突围之一：让德育真正成为学校教育的根基和灵魂

在我国恢复高考制度以后，在很长一段时期内，以成绩代替成长、以（升学）成功代替成人、以教学代替教育，一度成为许多中小学的现实选择。教育离"人"这个核心越来越远，也就这样慢慢地失去了灵魂。

近年来，随着我国社会、经济和教育改革的深入推进，还出现了一种把德育工作虚化、弱化和淡化的倾向。比如，以安全责任代替德育目标，以上级布置的短期任务代替教育自身的神圣使命，以强调教育的"自主性""选择性""民主""自由"等价值追求代替我国重团队精神、家国情怀、社会担当、克己复礼、自我约束等优良传统。这些现象令人担忧，且值得警惕。

常听到校长们说，当校长有两大压力，一是安全工作，二是教学质量。而教学质量在许多校长眼里，说白了就是升学成绩。唯独不曾听校长说，还有更大的压力是"当学生离开学校的时候，我们究竟给他们未来的人生、给未来的社会提供了些什么"。什么时候，校长们能够像抓升学率一样抓育人工作，德育工作就一定不再失之于肤浅；什么时候，校长们能够像抓安全工作一样抓育人工作，德育工作就一定不再失之于乏力。

我校在2011年10月建校之初，发动全体家长和师生就广东小悦悦事件进行讨论，思考我们究竟要办一所什么样的学校、给孩子们什么样的教育、培养什么样的人，随后提出了"以德立校，以德促教，以德树人"的办学理念、"给学生终身有用的教育，做学生终生难忘的教师"的办学追求、"世界因我更美好"的校训和"守护良心"的校风。我们把德育工作作为关键内容纳入教研组、年级组、备课组、班级组，乃至教职工个人的绩效考核体系，形成全员重视德育、人人参与德育、事事皆讲德育的良好局面。

我们精心设计各个管理和教育环节，让每一个学生从走路中学会自信，从反省中学会自律，从微笑中学会乐观，从问好中学会友善，从排队中学会谦让，从扫地中学会担当，从跑操中学会合作，从就餐中学会优雅，从种植中学会情趣，从感谢中学会感恩……我们努力挖掘学校工作的方方面面的价值，发现校园生活中点点滴滴的意义，努力使之成为每个学生精神和道德成长的基石。

我们希望孩子们在离开立人中学多年后，回忆起母校生活的时候，不仅感到自己掌握了许多知识，更能够欣慰地说："在立人中学，我学会了微笑，学会了说'对不起'和'谢谢'，学会了排队等候，学会了负责和担当，学会了自省和自律，学会了在课堂上自信地发言，学会了挺直腰杆走路、友好地和人打招呼。"即便有的孩子甚至只是因为在母校学会了认真扫地，让他此后从事环卫工作时比别人多了一份经验和认真，我们也就有足够的理由相信，这个叫作立人中学的地方，已经成为他们终身发展和成长的福地，我们曾经给予了学生一些可以真正称为"教育"的东西。

赫尔巴特认为："教育的唯一工作与全部工作可以总结在这一概念之中——道德。道德普遍地被认为是人类的最高目的，因此也是教育的最高目的。"大量的教育实践也已经并将继续证明：无论时代如何变迁，德育始终应该是教育的根基和灵魂。对德育工作的重视程度和德育工作的实际高度，不仅决定了一所学校的办学品位和品质，更直接决定了一所学校是否能够坚守教育的本质和规律，能否履行时代和社会赋予教育的历史使命，甚至是否具有教育良知和教育理想。

时下，最重要而迫切的问题，就是我们的校长们，能否大胆破除对分数的癖好和盲目崇拜，对分数背后的东西予以更多关注，对分数以外的东西予以更多关心，让德育回归应有的位置，这样，我们才能离真正的教育更近。

突围之二：让每位教师成为学生身边的道德榜样

教育是一项系统而复杂的工程，学生成长和发展中的问题往往是多因一果的。也正因如此，教育最容易成为充满借口和逃避责任的地方。

抱怨和推脱是简单的，但无助于解决任何问题。学校和教师作为专业部门和专业人员，毫无疑问应当承担起应有的责任。

如果我们足够自信、坦荡和勇敢，就应该承认：教育的许多问题，也和教师自身的问题息息相关；教育的改进，必然需要也首先应当伴随着教师的自我改进。

教师和其他众多职业的根本区别在于，教师自身的思想道德与人格修养，会对他的工作对象和工作质量产生直接甚至决定性的影响，即师德修养本身就是教育的基础和前提，也是重要的内容和方式。乌申斯基甚至强调："在教育中，一切都应基于教师的人格，因为教育力量是只有从活动的人格源泉中产生出来的。""教师的人格就是教育工作者的一切。"

教师理当成为社会伦理道德的模范践行者，不仅要处处为学生做表率，还应当努力在道德修养上成为成人之师。他们儒雅、仁爱、博学、负责、淡泊、乐观，对教育充满热情，对学生充满热爱，对自己充满期待，他们像习近平总书记所说的，"有理想信念、有道德情操、有扎实学识、有仁爱之心"。

党和政府乃至各级教育行政部门和学校，都高度重视师德师风建设，并在职称（职务）晋升、评优评先等各方面实行师德问题"一票否决"制度。但是，由于缺乏可操作的考核细则，除非发生媒体曝光、家长告状等较为严重的事件，否则，"师德为先"常常变成"师德免检"，师德"一票否决"往往变成师德"一分不扣"。教师的师德考核就这样成了一个人人都重视却人人不敢轻易触碰的"禁区""雷区"。

事实上，我们看到，近些年来，教师的负面新闻并不少：在外旅游捡到东西占为己有，为一己之私阻拦高铁，让学生众筹买车子或向学生索要礼物，用各种方式粗暴体罚学生，用尖刻的语言羞辱学生，参与聚众赌博，热衷有偿家教和做微商等。这些都是被曝光的、相对严重的现象。

更多的日常性的负面师德行为，其实一直在许多校园里存在着。比如，升旗仪式上随意讲话，在监考时或课堂内玩手机，开会和培训时忙于刷屏，在网上随心所欲地晒学生的缺点和问题，漠然面对学生的鞠躬问好，在公共场所吞云吐雾，在家长和学生面前炫耀财富，随意迁怒于学生，上课粗枝大叶，改作业草草了事，向学生推销资料以从中谋取私利，在校园里见到垃圾熟视无睹甚至随地吐痰等。

这些看似和正儿八经的德育课毫不相干的"琐事",恰恰成了阻碍学生美好德行成长的负面教材。须知道,教师对学生的人格影响,无论是正面的还是负面的,都远比对学生的知识影响来得持久而深刻。

教育是什么时候发生的?不是从你站上讲台开始的,也不是从你有意识地找学生谈话或者对学生进行"训导"开始的,而是从我们教师出现在学生面前开始的。孩子只相信他所看到的成人世界,而不会轻信我们所描述的道德世界。

教育必须敢于触及自身的缺陷,才会有真正的改进;教师必须敢于触及自身的缺点,才能有真正的改善。否则,我们的教育,就永远无法走出低效的怪圈。

突围之三:让学生拥有不重复的教育生活

先讲两个故事。

几年前,我在高中担任班主任。学校正门口有十八根旗杆,我们每个月都要在校门前举行升降班旗仪式。上个月综合考评出色的班级,获得下个月的升班旗资格,在每月第一周举行隆重的升班旗仪式;原本获得升班旗资格的班级,如果下一个月考核未能进入年级前列,则举行一次悲壮的降班旗仪式。

这项富有创意的活动,一开始大大激发了各班级同学和班主任的积极性。同学们在第一次升班旗时都特别激动,有的甚至流下了热泪。但过了几个月,一些班级多次获得优胜班级荣誉后,升班旗逐渐流于形式,学生队伍不整齐了,表情也不严肃了,全没了当初的那种庄重和激动。而我的班级,每一次都认真对待,精心组织,在主持人、议程等方面不断推陈出新,所以每一次升班旗都庄严隆重,激动人心。我班第一次升班旗的时候,学生和家长流下了激动的泪水,我们的故事登上了《人民教育》杂志。第五次升班旗的时候,恰好全国班主任专业化培训会议在我校举行，来自全国各地的一些班主任和校长观摩了我班的升班旗仪式。一位来自省外的初中校长惊讶地问："你们的高中生怎么会如此单纯，升班旗都会流眼泪？我们学校的初中生都已经不会感动了。"

面对他的惊讶，我毫不惊讶。我听多了一些关于学生"冷漠无情""麻木不仁"的抱怨。学生冷漠麻木的背后，正是我们的学校和教师对教育工作的冷漠和麻木。我们习惯于把每天的教育工作当作机械的毫无创造性的劳动，日复一日地重复着"昨天的故事"，教育者普遍的倦怠感就这样产生了。

当我们自己都心生厌倦，又如何能够拥有打动学生的力量呢？

当诚信问题已成为严重的社会问题的时候，许多老师面对众多的学生作弊现象束手无策。他们除了一遍遍地告诫或威胁学生不要作弊，别无他法。

我想有所改变，于是我在所任教的两个班级里进行了整整一年的诚信教育实验。每逢学生默写或者单元检测，我就给学生讲一个诚信故事或者在黑板上写一句温馨提示语。一年中，我进行了三十多次这样的努力，而且每次的故事或提示语都不同，给学生留下了深刻的印象，也深受学生好评。一个同学在随笔中写道："厉老师每次考试前，如果不讲诚信故事，就会在黑板上写一句话提醒我们，我们就会想，这次，厉老师会写句什么话呢？"还有一个同学则说："老师对我们如此信任，而且用心良苦，每次都给我们不同的提醒，我们作弊了，会感到对不起老师。"

后来我把这个做法向全校推广，让每个班级的老师在每次考试之前，都在黑板上写一句与众不同的诚信提示语，结果，学生作弊现象大大减少。我的这些努力，写成文字，很顺利地在《中国德育》上发表了。

多年的教育工作让我明白：当我们带领学生一起过不重复的教育生活时，我们就能和学生一起感受到教育的美好，并享受到自身成长的快乐。

教育是必须常为新的。新知识、新技术不断产生，新情况、新问题不断出现。教育的使命就是培养"新人"，就是引领学生更好地走向未来的世界和生活。当然，还有一个重要原因，就是人类喜新厌旧。正是这种天性，推动着社会和文明不断向前发展。中小学生处在充满幻想与好奇的年龄，他们最反感的就是单调重复的生活。

可是，在中小学教育阶段，千校一面、千课一面的现象并不少见。从幼儿园开始到高中，不仅教育内容大同小异，连教育方式都几无二致。苏霍姆林斯基对此有深刻的体会，他说："刻板公式、一律化像铁锈一样腐蚀着教育过程的精细的机体，这是最有害的现象之一。"不可否认，许多学生的品行、心理问题，常常是伴随着对学校的失望、对学业的放弃而来的，甚至往往是从对学校的失望、对学业的放弃开始的。

现在，无比精彩而又无限复杂的网络世界汹涌而来。现实世界的无奈、校园生活的单调、学业负担的沉重，都让学生对充满诱惑和挑战的网络世界，特别是网络游戏趋之若鹜、不能自拔，由此带来的学生问题更是层出不穷。这已成为日益严重的全球性问题。

今天，我们面临着和网络世界争抢孩子的严峻挑战。要更好地解决这个问题，必须尽可能增强学校教育的创造性、灵活性、多样性和吸引力。

我校把"过不重复的教育生活"作为教风，倡导和鼓励各部门与每位教师，在日常的教育教学工作中，充分发挥主动性和创造性，以点点滴滴的"微创新""微变化"，每天给学生以不同的教育体验。我们在各个方面进行了尝试和探索：在课堂教学方面开展了任务型生本课堂、分层走班教学探索；在班级管理方面开展了班级组共同体建设；在课程方面开展了基于学生发展需要的"立人"系列课程开发；在德育活动方面开展了仪式化系列探索；在校园环境方面开展了故事化建设。学生、家长和来我校考察的同行与领导纷纷称赞我校教育"新意迭出，亮点纷呈"。学校因此被评为省课改先行经验学校，省、市、区课改试点学校，中国教育学会班主任专业化实验学校，陶行知研究会青春期教育实践基地学校，教育部优秀传统文化进校园试点学校等。

富有创新和变革精神的学校，如一条河流，一路向前，奔腾不息，它在确保自身新鲜活力的同时，更带动师生不断向前，一路欣赏两岸的美丽风光，师生和谐，美美与共，其乐融融。

突围之四：让班主任成为校园里最受尊重的群体

最近，宁波市教育局出台《关于加强中小学班主任队伍建设的实施意见（试行）》，明确全面实施班主任准入制，健全班主任成长发展机制，优化班主任队伍结构，完善班主任待遇提升保障机制，增强班主任岗位吸引力，提升班主任工作专业水平和质量。

最大的亮点是，除设立班主任专项奖励经费，并从奖励性绩效工资、职称（职务）晋升、评优评先等方面确保班主任的优先地位之外，还打通了班主任专业荣誉系列和专业职称系列发展通道，即宁波从县市区到大市级，分别设立相应的名优班主任系列荣誉，享受同级别的对应的学科名优教师系列政府津贴。同时，实施班主任职称评定的双通道制度，即班主任既可选择参评学科专业系列，又可选择参评德育系列。由于浙江省十多年前已经有德育特级教师评定，2017年开始又增设了德育正高级教师职称评定，宁波这项规定的出台，让广大中小学教师看到了班主任专业化发展的广阔空间。

就我国当前实际而言，要真正落实党和国家交给我们的立德树人的根本任务，不仅不能淡化、弱化，还应该大力强化班主任的地位和作用。

从我国国情和传统文化看，基于班级授课制的班集体教育，是国家对教育的现实选择。在我国这个多民族国家，在重视家庭孝道、重视"天下兴亡，匹夫有责"的中华民族文化语境中，在加强社会主义、集体主义、爱国主义教育等方面，班集体教育自然有着无可替代的重要性和优越性。

而从学生角度看，基于班级授课制的班集体教育，是学生在校期间不可或缺的教育体验。教育即模仿，即准备。学校教育就是未来社会生活的模仿和准备。在学生的成长和社会化过程中，学生从一个家庭，走向另一个家庭，从一个单位，走向另一个单位。他的原生家庭，就是他未来的家庭的学习榜样和模拟场所。而学生时代的班集体，则是他未来的单位的学习参照和模拟场所。

班集体生活，对学生而言，就是最具体、最直接的学校教育和生活体验，也是最全面、最有效的社会准备。学生就这样在班集体生活和学习中,完成了逐步"社会化"的过程。学生一旦在中小学阶段缺失完整的班集体生活的体验和"训练",未来,或许就很难有机会进行补救。从这个意义来说,班集体教育对我们的孩子而言,同样是无可替代的。

立德树人工作,必须有一个稳固的教育基地,这个基地就是班级。而这个基地必须做到教育的一致性和连贯性,这就需要一个核心人物,这个核心人物就是班主任。班主任是班集体建设的主导者和责任人,也是最接近和了解学生,和学生交往最密切、最广泛的教师;班主任影响的,不仅是班级的整体班风学风,还有班级中每个孩子的思想、品德、学习甚至气质和修养。班主任在学校德育工作中的特殊而关键的作用无可替代,以至于校长们感叹:班主任定,天下定。所以,我也经常说,班主任强则班级强,班级强则学校强,学校强则教育强。反之亦然。

但谁来当班主任?愿不愿意当班主任?能不能当好班主任?依然是校长们每年忧虑的问题。当然,这也是广大家长最关心的问题。班主任,能当好的教师少,愿意当的更少,能够当好又愿意当的则少之又少。这个问题多年来并没有得到根本性的解决。

缺乏一支稳定而强有力的班主任队伍,学校德育工作常常会失之于疲软和虚空。当前许多学校内部发生的问题,尤其是学校德育工作的问题,恰恰和班主任队伍的工作积极性不高、专业化水平不理想,有着密不可分的联系。

近年来在各地推行的区管校聘、岗位聘任以及各级名优班主任评比等制度措施,一定程度上提升了班主任的地位。但是,要形成持久而强大的吸引力,就要真正让班主任成为学校里最受尊重、最有地位的群体,还必须使其回到专业化道路上来。真正落实班主任工作的"主业"地位,真正落实其"一半工作量"的政策,真正开展班主任职级制评比,真正促进班主任专业化发展,才能迎来班主任的春天,才能迎来中小学德育的春天。班主任真正有地位,中小学德育才能真正有作为。

最近几年,教育改革中出现了取消所谓"行政班",淡化班主任作用,追求

"人人是班主任"的改革倾向。这种改革的初衷或愿望是好的。而且,这种探索在一些师资队伍和学生素养都极为优秀齐整的学校或许是可行的。但是,恕我直言,在绝大多数中小学,不必说人人可当班主任,就是完全符合班主任任职条件、胜任班主任工作的人,都并不是太多,而是太少。事实证明,班主任绝非人人都能胜任。任何淡化、弱化和虚化班主任地位和作用的做法,最终不仅会导致中小学德育工作的淡化、弱化和虚化,还会直接给我国"立德树人"的社会主义教育事业带来诸多直接或间接的损害。这并非危言耸听。

我校一直重视全方位提升班主任的地位和待遇,坚持把最高的尊重、最优的待遇、最好的荣誉、最深的感情、最多的关爱给班主任,努力让班主任成为学校里最令人敬重的群体。举个例子,我们出台了《名优资深班主任考评奖励制度》,除日常的各类班主任工作津贴和奖例外,对高级教师担任班主任每月奖励400元,40岁以上教师担任班主任每月奖励400元,45岁以上教师担任班主任每月奖励600元。评上校级骨干班主任、班主任带头人、卓越班主任和功勋班主任的,分别每月奖励200元、400元、800元和1200元。这些奖励,虽依然无法完全体现班主任的劳动付出,但是,至少让我们的班主任成为学校里收入最高的群体,让他们感受到学校对他们工作的一种认同和支持。希望更多的学校能够有更好的措施、更大的力度来加强这方面的探索。希望我们所有的班主任都能够抬起头来,幸福而骄傲地说:我是一名班主任,一名幸福的班主任。

我始终坚信:什么时候班主任真正成为令人羡慕的岗位了,学校的德育工作就真正有地位、有作为、有希望了。

突围之五:让德育评价多一份远见和从容

不久前,和一位社会实践基地的负责人聊天,他说,一所学校的教育究竟如何,在社会实践基地一星期,就能看出来。

他一再肯定我校学生的精神风貌和行为习惯。我校学生遇到老师都会主动鞠躬问好,吃饭的时候,不需要老师管理和督促,都自觉排队,安静有序。而有的学校,即便班主任大声呵斥,依旧乱糟糟、闹哄哄。他说,学生的成绩如何由很多因素决定,但看学生的品行习惯就知道一所学校的办学品质。自由而无监督的环境下,最能反映出学生的真实教养,也最能展现出学校教育的真实痕迹。

2017年8月18日,在宁波市镇海中学体育馆内,举行了镇海区2017年教育成就奖颁奖仪式,中共镇海区委书记林雅莲和镇海区人民政府区长魏祖民给部分高中师生颁奖。一个学生领完奖在我面前停下:"校长,您也在这里?"原来,他是我区另一所重点中学龙赛中学的学生。令我意外的是,龙赛中学有六名品学兼优的毕业生获此殊荣,其中有四名是从我校毕业的。这几个学生自豪地告诉我,立人的学生在高中的表现都是不错的,没有给母校"抹黑"。

我说这两件事,是因为这里面涉及德育评价乃至学校评价问题。

德育乃至学校教育,到底如何评价更科学?

学生离开校园后,在自由状态下的真实素养如何?

学生离开学校多年后,在高一级学校或社会上又表现如何?

不考虑这些问题,我们的评价就不能正确反映学校德育乃至整个教育工作的真实性和有效性。

我们当前的德育评价常常局限在校内,而且往往局限于当下。往往是检查组到校,查看档案资料,察看环境卫生,找几个学生座谈,发几张师生问卷,不用半天,就宣告结束。这就等于,果子尚未成熟的时候,在进入市场之前,就早早对果子的品质和果农的水平做出了结论。

而且,在整个学校评价体系中,德育工作占的比重也往往失之于小和轻,远不如教学成绩分量重。即便在占比上显出重要性了,也最终因为"不容易考评",导致各校得分相差无几,不如成绩那般优势"醒目"、差距"显著"。这就是多年来,我们的一些校长对德育工作"心不在焉"甚至"口惠而实不至"的原因。

德育工作具有复杂性、迟效性和潜隐性等特征。德育工作的成效,有些是学校方面决定的,有些甚至更多的是家庭和社会等因素决定的;有些是挂在学生脸上的,有些甚至更多的是深藏在其内心的;有些是在当下呈现的,有些甚至更多的则是在很久以后才显现出来的。德育评价,远不如学科教学评价来得简单。

正因如此,面对蜻蜓点水、浮光掠影般的检查考评,学校很容易在短期内做些文章,就得到满意的结果。即便存在一些问题,也很容易找到一大堆理由为自己开脱。也正因如此,我们的检查组应当多一些耐心,多花一些时间来观察,多走一些地方来调研,多等几年来跟踪。教育行政部门更应勇于担当,在考评内容和方式上做些大胆合理的变革和改进,用更为科学的评价体系,督促、指导和推动学校德育工作的开展。

十年树木,百年树人。只有建立一个面向未来、着眼长远的评价体系,学校领导特别是校长们才会树立百年树人、久久为功的意识,学校德育工作才能摒弃急功近利、肤浅表面的作风,走向科学,走向正确,走向深入,走向深刻。

中小学德育工作要实现突围,当然需要全社会的共同努力,尤其需要家长的大力支持和配合。但是,坐等一切好起来,然后说"好了,我们可以开始努力了",显然不是教育人负责任的态度。我们唯有从自身入手,从自己开始,实现教育内部和教育者自身的思想、观念和方法、能力的率先突破,才能赢得他人的理解、支持和配合,我们的中小学德育工作,才能迎来理想的"自由王国"。

> **感 悟**

受命给德育专家云集的浙江省教育学会德育分会会员大会做报告,并且是唯一的一个报告,的确有一定的压力。因为这个话题比较大,很难把握。但由于多年来对这方面有一些思考,而且恰好也发表过类似的一篇文章,于是,结合时代特点、教育现状和中小学德育的实际情况,还有我校的实践探索,做了这个报告。因为植根于教育现实,加上有自己的一些思考,并能够以富有个性化的语言进行表述,所以受到同行们的好评。

有人在群里说:"太精彩了,妙语连珠,好多话都没记下来。"还有人说:"后悔没带录音笔!恨不得每个字都记下来!"一位高中班主任发来短信,说这个报告"直抵我内心,抚慰我灵魂"。

什么样的学校值得信赖

在镇海区某小学毕业生家长会上的招生动员发言

2018年6月6日

尊敬的各位教师、家长朋友：

晚上好！

非常感谢大家给我这个机会，让我用半个小时左右的时间，介绍一下我们立人中学。

我主要讲几个问题。

一、我们为什么把孩子送进学校

这个问题，其实也是孩子为何需要教育的问题。

我不想对此做专业性的探讨。我是一名校长，也是一名家长。我想从一名普通家长的角度，来思考我为什么要把孩子送进学校。

我的想法是，我和我的爱人都有工作，都没时间照顾孩子。即便有时间照顾，我们也不是全知全觉的，我们无法在家里教会孩子今后他所需要的众多知识和能力。更何况，鲁迅先生早就说过："孩子是要别人教的，毛病是要别人医的，即使自己是教员或医生。"

所以我需要把孩子送进学校。

送进学校又为了什么？

我希望他在学校里能够学会学习,成绩好一点,今后能升入更好的学校。上一所好大学,读一个好专业,今后有份好工作,能够独立而有尊严地养活自己,过上幸福的生活。

我希望孩子在学校里能学会做人,有自信,负责任,守纪律,会合作,懂感恩,有良心,将来走到哪里都能够受人欢迎,对别人有帮助,对社会有贡献。在他困难的时候,也会有人及时向他施以援手。

我还希望孩子学习负担不要太重,希望他学得快乐又健康,尤其不能因为学习负担太重,把身体搞垮了。

总之,让孩子在经过学校的教育后,能够拥有独立生活、健康生活、幸福生活、善良生活的能力和品质。

我们绝大多数家长是不是也抱着这样朴素而实在的愿望?

二、我们希望孩子进入什么样的学校

我想,无非这几个方面。

第一,理念要先进一点。这个理念,是校长的办学理念,是教师的教学理念,是班主任的管理理念等。学校要重视学习,但又不能只讲成绩,忽视德育,忽视体育,忽视心理健康教育等。

第二,师资要优良一点。教师素质高一些,不仅教学能力强,还要有较高的师德修养、较好的敬业精神,对学生有爱心、有耐心,对家长有同理心,对工作有敬畏心,对生活有感恩心。这样,他教的学生成绩才会好,做人才会好,人生才会好。是不是?

第三,管理要严谨一点。初中生都处在青春期,看起来长高了,像个大人的样子了,可考虑问题、做事情还幼稚得很。但他们自己呢?感觉厉害得不得了。你们不要笑,准确地说,看着像成人,其实是远未成熟的人。这个阶段的孩子,叛逆心强、任性、冲动,这点在家里特别明显。父母都感到很难对其进行管理与教育。我们希望学校能够管理得严格一点、严谨一点,让孩子能够学会自觉、自知、自律,学会换位思考,学会自我管理,学会对自己、对他人、对社会负责。

第四,环境要优雅一点。孩子到一所学校,短则三年,长则六年。除了睡觉,醒着的时候,大多数时间都在学校度过。所以学校环境一定要好一点,最好像公园、像花园,能够让人赏心悦目,心旷神怡。否则,一片苍白或荒凉,和坐牢与流放有什么区别?孩子怎么会开心生活呢?怎么会向往未来的幸福生活呢?再说,在优雅的环境里长大的孩子,往往会更优雅一些;在乱糟糟的环境里长大的孩子,往往会粗野一些。是不是?

第五,声誉要更好一点。我们对一所学校无法做到透彻了解,但是,我们能听别人是怎么评价的,社会是怎么评价的。声誉这个东西听起来好像很虚,但其实就是靠上述几个方面积累起来的,靠多年的办学质量积累起来的。声誉好了,我们就会放心一些。另外,我们每个人都是有虚荣心的,声誉好了,孩子在里面读书,孩子的感觉会好一些,我们家长感觉也有面子,是不是?

我看大家都很认同这几个方面。我们都是家长,心都是一样的。

三、立人中学是一所什么样的学校

我负责任地告诉大家,立人中学就是如上所述的一所好学校。具体来说:
(一)理念先进,措施得力

我们的理念是"以德立校、以德促教、以德树人"。我们认为,要对优秀学生负责,更要对每一个学生负责;要对学生负责一阵子,更要对学生负责一辈子;要教会学生做题,更要教会学生做人;要抓好学生的成绩,更要抓好学生的成长。

我们的校训就是"世界因我更美好",校风则是"守护良心"。你们今后走进立人中学,在大门口就可以看到一块巨大的石头,它的正面和背面刻着这两句话。这背后,就是2011年10月发生在广东佛山的小悦悦事件。一个孩子,被两辆车子碾压,十八个路人和两个车主,都选择了冷漠路过。只有第十九个路人,也是第二十一个大人,即收废品的陈贤妹,抱起了她。我们全校师生和家长讨论后,定下了这个校训校风。我们相信,心好,一切都好。良心守住了,在家就是好儿女,在校就是好学生,在社会就是好公民。我们的孩子长大后就能成为有道德、有贡献的人。为此,我们采取了许多有效措施。

比如,开展基于守护良心的价值观教育。聘请感动中国人物陈斌强和浙江骄傲人物林萍等道德楷模做良心教育导师。系统开展"日行一善,日行一省"活动,让我们的孩子少一些自我中心,多为他人做些好事;每天做人做事,少一些盲目性,多一些计划性;遇到问题,少寻找借口,多做自我反思等。

比如,探索基于小组合作的任务型生本课堂教学模式,让每个孩子做驾驶员,不做乘客,积极参与课堂学习,做学习的主人。

比如,实施面向每一个学生的激励制度。包括私人订制校长奖励制度、荣誉申请制度、激情班会制度、激情跑操制度,以及周先进、月榜样、学期标杆和年度人物等各级各类先进表彰制度,让每个学生在三年内有机会走红地毯、登主席台、领奖状、受表彰。我始终相信,多一把尺子,就多一批人才;多一份奖状,就多一些自信。

许许多多的好做法,不一一列举了。今后孩子进校了,你们自然会深有体会。

(二)师资优良,作风优良

我敢说,立人中学的师资队伍在全区义务段是领先的。我校中级和高级教师占全校教师的77.6%——这个比例,在全宁波的初中都应该是名列前茅的。其中区级、市级和省级名优教师等共55人。全区义务段特级教师只有3名,其中2名在我校;全区义务段正高级教师只有1名,也在我校;全区市级名班主任只有1名,同样在我校。我们年轻教师也非常优秀,成长很快。宁波市青年教师卓越工程中,我校有四人入选,人数是全区义务段最多的,其中叶冬娥老师成为卓越工程中的影子教师人选,她是镇海区唯一一位获此荣誉的教师;史璟老师工作一年,就获得宁波市优质课一等奖;荆建春老师工作一年就开始担任两个班级的班主任,而且比一些老师带一个班级还要好。

你们说我们的师资队伍强不强?

可以说是名师云集、群英荟萃了。

当然,有这些荣誉不一定就好,教师还要敬业爱生。我们的老师非常敬业,许多学校认为现在是网络社会,不需要家访了。我们每年都组织教师家访,要求各班级教师走遍所有孩子的家庭,去关心、了解学生,以便做好教育工作。多位来我校"蹲点"的校长告诉我,我们的老师在食堂里吃饭时都经常讨论、交流学生问题和教学问题。

2013年,宁波市"感动甬城学子十大优秀教师"评比中,我校张惠玉老师成功入选。她虽然是音乐教师,而且临近退休,但非常关爱学生,经常周末去学生家里家访,学生都叫她"张妈"。要知道全宁波有几万教师啊,进入"十大"名额的就有一个是我校的,多不容易啊。还有刚刚说到的叶冬娥老师,2014年,她作为全区唯一入选的宁波市影子教师,可以参加澳大利亚为期一百多天的脱产培训。大家知道,这个机会对任何老师来说,都是梦寐以求的,而且几乎是错过就没有第二次了。但是,她担心自己离开这么久,学生过完暑假就初三了,会受到影响,因此,主动放弃了。当她告诉我的时候,我很难相信这是真的。

她们只是我校广大教师的一个缩影。

当然,我们对教师的管理也是非常严格的。怎么严格,不说了。你们大概也听说过。这些年就有学生和家长说,立人中学的校长对学生是很好的,但对教师要求特别严格。这个说法是对的,我们对教师要求严格,就是为了让他们对学生更加负责。

(三)管理严谨,校风清正

好的管理一定是严格而严谨的。当然,严而有爱,严而得法,严而有度。总之,不能以爱和宽松的名义,放弃责任,放任不管。

我们对学生的管理,几个例子可以说明。我们的学生在去吃饭、做操、做实验的路上,都是昂首挺胸、安静有序、迈着整齐的队列行进的。我们1300多名学生,在两个楼层就餐,吃饭时安安静静。除了调羹和餐盘的触碰声,没有其他声音。台湾一位教育专家来我校后,感到震撼。她说,从这样的学校走出来的孩子,今后肯定教养特别好,气质特别好,找对象都会特别受欢迎。这个说法倒真是我们没有料到的。这个说法,你们觉得有没有道理?

我们的学生一年四季穿校服,六套校服不到八百元,可以穿三年。穿校服的好处多啊。穿了校服就会时刻有强烈的学生意识,走到外面,碰到意外事故,更容易获得成人的帮助和保护。更主要的是,每天早晨起来,都不用考虑穿什么衣服,也就不必向父母提出买什么牌子的衣服搞攀比了。这样,心就静了,就容易专注于学习了。

我曾长期在高中任副校长。有一段时间,学校对校服管理松了,结果有家长打电话来质问我们:"你们为什么对校服管理松了?我看着我家孩子都快烦死了,她每天起来在衣柜里一件一件挑衣服,在镜子面前照来照去,半个小时搞不定。现在都高三了,还这个样子,多浪费时间啊。我都快急死了!"

我们马上加强校服管理,她就特别开心。为什么呢?孩子每天起来,不用费脑筋想穿什么衣服,就三个字——穿校服。你看,既省事,又省时啊。校服穿久了,学生意识深入骨髓,干坏事的心就容易死了,谈恋爱的心都不容易产生了。

总之,我们对日常管理是非常严格的。严格是为了让学生养成终身受用的良好习惯和品质。比如,在路队中学会礼让,在如厕中学会自律,在就餐中学会宁静,在微笑中学会自信,在问好中学会友善,在值日中学会负责等。

什么是教育?爱因斯坦说过:"教育就是一个人把学校里所学的知识全部忘记之后,剩下来的东西。"这些东西,就是品质,就是素养,就是学生真正可以终身受用的东西,是他们人生成功和幸福的基因。

(四)环境优雅,内涵丰富

每年四月中旬,全区各初中生都会来我校参加中考体育测试。许多学生在测试前后,会在我们校园里奔来跑去。他们一边在校园里转悠,一边发出羡慕嫉妒恨的声音:"哇,立人中学这么漂亮啊,像公园啊!""这里有许多鲤鱼呢!""还有天桥呐!"

近年来,我校投入许多精力和财力,建设故事化校园。让校园处处是风景,处处有故事,时时刻刻能够给人以启发,让人发呆,促人思考,催人奋进。

比如,有一棵柳树,在台风中被刮倒了。但是,我们将它保留了下来,用木栏杆围起来,把它称为生命树。写了一段话,让学生明白,人生总会遇到暴风骤雨,会有挫折失败,但是,你需要学会坚强,像这棵树那样,可以被击倒,但绝不可以被击垮,只要有一丝希望,就要继续生长。现在,这棵树成了学生的精神支柱。许多学生在中考前压力大,就来看这棵树,给自己鼓劲加油。

我们有一个园子,叫立行园。园中的假山上,水哗哗流下来,经过曲曲折折的小溪,在一个池子里,喷泉喷薄而出,寓意"滴水之恩,当涌泉相报",让学生学会感恩。

还有一棵桂花树,是一位校友在异地去世后,他的父亲在这里种下的。这位父亲经常来这里看这棵树,看到树,就如见孩子。我们将它命名为慈父树,告诉孩子们,父母是那么爱孩子,你们一定要珍爱生命,发愤图强,做让父母放心而骄傲的人。

这样的故事很多很多。每年新生入学,我们都会让老生带他们游览校园,让他们领会这些故事的意义和学校的期望。毕业前,让学生再游览一次校园,考核一下他们对故事的理解情况,然后,给他们颁发毕业证书。

我们想告诉他们,学校里学的许多知识可以忘记,但是,不能忘记这里的故事;记住了立人校园里的故事,就记住了立人中学的教育精髓。

(五)声誉良好,同行敬重

关于声誉,我有个观点,不仅看民间舆论,更看学生感受和同行评价。为什么?因为民间舆论通常是比较直接而功利的,往往是今年考上镇海中学的学生多一两个,就认为这个学校比别的学校好。他们只看升学成绩,而且未必是升学率,只看优秀人数。但是,学校是对每个孩子负责的,不是对几个优秀生负责的;学校是对学生的终身发展负责的,不仅是对暂时的成绩负责的。

当然,就优秀生的培养和中考成绩而言,我们也是有底气的。全区公立初中有九所,但是,每年考进镇海中学的人数,我们学校就占了三分之一多。

近几年都是如此,你们是知道的,对吗?

但相对上面这个成绩来说,我更看重学生感受和同行评价。因为学生感受虽然有时候幼稚,但比较真切,而同行评价则相对更为专业。

我们每年都要在学生中进行对教师的考评调研,学生对教师的满意度都比较高。一般来说,98%的教师,学生满意度在95%以上,只有三四位教师,满意度未能达到95%,但是通常都在88%以上。在我看来,这是非常不容易的事情。

关于对学校的评价,你们看,这里有许多学生的留言,其中这名姓钟的同学,现在镇海中学就读,他给我发来短信说:"厉校长,上了镇中后才发现初中养成的预习习惯令我受益匪浅,尤其是在文科学习方面,课前经过预习,往往上课时理解得十分迅速,课后做作业效率大幅提高,基本上不用翻书。所以,我们的实践证明,立人中学的学习任务单模式绝对有助于好的学习习惯的养成,应该一直推行下去!"

而同行呢?

你看,《人民教育》《中国教育报》《德育报》《浙江教育报》等这么多省级和国家级的专业刊物,都对我校做过多次介绍和报道。每年来我校参观考察的人都有四五十批次。多的时候,一个星期就有近十批次。北京、上海、广东、西藏、内蒙古、江苏、重庆的都有,省内杭州、台州等地也经常有人来"蹲点"。

一所学校好不好,其实,看一个小时难以下结论,但"蹲点"几天就很容易看出来,一个月更是有个客观全面的认识了。大家想想看,一所普普通通的初中学校,为何能够吸引这么多的省内外同行?需知道,他们是同行啊,是教育的内行人士。这说明,我们的教育是有一定品质的。

当然,更让我高兴的是,我们学生在外研学(过去叫春游之类的),或者到社会实践基地去,常常被夸是素质最好的。为什么?一是他们懂得排队,不会乱糟糟的;二是他们懂得安静,不会吵吵闹闹;三是他们懂礼貌,人人会问好。

最后,大家有什么疑问,可以举手提问,或者也可以会后提问,还可以来电询问。谢谢大家。

> **感 悟**

向家长介绍学校，要始终站在家长的角度来思考问题，想家长之所想，讲家长之所需，理解家长对教育的需要是什么，这样才能说到家长心里面去。

介绍学校，不能面面俱到，不能过于模式化，也不要过于专业化，尽量少用抽象的术语和理论。要以最通俗易懂的语言，以生动实在的事例、必要的数据，让他们了解校长的理念、教师的水平和学校的质量。

这几年，每次招生会议上，向家长做介绍，家长们都会笑声掌声不断。会后，常有许多家长围住我，询问学校招生的有关情况。许多人即便不在我校生源区域，也前来打听。他们都非常认同我校的办学理念和管理模式。

走向德育工作的新天地

在宁波市首批中小学名班主任工作室授牌仪式
暨"新时代的班主任使命"主题论坛上的发言

2019 年 3 月 12 日

尊敬的各位领导、专家和同行朋友们：

上午好！

得知被聘为宁波市名班主任工作室导师，我诚惶诚恐。在众多一线优秀班主任面前，我这个当了多年校长的所谓导师，会不会跟不上他们的步伐？

但转念一想，能够有机会和一群优秀的班主任同行，一起探讨、交流、学习学校德育和学生教育问题，也不失为一件美好的事情。

多年来，我一直在呼吁：有关部门能不能尽早出台政策，让班主任和德育工作者也能够像学科教师那样，在县级和市级乃至省级有一个不断发展的专业提升空间？德育工作，特别是班主任工作，什么时候才能真正迎来扬眉吐气的时代？学校德育工作者，特别是广大班主任，什么时候才能获得应有的地位和尊严，迎来属于自己的真正的春天？

现在，中小学德育工作者，特别是班主任的春天，来了。

至少，在宁波，在浙江，是来了。

我们宁波，在全国较早打通了班主任专业化的上升双通道，即职称通道和荣誉通道。这次，又成立了宁波市班主任专业发展指导中心，专门研究和指导中小学班主任工作。

这一切，需要政府各级层面提供坚实的财力、人力和物力支持与保障。这一切，也需要政府和领导层面具有极大的勇气和远见。

这是为我们广大一线教师在班主任专业化发展方面所做的意义非凡的奠基性工作。

借此机会，我建议大家，向宁波市教育局和教育学院领导以及为此奔走呼吁并献计献策的众多专家同行表示由衷的谢意和敬意。

同时，我也建议大家向刚刚获得名班主任工作室铜牌的领衔人和加入首批中小学名班主任工作室的各位学员表示热烈的祝贺。

我相信，名班主任工作室的成立，将会开启宁波中小学班主任工作的新时代，也必将开启宁波市中小学德育工作的新时代。

今天，作为导师代表之一，我想借这个机会和各位年轻而优秀的同行朋友们探讨几个问题。

第一个问题：我们缘何而来

这个问题，其实是目的和动机问题，也是初心问题。

我经常说，德育工作是一项百年工程。它最大的特点是非功利性。它很难像教学工作那样，可以用分数来检测成果，它也很难立竿见影。

它总是躲在辉煌的成绩背后，躲在亮丽的荣誉之外。但是，它又承担着奠基性、根本性和关键性的重任，关系着真正的大功大利。参天大树高高在上，花枝招展，硕果累累，容易引人注目。但是，德育及其效果，却是那深埋地下的根须，支撑和支持着大树所有的光鲜和美丽。

所以，我也常说，班主任强，则学生强，则班级强，则学校强，则教育强，则国家强，则民族强。

这一点，并不是所有人都能够认识到。在许多人眼里，德育工作仅仅是维护安全和促进学习的一种手段，班主任工作并无多少其他价值和意义。因而，在实践中，许多老师总是躲着避着推着拖着，千方百计逃避班主任工作。

在这样的背景下,德育工作自然就显得暗淡无光了,而德育工作者们在其他学科名师面前也总显得黯然失色。

可是,就在这样的情形下,我们这些人为何一直坚持在这条路上,走了多年,逐渐走成了名优班主任?

我想,或许是因为,我们比一般人对育人工作有着更为深刻而独特的认识,比一般人有着更为淡泊而虔诚的心灵,比一般人有着更为鲜明而坚定的信念,比一般人有着更为丰富细腻而博大深厚的爱心吧!

或许,我们可以把这称作德育人的初心吧。

我希望,我们每个人,无论现在获得了多少荣誉,无论今后取得什么样的成绩,无论今后会在什么样的岗位上,始终能够怀抱初心,对德育多一份热忱和支持,对德育人多一份信任和关爱。

这一点,我想说的,其实就是要怀抱初心。

第二个问题:我们将何往而去

这是方向问题。

莎翁说过,凡是过往,皆为序章。

在座的各位学员,经过多年的努力,又经层层选拔,成为首批中小学名班主任工作室的学员。你们要么是县市区级的优秀班主任,要么是宁波市级的甚至省级的名优班主任。你们在过去,都曾有过出色的表现和业绩。但是,我希望,从今天开始,我们一起归零,重新确立目标,重新整装待发。

谈到目标,我想,还是借用习近平提出的中国梦来说吧。我们需要有自己的教育梦,自己的专业梦。梦想,是一定要有的,万一实现了呢?

我们要清晰规划好自己的发展方向和追求目标。

教育是立人立己、达人达己的事业,也是育己育人、自助助人的事业。这就要求我们必须有奉献精神,甘为人梯,真诚热爱教育和学生,促进每个孩子快乐生活、茁壮成长,努力为社会培养更多更好的合格公民和优秀人才。同时,也要懂得自我规划,不断完善和提高自己的立德树人水平与能力,让自己拥有幸福而成功的教育人生。

作为平凡人和普通人,我们同样需要有持久的成就感、价值感和幸福感。我们同样需要外在的激励和支持,需要来自他人的信任的目光和理解的微笑。我们同样需要拥有自己的舞台和属于我们的掌声。

我们在帮助学生实现成长的同时,不能忘了让自己获得发展。这是为了给自己创造更广阔的育人天地,给自己更充足的底气和勇气,也让自己可以享受到更丰富而高贵的教育生活。

这一点,我自己有着深刻的体会。工作二十多年来,我从一名普通教师到校长,再到名校长,从一名新教师到名师,再到特级教师,从一名见习教师到中级教师,再到正高级教师。在教育生涯的每个阶段,我始终都明白,我需要什么,我该往哪里去。所以,至今,我对教育依然充满热情,依然怀抱憧憬,依然为之痴迷和陶醉。

总之,作为班主任,我们在默默奋斗、埋头赶路的时候,别忘了志存高远,行有方向。我们美好了,学生才会美好;我们幸福了,学生才会幸福;我们成长了,学生才会成长;我们卓越了,学生才会卓越。

所以,我真诚希望各位要始终相信自己,志存高远。

第三个问题:我们将如何前行

这个问题,其实就是行动路径问题。

有了激情,有了梦想,还需要清晰明了的行动计划和扎扎实实的行动步伐。

我认真学习了《宁波市中小学名班主任工作室手册》,它对工作室成员和各学员的责任与要求,做了科学而明确的规定,提出了很好的指导意见。

教育局领导和教育学院领导以及专家,也为我们提出了许多非常宝贵的意见和建议。

概括而言,就是要多做多实践,多读多学习,多想多研究,多说多交流,多写多反思。

我认为,每个人在综合这些要求和意见、建议的同时,要结合自身基础和需要,制订切实可行的行动计划。从现在开始,把每一天当作实践梦想的基石,让每一天都往梦想的方向靠近一小步。

这一点,我想说的,其实就是要脚踏实地。

我希望,我们能够把这三个问题想明白,始终做到怀抱初心,志存高远,脚踏实地。

这样,从今天开始,我们就将迎来一个又一个新起点,一段又一段新征程,一片又一片新天地。我们德育人,终将迎来属于自己的鸟语花香、硕果满枝的梦想世界。

最后,祝各位领导和学员们身体健康,工作顺利!祝在场所有的教育人能够安享更丰富、更高贵的教育生活!

谢谢大家!

> **感 悟**
>
> 作为导师,给学员讲话,关键就是帮助他们发现自我、规划自我,然后学会完善自我和超越自我。作为一线班主任,如果不能自觉培养起一种强烈的教育情怀,不能拥有明确的专业发展目标,就很难从无比烦琐的日常工作中享受到真正的乐趣,获得持久的力量。

未来学校：人和技术如何共舞

在教育部"中国教育现代化2035暨未来学校学习方式的变革研讨会"上的发言

2019年5月13日

各位领导、专家：

最近几年，大家都在谈未来学校建设，谈的都是如何利用技术来促进教学，比如，如何促进课堂教学、课程开发、作业、考试等方面的变革。

是的，这个话题，一直以来关注的核心是教学，重点是技术。许多讨论和研究也基本都围绕着这两点展开。

刚才，几位专家基本上也都在谈这个问题。

我校在这方面也做过一些探索，但总的来说和大家讲的大同小异，只是没有大家做得全面和深入。

所以，再让我谈谈这方面的内容，我感到底气不足。

幸好，之前我问了主持人，他说，这个话题很宽泛，随便谈什么都可以，而且这个论坛是可以讨论、争鸣的。

我就谈谈自己对未来学校的一些困惑、一些思考，向大家汇报，也向各位专家讨教。

一、未必多余的担忧

2018年11月底,一则新闻震惊了世界:中国南科大教授贺建奎,在第二届人类基因组编辑国际峰会召开前一天宣布,一对名为露露和娜娜的基因编辑婴儿于11月在中国健康诞生。这对双胞胎的一个基因经过修改,使她们出生后即能天然抵抗艾滋病。这是世界首例免疫艾滋病的基因编辑婴儿。

这意味着,我们今后可以人为地设计人类自身,包括按照自己的意愿改变人类自身的进化和繁衍规律。

前段时间,看到一个报道,说几乎可以以假乱真的机器人伴侣,很快就要问世了。据说,还未面世,已经深受期待和欢迎,预订的很多。

这又意味着,人,在人类至关重要的性方面的需求,也完全可以由机器来替代和满足。也就是说,大自然赋予"人"自身的其他物种所无法替代的关键功能,也可以让人制造的机器来替代。这也意味着,机器可以具有感情,具有和人一样的"人性"。

最近,看到一则新闻,说美国麻省理工学院的三位科学家实现了用AI软件控制猴脑神经元活动的操作。这是使用人工神经网络来理解真实神经网络的一大突破。

这是否又意味着,不久的将来,人与机器的界限将模糊甚至消失,人和动物的界限也将模糊并消失?人可以让动物具有人的大脑思维,即智力和情感?人可以控制动物的思维和行为,进而也可以将此技术恶意用于人类自身,即一个人可以控制另一个人的大脑和行为?

换句话说,不久的将来,我们的世界上会出现这样一种奇怪的组合:人的身体,机器的大脑;或者这个人的身体,另一个人的大脑;或者动物的身体,人的大脑。而且,以上这一切奇怪的组合,可以由一些人或某个人来任意操纵,而其他人可能浑然不知操纵者是谁。

要生产这样一些过去只在科幻小说里出现的情景和奇特的所谓"超级"物种,在技术上,已经不是遥不可及的了。相反,如果套用刚才"未来已来"的说法,那这一切很快就可实现了。

只是,我们是不是真的已经做好了迎接这一切的准备?

我们真的需要这么多技术吗?我们真的准备好接受非自然的人类了吗?

我们准备好与像真人一样的机器人伴侣或爱人、同学和朋友、家人友善相处了吗?甚至我们,准备好接受和应对人机一体的似人非人的特殊物种了吗?

当许多人惊讶于这些现代科技之高超,沉醉于它们将会带来的巨大的经济效益的时候,我们如果从另一个视角去进行预测和想象,将会感到不寒而栗。

未来我们面对的,究竟会是一个怎样的世界?我们真正需要的,应该是一个怎样的未来?

我之所以不轻易迷恋技术和狂热追随技术,是因为在我们现实中,这样的惨痛教训已经太多。

这些年来,因为手机和网络游戏等问题,学生自杀、弑母、弑师的极端案例屡屡发生,至于由此带来的厌学、逃学和校园暴力以及抑郁等问题,更是层出不穷。我们已经非常真切地感受到:技术世界越丰富,我们越容易迷失自我,人类越容易迷失自己。

我看到过一只斑鸠,在学校一个三面玻璃的教室里,一遍一遍地撞击玻璃墙。它从一扇狭窄的窗户里钻进来,想飞出去。它到处飞,到处都是光亮的天空,可是,到处都碰壁。它看见我,更加慌张,撞击得更加猛烈。它几次跌扑在地上。在那间教室里,多次出现撞得头破血流最后怀疑人生绝望而死的鸟儿。

人类,在面对各种似人非人、亦真亦幻的世界时,在不久的将来,甚至已经到来的"未来"的生活中,会不会像这些鸟儿一样,一旦走进去了,就再也走不出来了,最后,因为分不清玻璃和天空,撞得头破血流,甚至气绝而亡?

如果如上所述,在我们的生活中,一切都数字化了,物联网、人工智能无处不在,技术无所不能,而人也成了技术的一部分;当我们的生活和世界充满了真真假假、虚虚实实,虚实相生、真假难分的事物甚至物种的时候,我们这个世界会变得更美好,还是会变得更糟糕或者更可怕?我们人类这个物种会变得更好,还是会变得更糟糕或者更可怕?

我不知道。

我无法想象,那时候,我们将会生活在一个怎样的世界,那时候,我们将怎样面对我们的学生,开展我们认为的有意义和有价值的教育。

时下,我们的孩子们已经越来越缺少烟火气了,他们越来越把自己的精神世界交给网络世界的信息和游戏。他们是数字时代的原住民。他们从小生活在互联网时代。未来的孩子将生活在物联网时代甚至全域智能化时代,到时候,他们会比现在更加不懂得牛奶是从哪里来的,鸡蛋是谁下的,土豆是从哪儿长出来的。

现在,许多人都在用电动牙刷。我从来没有想到,连刷个牙齿,都要电动了。以后,洗脚、洗澡,会不会都交给机器人?今后,生育会不会也交给机器人?

今后,即真的"未来"已经到来的时候,我们的校园里、教室里,会不会出现人和机器人共同生育的学生?会不会出现前面所述的许许多多不是我们现在所定义的"人"的学生?

我们又该如何去教育他们?那时候会是什么样的情形?

海子在《面朝大海 春暖花开》中写道:"从明天起,做一个幸福的人 / 喂马,劈柴,周游世界 / 从明天起,关心粮食和蔬菜 / 我有一所房子,面朝大海,春暖花开 / 从明天起,和每一个亲人通信 / 告诉他们我的幸福……"

多么令人神往的简单而幸福的人间生活!

可是,今天的许多孩子已经很难理解这样的诗歌了。他们会问:"有了汽车,还需要喂马吗?有煤气和太阳能灶了,为什么要劈柴?可以打电话、发微信,要信做什么?"

今后,他们会更难理解这一切,包括"人为什么要结婚""人为什么要爱别人",甚至"这个世界,为什么要存在我所不喜欢的人""既然人是不必要存在的,世界又为什么还需要我的存在"等。

高晓松曾说:"生活不止眼前的苟且,还有诗和远方。"

学生精神具象世界的消失,可能会导致人生价值的虚无化。

这种担忧,并非危言耸听,更非矫揉造作或标新立异。

另一方面,校园里,人与人之间的关系越来越疏离。师生之间,同学之间,关系疏远、冷漠,貌合神离。每个人的朋友都在远方,都在网上。如诗人顾城在《远和近》中所言:"你看我时很远/你看云时很近。"

几年前,有位老师在课堂监考时去世,学生竟然视而不见,在他们看来,正在进行的考试比一个人的生命更重要。这些年,弑师、弑母事件时有发生,而很多时候,原因竟然只是手机被老师和父母没收。现在,学生之间,能够一起顺利毕业就得感谢室友"不杀之恩",因为无数的校园惨案已经让他们明白:或许哪一刻,来自身边的伤害就会不期而至。

情感世界的冷漠,是我们过分依赖技术带来的必然结果,还是我们自身对情感教育的忽视所致?

我们的教育如何教会孩子在技术运用中保全与生俱来的纯真和善良?我们在开发、应用和推广一样技术的时候,是否需要保持一份应有的清醒,预见一些可能的技术应用风险,并恪守必要的技术伦理?

我们是否应该时刻警惕和预防,避免人自身被技术异化,避免人性在技术应用中的弱化、退化乃至异化?

所以,作为校长,对于未来学校,乃至对于当前的学校教育,我最关心也最担忧的,真的不是我们如何利用技术来提高学习成绩的问题,而是我们如何和技术"抢"孩子,学校如何在技术时代继续留住孩子,面对光怪陆离的技术世界和数字社会,我们如何建设一所好学校,让教育变得可爱而亲切,依然保持学校应有的魅力和价值。

我们不能,也无法让学校逃避现实,拒绝技术。但是,我们也不需要和社会、工厂比赛如何让学校弥漫更多的现代技术的味道。或许,恰恰相反,我们的学校更应当学会和技术保持适当的距离,以确保自身的独立,用更为理性的目光审视技术,并以技术世界所没有的美好事物,来填补学生在技术世界中所缺失的教育。

庄周梦蝶的故事,大家都听过,他一梦醒来,不知道到底是自己化成了蝴蝶,还是蝴蝶化成了自己。这种怀疑人生的状态,在真假难辨的未来生活中,会不会成为我们每个人的人生常态?

可是,无论是学生、学校,还是我们这些教育者,真的准备好迎接这一切了吗?

二、应该坚守的立场

康德认为"人是目的",每个人"在任何情况下把人当作目的,绝不只当作工具"。苏霍姆林斯基认为"人是最高价值"。

无论是现在的学校还是未来的学校,无论未来的科技多么发达,始终不能脱离"人"这个中心。以人为中心,以保全人性、保住人伦、保护人类,成全人自身的健康美好的生活为中心。

技术无论如何发展,都需要做好"守护人类"这个初心和使命。

未来的学校,包括未来的教育,最让我关心的,不是我们能够运用多少技术来服务教育,而是我们能够摆脱多少对技术的依赖,来保持人类自身的完整、人性应有的美好和人生纯真的幸福。

作为一个多年的德育工作者,我始终认为,我们不是不需要技术,而是在我们提出未来学校概念并试图对现行的学校进行变革和改造的时候,我们一定不要忘了,我们为何出发。

教育始终是为了成全人生的美好。人是目的,也是唯一的目的;人是最高的价值,也是唯一的价值。

我之所以特别强调这一点,是因为,正是技术,让我们的生活无限便利;但也正是技术,让我们现在的教育遭遇了前所未有的困难和挑战。

我们的学校和教育,从未如今天这般艰难。

我们过去总是说缺钱,现在有钱了,学校越造越漂亮。可是,我们的教育者发现,教育越来越无力、越来越无助了。

我曾多次走进那些厌学和逃学的孩子的家庭。这些孩子对什么都不感兴趣,除了手机和电脑。本该在阳光下奔跑、在书本里驰骋、眼睛里充满纯真和好奇的青春少年,终日躲在不见阳光的卧室里,沉迷于网络世界的无限精彩,脸色苍白,眼神暗淡,表情冷漠。

如果你让他们来学校,如果父母劝他们去上学,他们就会说,宁可跳楼,宁可吞药自杀,也绝不去。父母无奈,老师更无奈。

我们做过许多次这样的尝试,最终成功的寥寥无几。

这样的学生,在中小学,尤其是初中和高中,你们去了解一下,不是一两个,也不是三四个,而是一批。从全国来说,甚至有一大批。

每次面对这样的孩子,我总感到教育的苍白无力,并为此深深自责、愧疚。从事教育工作二十多年,我从未如此真切地感受到教育的无奈和悲哀。

在汹涌而来的技术浪潮中,我们的孩子迷失了自己。把手机当玩具,结果,网络成了他们生命唯一的依赖,最终反而让自己成了工具甚至玩具。

人,就这样被扭曲和异化了。

这是最可怕的事情,也是最令人感到无力和悲哀的地方。

所以,这些天来,我一直在思考,我们的未来学校应该怎么样。

我想,我们的未来学校,一定不能绕过我们当前面临的种种困惑和困境,一定不能忽视一个核心的主题:人怎样在技术中保持纯真和善良。

这是我思考的东西。

我们的学校,必须要研究如何教会孩子在今后无所不能的技术世界中,保持人类应有的尊严和善良,恪守作为一个人、一个世界公民、一个网络公民应有的道德伦理,坚守正确的价值观和人生观。

这是所有技术进入校园、进入课堂之前和之后,我们始终要思考和面对的课题。

一位曾在"二战"期间的德国纳粹集中营遭受过非人折磨的幸存者,战后辗转到美国,做了一所中学的校长。每当新教师来到学校,他都会交给新教师一封信，信中有这样的话："请你帮助学生成长为具有人性的人。你们的努力绝不应当被用于创造学识渊博的怪物、多才多艺的变态狂、受过高等教育的屠夫。只有在使我们的孩子具有人性的情况下，读写算的能力才有其价值。"

教育的使命始终是让人成为人，让人成为更好的人。

所以，我的基本立场是：一方面，我们要勇于拥抱技术，迎接新时代；另一方面，我们也要研究和教会孩子如何在技术时代，学会坚守，守住我们人类的天性和良知。

三、未来学校的方向

在解决或者说充分关注上述问题的基础上，再来思考和探索未来学校的一些形态和特点，就显得更有意义和价值。以下是我的一些思考，由于前面几位专家多有论述，我就简单地谈几点自己的想法。

（一）未来的学校，在学习方式上一定要更加注重体验性和探究性

未来的学校，一定更多地强调学生的主体性和创造性，如同费城的未来学校那样，在现代信息技术的支持下，更多地采用基于项目的学习方式。

这种学习方式，真正把教、学、做结合起来，把探究学习和合作学习结合起来，实现与生活的深度结合。

比如，我国正在全面开展美丽公厕建设，我们就可以让学生开展"美丽公厕我行动"项目，调查本地区或社区的公厕配置数量、蹲坑数量和男女分配、厕所地点分布、厕所建设与维护、如厕文明情况等，并研讨如何向有关部门提出改进建议，甚至直接参与最美公厕的设计、装饰、文化建设以及日常维护和管理等。

这种基于社会现实生活的公益性的项目学习，将多种知识和教育功能结合起来，既能锻炼学生的各种能力，又能增强学生的社会责任感和人际合作水平。

因此,指向综合素养提高的综合性学习、实践性学习以及探究性学习,必将成为未来学校学生的学习常态。

(二)未来的学校,在学习方式上一定要更加注重开放和融合

21世纪,是开放的时代。开放,才能融合;融合,更有助于开放。在美国弗吉尼亚州的劳顿郡,我们看到,初中和高中实现了学区内的走校学习。每所学校有自己擅长的科目、设施设备、师资以及研究项目。学生今天在这所学校,明天在那所学校。不同学校之间,实现了资源共享,彼此可以走校选课。这样,既可以避免学校课程建设、师资和设备配置等方面的重复和浪费,也可以最大程度丰富学校教育资源,更好地扩充学生的学习视野和课程选择,更便于学生接触和了解不同学校之间的教育文化。

我们未来的学校,一定是可以让学生跨学科、跨学段、跨学校甚至跨学区学习的。不仅如此,还要彻底打通学校和社会之间的那道围墙,利用社会的一切现成资源,包括来自政府、社区和企业的各种资源,服务于学生的学习。

我眼中的未来学校,学生学习一定是跨边界乃至无边界的,一切生活皆是课堂,整个世界就是课程。生活是最好的课堂,世界是最好的课程。

(三)未来的学校,一定要更加注重培养孩子的道德领导力

我们不仅要培养适应未来社会的人,还需要培养引领未来社会的人。

未来的社会,更讲究个人的自由和自觉,更讲究个性和隐私,更倡导开放多元、包容大气。但是,也因此很容易出现道德滑坡、价值迷失的问题。

这时候,我们指望谁来引领社会的良好风尚?

只有学校。

学校始终需要充当社会的良心。

未来学校,始终应当坚守学校应该具有的本质属性和天赋使命。

我们不应仅仅培养未来社会的适应者,更应着重培养未来社会的引领者。我们不仅培养社会主义现代化的接班人,还培养社会主义现代化的建设者。

这就需要我们重视学生道德领导力的培养,使得学生离开学校之后,能

够引领这个社会往自律、美好的方向发展，而不是迎合或助长享乐主义和极端个人主义等不良风气。

核心是培养学生的道德自觉和自律能力。

未来的社会更注重个人隐私，会更加自由和开放，因而更需要道德辨别和抉择能力，更需要道德自觉性和道德自律能力。

自觉，就是自我觉察，能够意识到自己在做什么，并意识到做得是否正确，进行自我道德评判。自律，就是自我约束和控制，能够及时制止自己或者敦促自己去做，就是正确调整和控制自己的行动。

唯有自觉，才更自律，才懂自由，才更自由。

这种自律精神，一方面，需要我们把学校、把课堂、把班级等交给学生，把学习和生活的自主权交给学生，让学生在自主实践中学会自律。另一方面，也需要积极引导学生养成自我反思的习惯，更加勤于评估自己每天学习和生活的得失。

同时，更主要的是，我们要教会学生在面对网络工具的时候，在网络世界里，在那些无人监督的空间里，做一个数字社会的模范公民，并引领更多的人与技术世界和谐相处、健康相处。

这就是道德领导力。

（四）未来的学校，一定要更加注重劳动教育，注重培养人自身感受和寻找幸福生活的能力

教育一定是来源于生活，而又服务于生活的。

教育一定是为学生实现幸福而完满的生活服务的。

幸福，是一种能力。

但是，信息社会让教师从知识权威和道德权威的神坛上跌落。学生对教师不再充满敬畏感。相较于过去，学生更不会轻易接受任何单调的说教和强加的灌输。

在培养学生的幸福能力方面，更需要转变理念，从灌输走向体悟，从说教走向唤醒。

学校需要创造更为丰富的日常生活情境，让学生从中"自然而然"地获得关于社会、人生、幸福的感悟，从而确立自己的内心准则，培养终身受用的品质和能力。

这里，要特别重视教会学生在日常生活中发现意义。人是意义的动物，也是意义的产物。正是意义感的缺失，让现代社会越来越多的人患上了抑郁症，开始对人生绝望。

这里特别强调一点，在智能化时代，愈发需要加强和创新劳动教育。这时候，劳动并不是为了创造价值和产品，甚至也不是为了解决问题，而是为了保持一份"人"应有的健康体魄和基本的生活技能，也是为了促进人和人之间更多的温情脉脉的交流，保持人类社会应有的温度和美好，让人发现人生的意义，从而更好地保持"人"自身应有的尊严和本质属性。

是劳动创造了人类，人类也必将依靠劳动拯救自己。

在我看来，劳动，特别是体力劳动，非但不会过时，反而会进一步加强。

只有加强劳动教育，我们的孩子才能更多地感知到劳动的快乐，感受到人间的烟火味，感受到人间的温情和生活的美好，从而找到生活和生命的意义与价值。

今天，越来越多的富人们在家里设立了木工房、陶艺工作室或糕点房，不是为了赚点什么，而是为了寄托和寻找什么。

人是在劳动里找到自身的存在价值，发现人生的本质，并促进自身身心健康发展的。

这就要让学生回归"烟火味"，学会在"人间"这个真实的情境中，友善而幸福地生活。

（五）未来的学校，一定要更加注重校园环境的创造性、艺术性和人文性

学生为什么不喜欢学校？

我们的学校，在空间建设和环境建设上，太像厂房，看起来太严肃、太单调。

理想中的未来学校，应该更多地满足青少年好奇好动、求新求异的天性，也一定要更好地呵护这种天性。

所以，建设让学生喜欢和留恋的，能够寓教于乐、寓教于用、寓教于物、寓教于玩的校园环境，就至关重要。这就需要借鉴公园、植物园、动物园、游乐园和科技馆、文化馆、艺术馆、博物馆等建设理念，把更多的科学、人文、艺术、自然、生命的元素融合到学校教室、校园、场馆等校园环境，让学校真正成为学生成长的学习乐园和精神家园。

未来学校的学习空间，一定是更加自由的，更加丰富的，更有挑战性和新颖性的，更有艺术性和教育性的。一定是集绿意、诗意、情意、创意、深意等于一体的，在感官上更加令人愉悦，使用上更加便捷，资源上更加丰富，审美上更加高雅。

未来学校，教室里，走廊上，乃至一棵树、一面墙、一张桌子，都可以成为学习资源和学习工具，可以让学习随时随地发生。学校就像一个宝藏和迷宫，学生生活期间，天天感到有无穷的未知世界和快乐世界等着他们去探索、去发现。他们乐此不疲，不会厌学，因而也很少会有道德滑坡等现象。

未来学校，更重视文化环境的熏陶和浸润作用，让每个孩子在日常生活中，自觉获得关于人生和世界的价值判断标准与知识。

（六）未来的学校，一定要更加注重对个体生命的独特性的尊重

教育的使命，不仅是要培养能够服务和贡献社会的人，更要在此基础上培养可以成全"他自己"和成为"他自己"的人。

因材施教是个永恒的话题。

未来学校，一定更加懂得尊重和发展每个生命的独特性，一定鼓励学生大胆地发展个性，追求思想独立，精神和合。没有个性的解放，就没有创造力的释放。只有思想解放，才有才华和潜能的释放。

这就要求我们尊重差异，实行差异化教育和个别化教育。

当下社会，每个人在学习、生活、交友和休闲上，都越来越崇尚量身定制的个性化服务。未来社会，分工越来越细致，每个人都可以通过发挥个性化的创造力为社会提供服务，创造和贡献价值。

未来的社会，一定是真正践行"天生我材必有用"和"有教无类"理念的

社会。

未来的社会,作为个体的"人"的独特性和差异性,其价值应比过去受到更多的尊重,其作用也应比过去得到更充分的发挥。

所以,未来的学校,一定是更尊重个体的生命尊严,并努力服务于个体独特的生命价值的发掘和发挥的学校。

未来的学校,也一定是《道德经》所说的"常善救人,故无弃人;常善救物,故无弃物"的学校。

我们的教育为每一个个体,提供多少高质量的服务,决定了我们教育的高度,也决定了我们国家和政府人才培养的高度与效果。

我曾在衢州开化根宫佛国看到地藏菩萨的雕像,其基座上有一句话:地狱不空,誓不成佛。据说,这是他发的誓愿。

未来的学校,教育者一定人人具有这样的胸怀和情怀,这样的担当和能力。

总之,在未来的社会,人们应当拥有创造技术而非受制于技术的能力,应当过着一种充分享有技术而非全然依赖技术的生活。

所以,未来的学校,不仅应注重教人如何应用技术,更应注重教人如何正确应对技术世界。未来的学校培养的人,一定是能够在技术世界中正确生活,正确处理人与技术的关系的公民和人才。

所以,教育现代化,一定首先是人的现代化,人的素养的现代化。它理应是人与技术的和谐共舞,是人利用技术,而非人被技术绑架或异化。

我们唯有把这个根本性的问题想清楚、看明白,才可能让更多的技术走进校园,走进课堂,走进孩子们的教育生活。否则,未来学校行动就会成为一场商业的技术推荐会,也会成为导致巨大的教育资源浪费和可怕的教育本质异化的推手。

由于准备比较仓促,这些方面也不是很懂,只是凭自己的一些思考,谈一些肤浅的想法,不妥之处,请各位领导和专家多多批评。

感 悟

应教育部学校规划教育建设发展中心安排，我参加这个论坛，匆匆忙忙做了一些准备。听了几位同行和专家的发言后，我决定不再简单介绍学校的做法，而是把由专家发言想到的一些问题，和自己以前对此类问题有过的一些思考，进行梳理和整合，做了上述论坛报告。没想到，因为论坛中没有人涉及技术和教学之外的话题，我的观点和思考反而显得与众不同，从而更容易引起一些同行的共鸣和思考。因为时间关系，以上部分内容在发言时有所压缩。

后记：直面教育的真实

作为校长，我有许多讲话或发言的机会。

除了日常管理中的各类讲话，我还常被邀请到各类学术会议、培训班，以及政府部门的一些调研会、座谈会等去做报告或发言。2017年9月5日，我还有幸作为全国仅有的两位校长代表之一，登上教育部新闻发布会发言。

在众多的发言中，有的是经过认真准备的，有的是即兴而为的。

我每次都如临大敌，惴惴不安，唯恐因自己才疏学浅又缺乏思考而耽误了他人的时间。

言不由衷、泛泛而谈，是我所最为不愿的。

所以，我首先要求自己做到真诚，真诚坦率地表达自己的想法和观点，哪怕难免偏颇或肤浅。其次，我喜欢换一些视角、换一个立场或换一种方式来看问题、发表讲话。我不愿意过多重复别人的观点，因为，这样无异于浪费听众的生命。

自感庆幸和欣慰的是，我的发言，常受到与会者的欢迎和好评，也常有人说我的讲话给人不一样的感觉和收获。

时间一久，就积累了数百篇发言稿。

自然，其中不乏粗糙之作，但也因为真诚，所以各自有着一些思想的光芒或情感的温度。那是我面对一个个教育的真实情境的时候，被激发出来的火花：或源自长期的深思熟虑，或源自一段时间的研究学习，或源自受人启发的即兴发挥。

我曾把一些讲话稿发在校园网和博客上，受到同行朋友的好评。有校长和班主任说,他们直接拿去给教师和学生做了讲话,效果还不错。

于是我想到系统整理一下讲话稿,供自己今后做个参考,同时也算是对自己走过的这些年、这些路的一点记忆和回味。

其间,我也曾把部分内容发给一些校长和青年教师朋友。他们看后,觉得非常实用。有位中层干部说,看了我历年的开学典礼和毕业典礼讲话,备受感动。本来,毕业典礼面向不同届别的学生,许多好的稿子可以一再重复,可我却每年都力避重复,读来让人备感亲切、新鲜和生动。

有位博览群书、才华横溢的校长说:"我看了许多书,太多的书都有一个粉饰过重的毛病,把教育中许多实在的问题和困难都过滤掉了,让我们看到的都是一派和谐美好的东西。当校长、办学校、做教育,哪有这么容易的?"

他说:"你的这些讲话稿,是接地气的,非常实在,也很实用,是可以用来解决一个个问题的;等到疫情结束开学后,就准备用你几篇讲话稿,稍做修改,向老师和学生做个讲话。"

他还认为,校长的主要任务并不在于站门岗、转校园,而在于开好每一次会,做好每一次讲话,抓好每一次思想教育工作。当学校各个层面的思想工作做好了,学校就一定差不了。

总之,他们认为,这些讲话,是在不同的场合,针对不同的对象和不同的问题而发生的,具有较强的针对性、思想性和创新性,值得整理出版。

于是就有了这本讲演录。

当然,就语言艺术而言,特别是从说话的稳妥、周全或文字的圆润、出彩来说,我从来不是一个成功者。我许多时候不善言辞,所以,很多讲话容易引人误解。从事教育年限愈久,我愈发意识到:教育从来不是信口开河之事业,教师也从来不是信口开河之职业;我们心无顾忌、口无遮拦,往往就会以教育的名义,给他人造成不该有的心灵创伤;不自觉的言语暴力,同样是一种可怕的伤害。

正是这个缺陷,也正是这样的认识,促使我痛下决心发奋学习,勤加反思,以期获得自我完善和提升。

后记：直面教育的真实

从这些年的讲话中，可以发现这种努力和进步的痕迹。

而在整理这些讲话稿时，我也特意决定，把许多直面问题、直面矛盾，甚至直面冲突的内容，完整地保留下来，同时也把自己的幼稚、冲动和急躁、粗糙的一面，完好地保留下来。

无论从校长、教师个人的成长来说，还是从教育自身的特点和规律来说，都不可能没有这些内容和痕迹。留下来，更是一种对自己和对教育负责任的态度，一种实事求是的态度。

这也是教育的真实和真实的教育。

我一直不希望给人一种错觉，以为教育的美好是浑然天成的，教育的甘甜是理所当然的，教育的幸福是不需要挣扎的。

唯有直面教育的真实，并尽可能直面教育的全部真实，才能真诚地去做教育，并努力做好真实的教育。

真实的教育不是超市里的水果和蔬菜，经过了层层筛选、清洗和包装，看上去总是光鲜亮丽，更不是餐桌上的美味佳肴，经过厨师的蒸、煮、煎、炸等众多的工艺，然后加上各色的调料，令人不禁垂涎欲滴。

真实的教育，是行走在农田里，不仅要面对云淡风轻，面对鸟语花香，面对桃红柳绿，面对硕果满园，自得其乐，放声高歌，还要面对寒风吹彻，面对骄阳烘烤，面对病害虫噬，面对鸟啄兽窃，汗流浃背，心急如焚。

真实的教育，从来不只是花好月圆，还有鸡零狗碎；不只是和风细雨，还有疾风骤雨；不只是花木葱茏，还有花木下面的腐叶、虫子和泥土，以及泥土下面的阴暗潮湿和盘根错节。

这才是真实的教育，更是教育的真实。

所以，在这本书中，我尽可能保留我和同事们在教育之路上的艰辛跋涉。里面有相携相扶，也有冲突碰撞；有心灵契合，也有情感温差。无论是学校管理、班级教育，还是课堂教学，莫不如此。我们始终在以最大的真诚、最大的努力，寻找着心中共同的美好教育。

在我看来，这本书最大的价值，或许就在于力求真实地呈现一名校长和一所学校如何在真实的教育环境中,实现点点滴滴的破局和突围的。

这不是装扮一新、光彩照人地去赴宴的大作,而是一本穿着劳动服、在田地里埋头耕耘的小书。我的衣服上没有胸针或鲜花,身上也没有香水味。我有的是汗水的味道和泥巴的痕迹;我的手上,满是老茧,甚至有不少被荆棘刺伤和碎石割过的创痕。

我希望在这本书里,自己留下的是一个在充满泥土气息的田野里,埋头耕耘、低头沉思、抬头仰望的背影。

当然,立在这片土地上,无论何时,我的脸上都会有汗水涔涔,我的目光里都会有麦浪翻滚,我的四周会有鸟语花香,我的头顶会有天朗气清,我的前方会有群山连绵。

我深信,这就是我所直面的真实的教育和教育的真实。

是为后记。

厉佳旭

2020 年 5 月 31 日于立人校园

图书在版编目(CIP)数据

教育力,说出来:厉佳旭教育讲演录/厉佳旭著. -- 宁波:宁波出版社,2021.5(2025.1重印)
ISBN 978-7-5526-4136-3

Ⅰ.①教… Ⅱ.①厉… Ⅲ.①中学—校长—学校管理—文集 Ⅳ.① G637.1-53

中国版本图书馆 CIP 数据核字(2020)第 241888 号

教育力,说出来:厉佳旭教育讲演录

厉佳旭　著

出版发行	宁波出版社	
	地　　址	宁波市甬江大道 1 号宁波书城 8 号楼 6 楼
	邮　　编	315040
	联系电话	0574-88396353
	网　　址	http://www.nbcbs.com
策划编辑	陈　静	
责任编辑	张利萍　陈　静	
责任校对	邵晶晶	
装帧设计	金字斋	
印　　刷	宁波白云印刷有限公司	
开　　本	710mm×1000mm　1/16	
印　　张	20.25	
字　　数	300 千	
版　　次	2021 年 5 月第 1 版	
印　　次	2025 年 1 月第 2 次印刷	
标准书号	ISBN 978-7-5526-4136-3	
定　　价	56.00 元	

如发现缺页或倒装,影响阅读,请与出版社联系调换
电话:0574—87248279